신약 성서 개론

이 상 근 지음

나의 마지막 저작이 될 것 같은 이 책을

내 평생의 충성된 반려자, 내 사랑하는 아내 설귀연 님께 드린다.

한국장로교출판사

Introduction to THE NEW TESTAMENT

by

Sang Kun Lee

1999

Publishing House
The Presbyterian Church of Korea
Seoul, Korea

머리말

우리 프로테스탄트 교회는 성경이 신앙과 행위의 정확무오한 유일의 법칙이라는 불변조 위에 서 있다. 그런데 그 성경에는 구약과 신약이란 두 책이 있다. 구약은 신약의 준비요, 예언이며, 모형이고, 신약은 구약의 완성이요, 성취며, 대형이다. 즉, 성경은 신약에서 완성된 것이고, 그러므로 신앙과 행위의 결정적인 법칙은 반드시 신약성서에 근거해야 한다.

필자는 앞서 신구약성서 주해서를 27권으로 완성하였고, 계속하여 그것을 보충하는 의미에서 구약과 신약의 외경을 출판하였으나, 금번 다시 계속하여 그 모든 집필을 마무리하는 뜻에서 「신약성서개론」을 구상하는 바이다.

필자는 위의 외경주해를 끝낸 후 현대신약학의 권위자이신 프린스턴의 Metzger 박사의 「신약성서, 그 배경과 성장과 내용」(*New Testament, It's background, growth, and content*)을 읽으면서 신약학에 대한 Metzger 박사의 해박한 지식이 잘 정돈 배치되고, 조화되며, 그리고 그것이 아주 평이하고도 흥미진진하게 전개되는 데 감명을 느끼면서 우리 나라에도 Metzger-style의 신약개론서가 있으면

좋겠다는 생각을 하게 되었다.

20세기를 닫는 현대는 지식의 보편화시대이다. 민중의 알 권리가 최대한 보장되고, 매스컴이며 각종 작가들은 그 민중의 알 권리에 최선을 다해 순응하려는 자세에 서 있는 것이다.

그러므로 우리 신학도 이제는 신학자들의 독점물이 아니라 그 보편화 — 즉, 모든 교역자와 평신도들까지 쉽게, 그리고 자유롭게 접근하여 거기서 신앙과 생활의 양식을 얻는 즐거움에 동참할 수 있어야 할 것이다.

필자는 이제 오랜 저작생활을 마감하면서 성경의 정수인 신약성서를 보다 평이하고 대중적으로 해설함으로 우리 성도들의 "성경지식에 대한 욕구"에 이바지하고자 한다.

성경을 사랑하여 이를 애독하며, 상고하는 한국의 성도들에게 이 빈약한 책자가 작은 도움이라도 될 수 있다면 그런 다행이 없을 것이다.

1998년 이른 봄에

이 상 근

신약성서개론

차 례

머리말 / 3

제 1 부 총 론 11

I. 배 경 11

1. 경전적 배경 11

1) 구약성서 / 12
2) 구약 외경 / 13
3) 70인역 / 21
4) 위경 / 22

2. 시대적 배경 28

1) 바벨론 포로에서 마카비운동까지 / 28
2) 바리새인과 사두개인 / 31

II. 신약성서의 언어 33

III. 신약성서의 본문 33

1. 신약성서의 사본 ······ 34
1) 바티칸 사본(Codex Vaticanus, B) / 34
2) 시내산 사본(Codex Sinaiticus, א 또는 S) / 35
3) 알렉산드리아 사본(Codex Alexandrinus, A) / 35
4) 에브라임 사본(Codex Ephraeimi, C) / 35
5) 베자 사본(Codex Bezae, D) / 36
6) 워싱턴 사본(Codex Washington, W) / 36
7) 코리데디아누스 사본(Codex Koridethianus, θ) / 36
8) 라오디아누스 사본(Codex Laudianus, E) / 37
9) 클라로몬타누스 사본(Codex Claromontanus, D) / 37
10) 소문자 사본들(The Cursives) / 37

2. 원문비평학(Textual Criticism) ······ 37

3. 고대 번역문 ······ 38
1) 고라틴역(The Old Latin Version) / 38
2) 시리아역(The Syriac Version) / 38
3) 제롬의 벌게이트역(Vulgate of Jerome) / 39
4) 콥트어역(The Coptic Version) / 39

Ⅳ. 신약성서의 형성과 정경 ······ 40

1. 신약성서 저작의 사정 ······ 40

2. 신약성서의 수집 ······ 42
1) 말시온 성경(Marcion Text) / 42
2) 무라토리 정경(Muratorian Canon) / 42
3) 카르타고 정경(Carthago Canon) / 43

제 2 부 예수 그리스도의 생애와 교설 45

I. 예수 그리스도의 생애 45

II. 복음서 47

1. 공관복음서의 문제들 47

1) 원복음설 / 48
2) 구전설 / 48
3) 상호의거설 / 50
4) 단편설 / 50
5) 문서설 / 51
6) 양식사설 / 54
7) 결 론 / 55

2. 마태복음 58

1) 저자와 정경성 / 58
2) 수신자 / 59
3) 연대와 장소 / 60
4) 목 적 / 62
5) 사 상 / 63
6) 특 징 / 70
7) 내용 분해 / 72

3. 마가복음 73

1) 저자와 정경성 / 74
2) 수신자 / 76
3) 자료와 목적 / 78
4) 연대와 장소 / 80
5) 특 징 / 81
6) 내용 분해 / 83

4. 누가복음 84

1) 저자와 정경성 / 84
2) 누가복음의 자료와 목적 / 90
3) 연대와 장소 / 96
4) 본서의 특징 / 98
5) 내용 분해 / 103

5. 요한복음 104
1) 저자와 정경성 / 104
2) 본서의 목적 / 110
3) 연대와 장소 / 111
4) 특 징 / 112
5) 내용 분해 / 115

제 3 부 사도들의 행전과 서신들 117

I. 사도들의 활동 117

1. 사도들의 약력 118
1) 베드로 / 118
2) 안드레 / 119
3) 야고보 / 120
4) 요한 / 120
5) 빌립 / 120
6) 바돌로매 / 120
7) 도마 / 121
8) 세리 마태 / 121
9) 알패오의 아들 야고보 / 121
10) 다대오 / 121
11) 가나안인 시몬 / 122
12) 가룟 유다 / 122

2. 사도행전 122
1) 저자와 정경성 / 123
2) 수신자 / 124
3) 자료 / 125
4) 연대와 장소 / 126
5) 저작목적 / 127
6) 특 징 / 129
7) 내용 분해 / 132

II. 바울의 생애와 서신들 133

1. 바울의 생애와 연표 133

2. 데살로니가전서......139

1) 수신자 / 139
2) 저작동기와 목적 / 140
3) 연대와 장소 / 141
4) 특 징 / 142
5) 내용 분해 / 142

3. 데살로니가후서 ······ 142
1) 저작동기와 목적 / 142
2) 연대와 장소 / 143
3) 특 징 / 143
4) 내용 분해 / 144

4. 갈라디아서 ······ 144
1) 수신자 / 144
2) 연대와 장소 / 146
3) 저작동기와 목적 / 147
4) 특 징 / 148
5) 내용 분해 / 150

5. 고린도전서 ······ 151
1) 수신자 / 151
2) 저작동기와 목적 / 152
3) 장소와 연대 / 153
4) 특 징 / 155
5) 내용 분해 / 156

6. 고린도후서 ······ 157
1) 저작동기와 목적 / 157
2) 장소와 연대 / 159
3) 특 징 / 159
4) 내용 분해 / 161

7. 로마서 ······ 162
1) 수신자 / 162
2) 저작동기와 목적 / 164
3) 연대와 장소 / 165
4) 특징 / 167
5) 내용 분해 / 168

8. 옥중서신 ······ 169

1) 에베소서 / 170
2) 골로새서 / 174
3) 빌레몬서 / 178
4) 빌립보서 / 180

9. 목회서신 ……184
1) 디모데전서 / 185
2) 디모데후서 / 189
3) 디도서 / 190
4) 히브리서 / 193

10. 공동서신 ……197
1) 야고보서 / 199
2) 베드로전서 / 204
3) 베드로후서 / 213
4) 요한의 세 서신 / 216
5) 유다서 / 222

11. 요한계시록 ……227
1) 계시문학의 역사 / 227
2) 배경 / 229
3) 정경성과 저자 / 229
4) 수신자 / 232
5) 저작동기와 목적 / 232
6) 연대와 장소 / 235
7) 해석법 / 236
8) 상징주의 / 240
9) 구 조 / 242
10) 특 징 / 242
11) 내용 분해 / 243

제 1 부
총 론

어느 학문이든 그렇겠지만 신약성서 연구에서도 첫째 할 일은 이 책을 전체적으로 관찰하고, 그 골격을 정비한 후 그 각 부분을 보다 상세히 관찰하는 각론 공부가 뒤따라야 한다. 제1부 총론에서는 신약성서의 배경, 언어, 사본 및 정경형성사 등을 다루게 될 것이다.

I. 배 경

먼저 신약성서의 배경을 경전적 배경, 시대적 배경, 그리고 문화적 배경으로 나누어 알아보고자 한다.

1. 경전(經典)적 배경

신약성서의 배경은 물론 구약성서이며, 또 거기서 탈락된 구약 외경과 위경류의 경전들이 배경이 된다. 신약성서에서 "성경"이라는 것은 (딤후 3 : 15-16, 눅 24 : 27, 32) 곧 구약성서를 가리켰다(단, 벧후 3 : 16의 "다른 성경"에는 이론이 있으나).

예수 그리스도를(육적으로 말하여) 포함하여 그의 12제자들은 모두 유대인들이었다. 또 신약성서의 저자들은 아마 누가 한 사람을 제외하고는 모두 유대인들이었다. 유대인들은 전체적으로 구약성서에 친숙하였고, 그러므로 그들이 기록한 신약성서에 구약의 인용이 빈번한 것은 자연스런 일이었다.

실로 성경이 구약과 신약으로 구성된 것은 하나님의 신비로운 섭리에 의한 것이고, 깊고 신비로운 뜻을 지닌 섭리였던 것이다. 구약은 준비요, 예언이요, 모형이고, 신약은 완성이요, 성취요, 그 대형이다. 그러므로 구약을 제외한 신약은 그 권위가 현저히 약화되고, 신약을 떠난 구약은 한갖 히브리인의 종교사로 무의미하게 된다. 두 책은 결합하고 조화되어 성경으로 완성되는 것이다.

1) 구약성서

신구약성서를 "정경"(正經) 또는 "케논"(Canon)이라 한다. 그것은 "자"(尺)를 뜻하며, 신앙과 생활의 기준이란 뜻이다.

히브리어 구약성서는 약 30명의 저자가 1,500년에 걸쳐 저작한 것으로 3부 24권으로 구성된다. 제1부는 "율법, 또는 토라"(תּוֹרָה)라 불리는 모세 5경이다. 제2부는 "예언서, 또는 네비임"(נְבִיאִים)으로 불리는 8권으로 다시 "전예언서" 4권(여호수아, 사사기, 사무엘, 열왕기)과 "후예언서" 4권(이사야, 예레미야, 에스겔, 소예언서)으로 나누어진다. 제3부는 "여러 문서, 또는 케투빔"(כְּתוּבִים)이 11권으로 "성문서"(Hagiographa)로도 불리며, "시가" 3권(시편, 잠언, 욥기), "두루마기"(Megilloth) 5권(아가, 룻기, 애가, 전도서, 에스더), "역사서" 3권(다니엘, 에스라·느헤미야, 역대기)으로 분류된다. 구약성경이 39권으로 분류된 것은 70인역(LXX)과 흠정역(AV) 등의 영향이었다.

구약성서의 집성은 귀환기(주전 444년경)에 에스라가 영도한 "대회당"(the Great Synagogue)에 의해 시작되어, 먼저 제1부인 모세 5경이 수집되고, 그후 주전 400~200년 간에 제2부 예언서가, 그리고 주전 200~주후 90년 간에 제3부 여러 문서가 수집, 확정되어 주후 90년 "암니야"(Jamnia) 유대교 회의에서 구약성서 24권이 확정된 것이다.

2) 구약 외경

"외경"(外經, ἀπόκριψος, Apocrypha)이란 "감추어진 것"을 뜻한다. 즉 공개되지 않는 책을 가리켰으나, 원래의 뜻은 "숨은 뜻의 책"이었다. 그러나 "외경"이란 뜻에 근본적 변화를 가져오게 한 것은 제롬(Jerome 또는 Hieronymus, 347-420)이 번역한 "벌게이트"(Vulgate)에 히브리어 마소라 원전(MT)에 없는 14권의 책이 첨가된 데서였다.

라틴어 성경에서 벌게이트 이전의 것은 "고라틴역"(The Old Latin Version)이라 하고, 70인역(LXX)에서의 번역이었다. 제롬은 383년 베들레헴 동굴에서 성경번역에 착수하여 22년 후인 405년에 이를 완성하였다. 그의 번역성경은 처음에는 잡음도 있었으나, 곧 그 가치가 인정되어 가톨릭교회의 공인 성경이 되었고, "벌게이트"(Vulgate ; '통속' 이란 뜻)라고 불리며, 현대에 이른다. 벌게이트 역시 고라틴역처럼 70인역(LXX)의 영향을 많이 받았고, 위와 같이 히브리어 원전에 없는 14권을 첨가한 것이었다. 그러나 제롬은 이를 히브리어 원전과 확실히 구별하기 위해 "외경"이란 명칭을 붙였다. 이와 같은 제롬의 외경(단, 에스드라 1, 2서와 므낫세의 기도를 제외한)은 1546년 "트렌트 회의"(Trent Council)에서 구약의 정경으로 인정되었고, "제2의 성경"(Deuterocanonical Books)이라 불린다.

구약 외경의 저작시기는 구약시대의 종말인 주전 400년경에서 신약시대가 시작된 후 약 100년에 이르기까지, 즉 중간시대의 산물로 본다. 이 시기는 "말라기"로 구약성서는 이미 마감되었고, 신약성서는 아직 공적으로 수용되기 이전이었으므로 이스라엘의 선민들은 정신적인 공허상태에서 한편으로는 하나님의 명백한 지시를 갈망하면서, 또 한편으로는 그들 앞에 전개되는 헬라문화의 매력에 당황하던 시기였다. 이와 같은 시대적 배경 아래 외경과 위경 같은 사이비적 여호와의 말씀이 이스라엘 백성에게 쉽게 침투해 온 것이었다.

참고로 구약 외경을 연대별로 나누면 다음과 같이 된다(by P. H. Harris).

연 대	구약 외경
주전 200년 이전	에스드라 상(333 주전), 토비트(300-150), 예레미야의 편지(306)
주전 200-101년	에스드라 하(100-135), 유딧(120), 집회서(190-170), 바룩서(164), 세 아이의 노래(160), 마카비 1서(125), 마카비 2서(124), 벨과 뱀(136).
주전 100-1년	에스델(1세기), 지혜서(145-40).
주후 1-100년	수산나(80-95), 므낫세의 기도(2세기).

외경 18권을 간략하게 소개한다. "외경 18권"이란 벌게이트(공동역)에 수록된 12권에 외경성이 강한 책 6권을 선발하여 합한 것이다.

(1) 토비트(Tobit) : 주전 190~170년경 바벨론에서 저작된 유명한 종교소설이다. 주인공 토비트는 그의 아내 안나, 아들 토비아와 같이 앗시리아에 포로로 가서 궁중물품의 중간상으로 부유하게 살다가 앗시리아인에게 피살된 유대인 시신들을 장례하다가 왕의 비위를 상하게 하여 궁중에서 추방되고, 생활이 궁핍하게 되며, 눈병을 앓아 실명까지 하게 되어 하나님께 기도한다. 그는 동방 라게스의 유대인에게 빌려 준 은 10달란트를 돌려받기 위해 아들 토비아를 보낸다. 한편, 동방 엑바다에 살던 라구엘의 딸 사라(Sarah)는 일곱 번 결혼하나 그 때마다 첫날밤에 마귀의 방해로 남편이 죽어 하나님께 기도한다. 토비트와 사라의 기도는 응답되어 하나님은 천사 라파엘을 그들에게 보낸다. 동방으

로 여행하는 토비아는 변신한 천사 라파엘의 안내로 길을 떠나는데, 도중에 큰 고기를 잡아 그 쓸개와 심장과 간을 간직한다. 토비아 일행은 라게스로 가는 도중 엑바다를 통과함으로 사라를 만나게 되고, 토비아는 라파엘의 권유로 사라와 결혼하게 되며, 첫날밤에 고기의 심장과 간을 태운 향으로 마귀를 추방하여 죽인다. 라게스의 은 10달란트도 잘 회수하고, 또 신부의 집 재산 절반까지 얻어 토비아는 신부 사라를 데리고 집으로 돌아오고, 고기의 쓸개를 아버지의 눈에 발라 그의 시력을 되찾으며, 만사 행복하게 끝맺는 것이다.

(2) 유딧 (Judith) : 토비트와 더불어 유대의 저명한 종교소설로서, 주전 120년경 성지 세겜에서 기록된 것으로 되어 있다. 내용은 유대가 앗시리아 군정에서 고난당할 때(1-7장) 여걸 유딧이라는 미인 과부가 미인계를 써서 적장 홀로페르네스를 죽여 앗시리아군을 격퇴시키고, 유대인은 승리의 찬양을 부른다는 것이다(8-16장).

(3) 에스델 (Esther) : 주전 1세기, 이집트에서 "리시마크스"(Lysi-machus)가 편집하여 에스더서에 첨가시킨 6부분 107절의 "첨가서"(The Rest fo Esther)다. 그 6부분은 모르드개의 꿈(11 : 2-12 : 6), 왕의 칙령(13 : 1-7), 모르드개의 부탁(13 : 8-14 : 19), 왕궁으로 나간 에스델(15 : 1-16), 유대인의 복권령(16 : 1-24), 모르드개의 꿈의 실현(9 : 19, 10 : 4-11) 등이다.

(4) 지혜서 (Sepientia) : 주전 145년에서 주후 40년 사이, 알렉산드리아에서 알렉산드리아의 유대인에 의하여 편집된 지혜서이다. 솔로몬이란 이름이 본문에 직접 나타나지 않지만 저자는 자신을 "이스라엘의 왕"이라고 기록하여 솔로몬인 것을 분명히 한다. 이집트의 유대인들에게 불신앙과 우상숭배를 멀리하고 여호와 신앙을 격려하기 위해 기록

되었다. 내용은 3부로 사후 모습을 강조하는 종말서(1 : 1-6 : 8), 지혜를 강조하는 지혜서(6 : 9-11 : 1), 출애굽과 광야의 역사를 기록한 역사서(11 : 2-19 : 22)이다.

(5) 집회서 (Ecclesiasticus) : 벌게이트〔Vulgate, 또 라틴계의 명칭이고, 70인역(LXX, 또 팔레스틴계)〕는 집회서를 "벤 · 시락의 지혜서"(The Wisdom of Ben Sirach)라 한다. 본서는 주전 190~170년경 벤 · 시락이 예루살렘에서 저작한 것으로 51장에 달하는 당시의 격언, 금언, 경구 등의 잠언집이다. 그러므로 개설적으로 요약하기 어렵고, 역대 가톨릭교회의 교인 훈련용으로 사용되었다.

(6) 바룩서 (Baruch) : 예루살렘 함락(주전 586년) 후 50년에 바벨론에서(1 : 1-2) 쓴 예레미야의 서기 바룩의 기록이라 하나, 주전 165~160년경 바벨론에서의 저작으로 보인다. 본서는 정경 "예레미야애가"와 외경 "예레미야의 편지"와 더불어 정경 "예레미야서를 보충하는 3서"라 한다. 본서는 1 : 1~3 : 8과 3 : 9~5 : 9로 양분되고, 전자는 산문체로 된 서론이고, 후자는 시가체의 본론으로 이스라엘의 고난이 그들의 죄값 때문이나 반드시 복구된다는 격려의 내용이다.

(7) 예레미야의 편지 (The Letter of Jeremiah) : 본서는 독립서로서(Vulgate), 바룩서의 제6장으로도(AV, Luther) 보존되고, 주전 317년 이전에 이집트의 알렉산드리아에서의 기록으로 본다. 내용은 모두 72절로 우상숭배의 우매성을 반복 공격하는 것으로 예레미야 10장이나 이사야 44장과 흡사하다.

(8) 세 아이의 노래 (Song of Three Holy Children) : "에스라서"의 경우와 같이 "다니엘서"에도 첨가된 책들이 있고, 그 중에서 외경으로 채

택된 책이 셋 있다. "세 아이의 노래"와 "수산나"와 "벨과 뱀"이다. 세 책의 위치는 각양이나 벌게이트(Vulgate)의 순서는 "세 아이의 노래"가 다니엘 3 : 23 다음에, "수산나"가 다니엘서 끝에 13장으로, "벨과 뱀"이 그 다음에 14장으로 배치되고 있다. 그러나 70인역(LXX)에는 "수산나"가 맨 처음으로 다니엘 12장 끝에 배치된다. 이와 같은 첨가서들은 고대 교부들에게는 정경과 분간없이 인용되었던 것이다. 세 첨가서들의 연대는 주전 1세기와 2세기 사이, 마카비시대가 시작된 때로 보고, 저작장소는 바벨론이었다.

"세 아이의 노래"는 67절에 달하는 두 시체로 "아자리아의 기도"(단 3 : 24-50)와 "세 아이의 노래"(3 : 51-90)를 각각 기록한 것이다. 전자는 세 아이들의 막내인 아자리아가 화덕에서 드린 기도요 노래다. 이것은 노래 형태의 기도로 하나님을 찬미하고, 이스라엘의 죄를 고백하며, 민족의 구원을 간구하는 것이고, 그 기도는 즉각 응답되어 하나님은 천사를 보내사 화덕의 열을 식히고, 찬바람을 보내신다. 후자는 모든 피조물에게 하나가 되어 하나님을 찬미하기를 권유하는 시로 시편 136편, 148편과 흡사하다.

(9) 수산나 (Susanna) : 주전 95~80년 간에 바벨론에서 저작된 것으로 바벨론의 부유한 요야킴의 아내 수산나는 절세의 미인이었고, 그 미색에 혹한 재판관인 두 유대인 장로가 뜰에서 목욕하는 수산나를 겁탈하려다 실패하고, 그들은 수산나가 어떤 청년과 동침하는 것을 보았다는 위증으로 수산나를 고발하고, 그녀는 결국 사형선고를 받게 된다. 그때 다니엘이 형을 중지시키고, 두 장로를 별도로 심문하여 그들의 말이 어긋나게 되고, 그 위증이 증명됨으로 수산나는 구원받고, 두 장로는 처형된다는 것이다.

(10) 벨과 뱀(Bell and the Dragon) : 주전 1~2세기에 바벨론에서 저

작된 것으로 본다. 본서는 "벨"(단 14 : 1-22)과 "용"(14 : 23-42)이란 두 단편 탐정소설로 아마 인류 최초의 탐정소설이었을 것이다 (Metzger).

첫째 소설인 "벨"은 바벨론의 거대한 신전에 벨 신상이 있었는데 왕은 그 신상이 제물을 먹는다고 믿었고, 다니엘은 반대였다. 신전제단의 음식물이 밤이 지나고 아침이 되면 없어졌던 것이다. 다니엘은 그 신전에 재〔灰〕를 뿌려 두었는데, 벨의 사제 70명이 그들의 가족들과 같이 밤에 신전에 들어가 음식물을 먹어치웠던 것이다. 다니엘은 미리 뿌려둔 신전 재의 발자국으로 그들의 행위인 것을 증명하였고, 왕은 사제들을 죽이고, 다니엘은 벨의 신전과 신상을 파괴한다.

둘째 이야기 "용"(14 : 23-42)은 바벨론에는 백성이 숭배하는 큰 용(뱀)신이 있었는데 다니엘은 그를 숭배하지 않고, 칼이나 몽둥이를 쓰지 않고 죽일 수 있다고 하여 왕의 허락을 받아, 역청과 비계로 모이를 만들어 용에게 주었다. 그것을 먹은 용이 몸이 두 동강이가 되어 죽었고, 격노한 백성들은 왕에게 강압하여 다니엘을 사자굴에 던져 6일을 지내게 하였다. 하나님은 하박국을 시켜 다니엘에게 음식을 주어 살게 하였고, 6일 후에도 다니엘이 살아있는 것을 보고, 왕은 하나님만이 참 신이신 것을 인정하여 다니엘을 구출하고, 그를 죽이려 했던 자들은 사자굴에 던져 사자의 밥이 되게 하였다.

(11) 마카비 상서(I Maccabees) : 이스라엘의 중간시대를 화려하게 종결지었던 마카비 독립사로 안티오쿠스 에피파네스(Antiochus Epiphanes, 주전 175-164 통치)의 즉위 때부터 마카비가, 즉 "하스몬 왕가"(Hasmoneau dynasty)의 마지막 통치자인 요한 힐카누스(John Hyrcanus)의 즉위(주전 134)까지의 40년 간의 역사이다.

내용은 마키비가의 조상 마따디아(Mattathias)와 그의 다섯 아들들의 활동사로 5부로 나누어진다.

① 1장(서론, 배경) : 알렉산더 대왕의 정복사(334이하 주전)와 그의 죽음(주전 323), 그의 왕국의 4분의 내용이다. 성지는 시리아 왕국의 지배에 들어가 안티오쿠스 에피파네스의 헬라화정책에 희생되었다.

② 2장(주전 167－166) 거사시대 : 마따디아와 5아들이 모데인(Modein) 시에서 거사를 일으켰다.

③ 3 : 1∼9 : 22〔유다(Judah)시대, 주전 166－161〕: 이 때부터 유다를 "마카비"('망치'란 뜻)라 부르고, 그가 전세를 유리하게 전개시켰고, 에피파네스도 163년에 죽어 사태는 일단락된다. 유다가 죽자 그 가문은 그의 이름을 따라 "하스몬"(Hasmon)가라 부른다.

④ 9 : 23∼12 : 53〔요나단(Jonathan)시대, 주전 161－141〕: 유다의 형 요나단이 계승하여 20년 간 통치하고, 그는 대제사장에 임명된다.

⑤ 13∼16장〔시몬(Simon)시대, 주전 143－134〕: 요나단은 트리포에게 암살되고, 시몬이 통치하고, 대제사장 겸 대장군 통치자(왕)의 칭호를 얻어 하스몬 왕가(Hasmonean dynasty)가 확립된다. 그 역시 사위 톨레미(Ptolemy)에게 암살된다.

(12) 마카비 하서(Ⅱ Maccabees) : 마카비 하서는 전서의 전반, 즉 주전 176년(안티오쿠스 에피파네스, 주전 175－164)의 즉위 직전부터 161년(안티오쿠스 니카노루, 주전 173－161)의 죽음까지의 15년 간의 역사다. 처음 7장은 새 자료이나, 8∼15장까지는 상서 1∼7장의 반복이고, 병행구도 많다.

주전 160∼63년 간 "알렉산드리아에서의 제작으로 추측되고, 상서에 비해 이는 마카비 유다의 역사에 치중하고, 바리새적 주관적인 산물이다.

(13) 에스드라 상서(Ⅰ Esdras) : 벌게이트(Vulgate)에는 "에스드라 3서"(에스라를 1서, 느헤미야를 2서로 함)라 하고, "에스드라 하서"를 "에스드라 4서"라 한다. 전통적으로 에스라의 저작이라 하며, 정경 역대하

35 : 1~36 : 23, 에스라 · 느헤미야 7 : 23~8 : 12 등이 재생되어 그 전통성을 뒷받침하나 저작연대는 훨씬 후인 주전 333~150년경으로 잡는다.

내용은 요시야 왕의 즉위 18년(주전 621년, 유월절을 지킴, 대하 35장)에 시작하여 유대인들이 바벨론 포로생활에서 돌아와 에스라가 율법을 낭독하는 데(느 8장, 주전 444년)까지의 유대 역사이다. 성전건축이 그 중심 기사이다.

(14) 에스드라 하서 (Ⅱ Esdrs, Vulgate에는 에스드라 4서) : 주후 100~135년 로마에서의 저작으로 본다. 본서는 7환상(3-14장)을 중심으로 그 전후에 서론과 결론이 2장씩 배치된다. 7환상은 "이스라엘의 죄, 고통, 박해, 종말, 심판, 신세계" 등에 관한 내용으로서, 요한계시록과 유사하다.

(15) 므낫세의 기도 (The Prayer of Manasseh) : 주전 1~2세기경 알렉산드리아의 유대인의 저작으로 추측되고, 역대하 33 : 18~19("므낫세가 기도를 올려")에 의한 작품이다. 15절로 서론(하나님을 부름 1-7절), 죄의 자복(8-10절), 사죄를 구함(11-15절)의 3부로 된다.

(16) 시편 151편(Psalm 151) : 바티칸 사본(B), 시내산 사본(ℵ), 알렉산드리아 사본(A) 등 중요한 사본 등에 정경으로 포함되어 "다윗의 시"로 불리고, 사무엘상 16 : 1~13의 주해라 불린다. 내용은 정경 시편과 같다.

(17) 마카비 3서(Ⅲ Maccabees) : 주전 217년(Raphia 전쟁)과 주후 70년(예루살렘 함락) 사이에 기록된 것으로 추측된다(Oxford). 내용은 톨레미 필로파톨(Ptolemy Philopator, 주전 221-204)의 박해(1-4장)와 하나님의 기적적 구원(5-17장)으로 양분된다. 필로파톨은 시리아의 안

티오쿠스 3세에게 주전 217년 라피아(Raphia)에서 승리한 후 그 여세로 예루살렘 성전에 난립하였으나, 대제사장 시몬에게 저지당하여 박해를 시작하나 하나님의 기적이 나타나 빈번히 실패하고, 결국 필로파톨의 회개로 끝난다.

(18) 마카비 4서(Ⅳ Maccabees) : 혹은 유대인 역사가 요세프스(Josephus)의 저작이라 하나(Jerome), 주전 63년~주후 70년 간, 알렉산드리아의 정통유대인의 저작으로 보고 있다. 본서의 주제는 "경건한 이성이 정염을 지배한다."는 것이고, 이 주제하의 설교집이다. 기독교 초대 교부들에게 중요시되었다.

3) 70인역(Septuagint, LXX)

위와 같이 벌게이트에 큰 영향을 준 "70인역"(Septuagint, LXX)은 구약의 헬라어 성경으로 구약성서 연구에 불가결의 위치에 있는 것이다. 주전 4세기 헬라의 알렉산더 대왕은 그가 정복한 방대한 피정복지역에 헬라어를 사용하게 하고, 또 그의 이름을 딴 도시를 여러 곳에 건설하여 세계의 헬라화를 도모하였다. 그 중에서도 이집트의 알렉산드리아는 현재도 번창하는 도시로 유대인들이 많이 살고 있었고, 헬라화한 그들을 위하여 구약성서의 헬라어 번역이 절실하게 요구되었다. 그래서 주전 250년, 톨레미 2세(Ptolemy Ⅱ, Philadephus)는 대제사장 엘리아젤(Eleazer)에게 명하여 이스라엘 각 지파에서 6명씩 72명을 택하여 72방에서, 72일 간에 율법서를 번역하였다고 전해진다. 그래서 이를 "70인역"이라 부르고, 그 후에도 번역을 계속하여 주전 130년경 아퀼라(Aquila)에 의해 구약성서의 헬라어역이 완성되었다고 한다. 이와 같이 완성된 70인역에는 히브리어 마소라 원전(MT)에 벌게이트의 14서 중 "에스드라 4서"를 제외한 13서가 첨가되고 있는 것이다.

70인역에 13서가 첨가된 배경은 구약성서에 대한 유대인들 사이에 흐르던 두 가지 사상에서 찾을 수 있다. 즉, 귀환기 이후 성지에 정착한 유대인들은 얌니아에서 결정된 24권의 히브리어 성경을 절대시하고 오직 이를 고수하였으나, 국외에 흩어진 유대인들은 얌니아 성경 외에도 여러 종교문서들을 접하는 기회가 많았고, 그러므로 "70인역"(LXX)에 13서에 달하는 이런 종교문서들이 유입되었으며, 그것이 벌게이트를 거쳐 외경으로 발전된 것이었다. 실로 국외의 유대인들의 성경은 이 헬라어의 70인역이었고, 또 신약성서의 저자들에게도 70인역은 막중한 영향을 주었던 것이다.

4) 위 경

"위경"(僞經, Pseudepigrapha)이란 '거짓 책'을 뜻한다. 이는 주전 2세기 초에서 주후 1세기 말경에 기록된 성문학으로 위의 제롬의 벌게이트 14외경에도 누락된 책들이며, 저자가 고대 성자들의 이름을 빌려 저술하였기 때문에 "위경"이라 불린다. 위경 중에는 상당히 좋은 내용도 많고, 마카비 3서와 4서(Ⅲ Maccabees, Ⅳ Maccabees) 같은 책들은 70인역(LXX)의 한 사본에는 들어가 있다.

이와 같이 "외경과 위경"은 흡사하여 같은 책을 학자를 따라 혹은 외경으로, 혹은 위경으로 분류한다. 본서는 외경에 들지 못한 수많은 책들 중에서 다음과 같이 16권을 다시 선발하여 구약 위경으로 한정하고자 한다.

(1) 에녹서 (The Book of Enoch) : 서론과 5부작으로 되어 있고, 각 부의 저작연대가 모두 다르다. 원문은 아람어로 보고, 현존하는 책은 에티오피아역 29종, 헬라어 3종, 라틴어 1종으로 "에티오피아역 에녹서"(Etiopic Enoch)라 불린다. 내용은 다음과 같다.

① 서론(1-5장) : 주전 1세기에 최종 저자가 붙인 것으로 전체의 요약이고, 에녹이 환상으로 하나님을 보고 미래사를 고한다는 것이다.

② 천사의 책(1-36장) : 주전 3세기 작으로 천사의 타락, 고대 거인의 탄생, 노아의 천사에 대한 징벌 선언(6-10장), 에녹의 대천사 선언(12-16장), 그리고 에녹의 천상, 지상 및 지하세계들의 순회담과 선인과 악인의 종국 등이다(17-36장).

③ 메시야의 책(37-71장) : 주전 2세기 말의 책으로 "인자"(人子)로 유명한 부분이다. 하늘의 비밀을 밝히는 것으로 메시야, 천사, 선택된 의인들, 악인의 심판, 천사의 질서, 그리고 인자의 교훈 등이 정경의 그것과 같다. 한 가지 놀라운 일은 쿰란사본은 본서를 알지 못하고 "거인의 책"이라 할 뿐이다.

④ 천문의 책(72-82장) : 주전 4세기 전반기의 책으로 "유대인의 천문학, 또는 물리학"이라 불리고, 천사 우리엘에 의해 계시된 것이며, 하늘의 법칙과 연대법 및 에녹의 365년(창 5 : 23) 등이다.

⑤ 해몽의 책(83-90장) : 주전 164년경의 작품으로 에녹은 그의 아들 므두셀라(창 5 : 21)에게 두 꿈을 해몽하여 준다. 첫째(83-84장)는 장차 전인류가 멸망한다는 것이고, 둘째(85-90장)는 아담부터 메시야시대까지의 이스라엘 역사를 소, 양, 목자 등으로 나타낸다.

⑥ 에녹의 훈계(91-105장) : 주전 100년경의 책으로 에녹은 그의 자손들에게 의의 길을 걷도록 가르치고(91 : 1-11, 18-19), 심판과 구원의 세계사를 10주로 나누며, 의인의 축복과 악인의 징벌을 보이면서 의인의 인내를 권한다.

⑦ 결론(106-108장) : 노아의 기적적 출생담, 악인이 갈 지옥불과 의인의 축복을 보이면서 경건과 인내로 축복을 기다릴 것을 촉진한다.

(2) 바룩 2서(Ⅱ Baruch) : 또는 "시리아어 바룩의 계시록"(The Syriac Apocalypse of Baruch)이라 한다. 주후 50~90년경 팔레스틴에서 저작하였으며, 87장에 달하는 거대한 책으로 유대교의 변증서다. 내용은 "에스드라 하서"와 흡사하고, 7부로 나누어진다.

① 1~12장 : 고니야 25년(여호야긴은 주전 597년 즉위하고, 3개월 후에 포로로 끌려갔으니 그의 25년이란 없다. 왕하 24 : 8-17) 바룩은 계시를 받아 예루살렘 멸망을 알고 성기를 숨기라는 지시를 받는다.

② 13~20장 : 하나님은 악인의 멸망과 의인의 번성의 계시를 보이신다.

③ 21~34장 : 구원받을 의인의 수가 차야 하나님의 나라가 성립된다고 한다.

④ 35~46장 : 로마제국의 상징인 삼나무와 메시야 왕국의 상징인 포도넝쿨의 환상

⑤ 47~52장 : 의인과 악인이 같이 부활하나 전자는 영광의 몸을, 후자는 추한 육체를 입는다.

⑥ 53~76장 : 불의자에게 내릴 검은 비와 의인에게 내릴 흰 비의 계시

⑦ 77~87장 : 예루살렘 잔류민의 요구로 바룩은 바벨론 포로민에게 두 통의 편지를 보내어 그들의 포로가 범죄의 값인 것을 가르친다.

(3) 바룩 3서(Ⅲ Baruch) : "헬라어 바룩의 계시록"(The Greek Apocalypse of Baruch)이라고도 한다. 주후 1세기 중반에서 2세기 중반 사이에 팔레스틴작으로 본다. 바룩은 천사 파마엘(Famael)의 인도로 다섯 하늘을 여행하면서 바벨탑 건설자의 저주스런 생활, 용과 저승의 환상, 의인의 평야, 하늘나라의 모양 등의 환상들을 본다.

(4) 모세의 승천(The Assumption of Moses) : 원래 "모세의 유훈"과 "모세의 승천"이란 두 책이 주후 7~30년경 합본하여 된 책으로 죽음을 앞둔 모세가 여호수아를 불러 격려하며 예언한 것으로, 이스라엘은 포로기를 겪으나 결국 구원받는다는 내용이다.

(5) 이사야의 승천(The Ascension of Isaiah) : 본서는 3인의 저자에

의해 저술되고, 그 중 한 사람은 기독교도였다.

① 제1부 - 이사야의 순교(2 : 1 - 3 : 12, 5 : 2 - 14) : 주후 1세기 후반기, 히브리어로 저작되었다. 이사야는 므낫세의 배교를 예언하고, 그 예언대로 그는 체포되고, 그리스도가 오실 것과 행적을 예언한 후 톱으로 켜 순교를 당한다.

② 제2부 - 이사야의 환상(6 - 11장) : 2세기 후반에 헬라어로 기록된다. 히스기야 20년에 이사야는 제7하늘의 하나님과 독생자의 환상을 보며, 그리스도의 동정녀 탄생, 십자가의 죽음과 부활, 그리고 제7하늘로의 승천 등을 본다.

③ 제3부 - 그리스도교의 가필(1장, 11 : 42 - 43)

④ 제4부 - 다시 후대의 가필(1 : 3 - 4, 3 : 13 - 5 : 1, 5 : 15 - 16, 11 : 2 - 22, 41)

(6) 에스드라 4서(Ⅳ Esdras) : 구약 외경 (14) 에스드라 하서 참조.

(7) 요벨의 책(Book of Jubilees) : 주전 2세기에 바리새파인 제사장의 기록으로 보고, 요벨의 해(레 25 : 8 - 12)를 중심으로 창세기의 설화적 주해이므로 "소창세기"라 불린다. 저작의 목적은 헬라주의 영향하에서 유대교를 변호하고, 모세 율법의 절대적 가치를 옹호하려는 것이다.

(8) 솔로몬의 시편(The Psalms of Solomon) : 주전 70~40년경의 팔레스틴작으로 1614년 이후 그 존재가 알려졌다. 모두 18편이 수록되고, 정경의 시편들과 내용이 같다. 메시야에의 언급이 주종을 이룬다.

(9) 12족장의 유훈(The Testaments of the Twelve Patriarchs) : 주전 2세기경의 저작으로 야곱의 유훈(창 49장)처럼 12족장들이 죽음의 병상에서 그 자손들에게 남긴 유훈이지만, 야곱 유훈의 내용과 족히 일

치하지 않는다.

(10) 욥의 유훈(The Testament of Job) : 주전 1세기에서 주후 3세기 사이의 저작으로 53장에 달하며, 정경 욥기를 주해함으로 "헬라어 주해서"란 별명이 있다. 장면은 욥이 죽음의 병상에서 자녀들을 모아 주는 유훈이고, 정경 욥기에 없는 새 말들이 많다. 가령 욥은 에서 자손이고, 그 아내는 야곱의 딸이란 것이며, 시험의 동기는 욥이 우상의 사당을 파괴한 데서 기인한 것이라고 한다. 욥의 첫째 아내는 시티도스(Sitidos)였고, 둘째 아내는 디나(Dinah)였으며, 본서는 욥의 동생 나홀(Nahor)이 기록한 것, 엘리후(욥 32 : 2)는 마귀였다는 것 등이다.

(11) 시빌린의 탁선(The Oracle of Sibylline) : 주전 60년에서 주후 5세기 간의 탁선집으로 3탁선과 3논문의 수집으로 이교도에 대한 그리스도교의 변증용인 듯하다.

(12) 아리스테아의 서한(The Epistle of Aristeas) : 톨레미 필라델푸스(Ptolemy Philadelphus, 285－247 주전)의 신하 아리스테아가 그의 동생에게 보낸 322절에 달하는 서한이며, 서한형식으로 된 문학서요, 역사소설이다. 그 윤곽은 다음과 같다.

① 서론(1－82절) : 율법 번역을 위한 사절단 파견
② 예루살렘 견문기(83－120절) : 예루살렘과 유다의 모습
③ 율법 번역자 선택(121－171절)
④ 왕의 향연(172－300절)
⑤ 번역의 완성과 번역자의 귀환(301－322절)

(13) 아담과 하와의 책 : 본서는 주후 60～300년 간 알렉산드리아에서 저작된 것으로 헬라어 전승과 히브리어 전승의 두 가지가 있고, 전

자는 "모세 계시록"(Apocalypsis Moses)이라는 43장이고, 후자는 "아담과 하와의 생애"(Vita Adamet Havam)라는 51장이다. 두 책은 절반쯤은 공통되나 절반쯤은 각양이다.

① 모세 계시록 : 아담과 하와는 가인과 아벨을 낳고, 가인이 아벨을 죽일 것을 하와는 꿈으로 미리 안다. 그 외 30아들과 30딸을 낳고, 아담은 죽어 그 시체는 에덴동산에 묻히고, 그 영은 하나님께 올라가며, 하와는 6일 후에 죽는다.

② 아담과 하와의 생애 : 1~21장은 모세 계시록에 없는 독특한 자료로 아담은 40일을 요단강에서, 하와는 티그리스 강에서 27일간을 회개의 고행을 한다. 하와는 서방으로 여행하다가 가인을 생산한다.

(14) 에녹 2서(Ⅱ Enoch) : 10세기 이전에 알렉산드리아에서의 작품으로 23장에 달한다. 내용은 에녹이 승천하여(1-2장) 첫째 하늘에서 눈과 어둠의 창고를 보고(3장), 둘째 하늘에서 타락한 천사를 보며(4장), 셋째 하늘에서 천국과 지옥(5장), 넷째 하늘에서 태양과 달의 운행(6장), 다섯째 하늘에서 경호의 천사들(7장), 여섯째 하늘에서 천사장들을 본다. 그리고 일곱째 하늘에서 하나님을 뵈옵고, 천사장을 통하여 천지창조의 경과를 들으며(10-11장), 에녹은 세상에 돌아와 자녀들에게 그의 본 것을 전하고(13-17장), 다시 승천한다(18-21장). 에녹의 손부 "소포님"(Sophonim)이 멜기세덱을 낳는다(22-23장).

(15) 피르케 아보드(Pirke Aboth) : "부조들의 장(章)"이란 뜻으로 유명한 "미쉬나"(Mishinah-'반복함' 이란 뜻)의 6부 중 제4부다. "미쉬나"는 모세가 시내산에서 받은 "구전율법"(Oral Law)이었고, "게마라"(Gemara-'가르침' 이란 뜻)와 같이 "탈무드"(Talmud)를 형성한다. "미쉬나"는 유다(Juda, 주후 135-217년)가 결정적으로 결집하여 모세 5경과 동등의 권위로 받아들여지고 있다. 본서는 약 70명이나 되는

교사들의 말로 5장으로 구성된다.

① 제1장 : 모세 율법의 부여에서 예루살렘 함락 때까지 전승이고, "대회당" 사람들의 기사가 상세하다.

② 제2장 : 랍비 작가와 그 제자들의 말이다.

③ 제3~4장 : 약 40명의 랍비들의 잠언으로서 서로 연관되지 않는다.

④ 제5장 : 3, 4, 7, 10 등의 숫자적 분류에 의한 율법 관찰이다.

(16) 아히칼 이야기 (The Story of Ahikar) : "사독의 노래"(The Song of Zadok)라고도 한다. 토비트서와 같이 민간전설이다. 아히칼은 앗시리아 왕 산헤립(왕하 18 : 13)의 고관으로 현인이고, 정치가며, 부유하고 명망이 높았으나 아들이 없어 그는 누이의 아들 나단(Nadan)을 양자로 삼았다. 그러나 그가 배반하여 아히칼은 정죄받아 죽게 되었으나, 역시 위기에서 구원받고, 또 나라가 이집트의 억압을 받던 것도 해결하며, 그를 해하려던 양자 나단에게도 보복한다는 이야기다.

2. 시대적 배경

1) 바벨론 포로에서 마카비운동까지

성서의 무대인 "팔레스틴"(Palestine)은 가나안의 선주민이며, 이스라엘의 숙적이었던 "블레셋"(Philistine)에서 유래된 이름이고, 그 지역은 비교적으로 작아 그 면적은 약 25,900평방㎞이고, 우리 한반도의 약 8분의 1정도의 크기다. 성지의 길이는 약 240㎞, 너비는 가장 넓은 남방이 약 120㎞이고, 북부로 갈수록 좁아진다.

이스라엘의 수도 예루살렘은 기독교, 유대교, 이슬람교가 다같이 성도(聖都)로 추앙하는 세계의 성도(聖都)이며, 또 고도(古都)의 고도인 곳이다. 예루살렘은 "평화를 소유함"을 뜻하고, 그 고대명은 "살렘"(평화)

이며, 멜기세덱이 그 곳의 왕이었다(창 14 : 18). "살렘"이 "예루살렘"으로 변경된 연유는 이스라엘의 조상 아브라함이 이곳 모리아 산에서 아들 이삭을 제물로 바쳤을 때 하나님이 기적적으로 아들 대신에 숫양을 준비하심으로 이 곳을 "여호와 이레"('여호와가 준비하심' 이란 뜻)라 명명한바, 그 "이레"가 "살렘"에 접두하여 생긴 이름으로 본다.

신약성서의 역사적 배경은 예루살렘이 바벨론의 느부갓네살에게 함락되고, 백성이 갈대아의 포로가 된 주전 586년에서(왕하 25장) 시작하는 것이 좋을 것이다. 그 때보다 앞서 주전 721년, 북왕국 이스라엘은 앗시리아의 포로가 되어 이스라엘 백성은 남북이 다같이 포로민족이 된 것이다. 남왕국 유다의 포로는 3기로 ① 주전 606년경, 여호야김 때(대하 36 : 6) ② 597년, 여호야긴 때(왕하 24 : 10-14), ③ 586년, 시드기야 때(왕하 25장)였다.

그리고 그들의 귀환 역시 수차에 걸쳤는데 그 첫째가 536년 스룹바벨 때로서 첫 번째 포로 때부터 꼭 70년 후였다(렘 2 : 12, 29 : 10). 또 돌아온 백성은 곧 성전 재건에 착수하였으나 사마리아인의 방해로 중단되었다. 학개, 스가랴 등 예언자들의 격려로 재착수하여 완공되어 봉헌한 것이 주전 516년경이었다. 제3차 포로기부터 이 때까지도 역시 70년이 되는 것이다.

바벨론을 멸망시키고, 이스라엘의 포로민을 귀환시킨 바사의 "고레스"(Cyrus Ⅱ, 주전 559-529)의 자손은 그 영토를 이집트와 그리스까지 확대시켜 대메대 · 바사제국을 약 2백년 간 유지하였으나, 마게도냐의 알렉산더가 약관 20세에 부왕 빌립을 계승하여 순식간에 헬라를 통일하고, 주전 334년 이수스(Issus)에서 바사의 다리우스 대왕군을 격파하여 천하를 그의 수중에 잡았다. 이수스의 승리로 알렉산더는 메대 · 바사의 구영토를 모두 장악하고, 계속 동방으로 진군하여 갠지스 강가에서 인도까지 위협하였으나, 그는 바벨론에서 33세로 요절하고 말았다. 그리하여 그의 광대한 영토는 그의 부왕 4명에 의해 4분되나 톨레미(Ptolemy) 왕가의 이집트와 셀류시드(Seleucids) 왕가의 시리아가 뛰어나게 강국들이 되었고, 팔레스틴 성지는 후자에게 예속되었다.

이와 같이 팔레스틴을 지배하게 된 셀류시드 왕가에서 악명 높은 안티오쿠스 에피파네스(Antiochus Ⅳ, Epiphanes, 주전 175-164)가 나타나 유대 백성에 대한 대박해가 시작되었다. 에피파네스(Epiphanes-"하나님의 현현"이라는 뜻)는 자신을 신으로 자처하면서 유대인들의 여호와 경배를 갖가지 방법으로 저해하였다. 즉, 에피파네스가 이집트 원정이 실패하자 귀로에 그 분풀이를 예루살렘에 쏟아 부었던 것이다. 안식일 준수를 금지하고, 모세 5경을 읽는 것을 금하며, 할례를 금지하고, 예루살렘 성전을 헬라의 신 제우스(Zeus)에게 바치며, 지성소에 난립하여 이를 모독하고, 또 돼지피를 뿌려 모독하는 등 온갖 박해의 길을 만들어 내었던 것이다. 실로 그는 다니엘의 예언에도 나타나는바(단 11:21-45) 신약시대의 네로(Nero, 54-68년)와 더불어 대표적 적그리스도적 인물로 간주되었다.

이와 같은 안티오쿠스 에피파네스의 박해에 대항하여 일어났던 것이 이스라엘의 중간기를 화려하게 빛낸 마카비 독립운동이었다. 이 운동은 주전 167년, 모데인(Modein) 시에서 마따디아(Mattathias)가 그의 다섯 아들과 같이 시리아군에 대항하여 거사하고, 이듬해인 166년 그는 죽으나 그의 독립운동은 다섯 아들들에 의해 계속된다. 첫째 지도자가 셋째 아들 유다(Judah, 주전 166-161)였고, 그의 때부터 "마카비"(Maccabee, '망치' 라는 뜻)라는 별명을 얻게 된다. 마카비는 유다의 의용병을 거느리고, 게릴라전을 효과적으로 전개하여 시리아군을 괴롭혔고, 유다 민중의 마음을 얻었다. 유다는 예루살렘 성전을 재탈환하여 164년 헌당하여 "하누가"(Hanukkah- '헌신' 이란 뜻)라 하며, 이스라엘의 수전절(요 10:22)의 기원이 된 것이다. 또 같은 해(164년)에 에피파네스도 죽음으로써 이 해가 마카비운동의 절정기였다고 할 수 있을 것이다. 유다가 전사하자 그의 아우 요나단(Jonathan, 주전 161-141)이 계승하여 20년 간 유다군을 지휘하면서 대제사장으로 나라를 다스렸다. 요나단이 피살되자 그의 형 시몬(Simeon, 주전 141-134)이 계승하고, 140년 시므온은 대제사장 겸 대장군, 즉 왕위에 올라 "하스몬 왕가"(Hasmonian dynasty)가 개설된 것이었다. 시몬의 시대부터(주전 142년) 유다는 독립국의 주화를 제작하게 된 것이다. 그러나 시몬 역시 그의 사위 톨레미(Ptolemy)에게 암살되고, 손자인 힐카누스(John Hycarnus, 주전 134-105)가 대제사장직을 계승하였으나 그 세력은 약화되고, 지중해 북편에 다니엘의 예언한 바 '쇠'와 같이 강력한(단 2 : 40) 새 통치자인 로마가 일어나 주전 63년 로마의 폼페이(Pompey, 주전 106-48)가 예루살렘에 입성함으로 마카비의 독립운동은 끝나고, 유대 왕국은 다시 이방의 속국으로 전락하고 만다. 주전 586년에 바벨론의 포로가 됨으로 망국하여 주후 1948년 이스라엘의 독립 때까지 2,500년 동안 나라 없이 살던 이스라엘 백성에게 주전 167~65년 간, 100년의 독립투쟁사는 반짝이는 빛처럼 그들의 역사를 빛내 준 시기였다.

2) 바리새인과 사두개인

신약시대의 성지에는 바리새인, 사두개인, 에세네인, 헤롯왕 셀롯(열심)당 등의 당들이 있었고, 그 중의 대표적인 것이 바리새인과 사두개인이었으며, 두 당의 기원은 다같이 마카비시대로 추측된다.

"바리새인"(Pharisee)은 '분리'를 뜻하고, 그 시조는 '하시디안'(Hasidean-'경건자'란 뜻)이었다. 바리새인의 기원과 내용은 분명치 않으나 마카비운동의 제사장 계통의 지도자들의 세속화 경향에 반기를 들어 순수한 모세 율법의 기치하에서의 분리를 주장한 데서 기인한 것으로 보여진다. 즉, 저들은 모세 율법과 구전 율법준수에 엄격하였고, 영혼불멸과 천사의 존재, 육적 부활 등을 신앙하였다(행 23 : 8). 그러나 저들의 이런 '분리' 주장이 외모와 형식에 치중하였기 때문에 그리스도로부터 "외식하는 자"란 준엄한 책망을 받은 것이다(마 23장).

"사두개인"(Sadducee)은 '정의'를 뜻하고, 다윗 · 솔로몬시대의 대제사장 "사독"(왕상 1 : 38)에게서 유래한 것으로 믿어지고 있다. 앞서 거론된 바와 같이 마카비가 제사장 계통이었으므로 이들은 종교적인 바리새인과는 대조적으로, 정치적이며 현세주의적으로 발달하였다. 이들은 구약성서에서 모세 5경만을 읽었고, 내세와 부활 등은 부정하였다. 좀더 바리새인과 사두개인을 비교하면 다음과 같다(Metzger).

① 바리새인은 예정교리를 신봉하였으나 사두개인은 인간의 개인적 자유를 주장하고, 하나님께서 역사를 지배하신다는 것을 부정했다.

② 바리새인은 영혼의 불멸성과 육체의 부활을 믿었고, 사람은 현세의 행위를 따라 내세에서 상벌을 받을 것으로 믿었으나, 사두개인은 이런 교리를 거부했다.

③ 바리새인은 천사와 마귀에 대해 크게 발전된 견해를 가졌으나 사두개인은 이를 거부한다.

④ 바리새인은 히브리인의 성경과 구전, 그리고 종교전 전승 등의 권위를 인정하고 받아들이나, 사두개인은 오직 모세 5경의 교훈만을 받아들이고, 그 외의 것은 모두 거부한다.

"바리새인과 사두개인"의 이름은 마태복음에서 함께 나란히 5회나 나타나지만 신앙과 생활에서 저들은 대조적이었고 양극적이었다. 즉, 바리새인은 외식적인 분리주의, 사두개인은 현세적인 속화주의로 이 양자의 경향은 모든 시대의 교회 역사에서 경계하여야 할 양극일 것이다(마 16 : 6).

"에세네인"(Essenes)은 신약성서에 그 이름이 나타나지 않으나 바리새인과 사두개인과 더불어 팔레스틴의 3대 종파로 간주되었다(Josephus). 에세네파는 금욕주의로서 결혼을 금하고, 성전예배를 불결하다고 하여 불참하였으며, 일출 때부터 일몰 때까지 기도하며, 성경(구약)을 읽으며, 이를 사본하는 작업으로 소일하였다고 한다. 1948년 쿰란의 동굴에서 발견되어 성경의 본문연구에 크게 이바지한 "사해사본"(The Dead Sea Scrolls)도 에세네인들의 유물로 추측한다.

이상과 같이 전통적이며, 주류파나 형식주의에 빠진 바리새파, 현세적이고 속화적인 사두개파, 또 금욕적인 에세네파가 신약시대 유대의 3대 종파였던 것이다(Metzger). 이들 3종파 외에도 비종교적이며, 헤롯 왕권을 추종하는 "헤롯당"(막 3 : 6, 12 : 13), 유대의 독립을 목표로 하는 "열심당"(눅 6 : 15, 행 1 : 13)들이 있었으나 소수였고, 또 실제로 당시 유대인의 90% 이상이 어떤 당파에도 관여하지 않는 무당파, 평유대인들이었던 것이다(Metzger).

Ⅱ. 신약성서의 언어

신약성서의 언어가 헬라어라는 것은 거의 상식에 속한다. 또 헬라어가 주전 근 1천년경의 호머(Homer)의 시(Iliad, Odyssey 등)에서부터 인류 문화생활에 관여하고, 주전 5세기경의 소크라테스(Socrates)와 플라톤(Platon)의 철학서에서는 인류의 문화어로서의 지위를 굳혔던 것이다.

신약성서의 헬라어는 "코이네"(Κοίνη ; '통용어' 란 뜻)라 한다. 그것은 약 100년 전 다이즈만(A. Deissmann, 1866 -) 박사가 이집트의 사막에서 발견된 파피루스에 의해 확인된 것으로 신약학의 대발견으로 간주되는 사건이었다.

코이네는 고전 헬라어와 같은 문학어 또는 철학어 등의 학술어가 아니라, 일반 시민들의 통상어였던 것이다. 신약시대의 작가였던 필로(Philo, 주전 30 - 주후 50)나 요세푸스(Josephus, 37 - 110) 등의 저작도 코이네로 이룩되었고, 알렉산더 대왕 이후의 헬라화운동을 따라 코이네는 급속하게 국제어적 위치를 굳혔던 것이다.

Ⅲ. 신약성서의 본문

1. 신약성서의 사본

신약성서의 원저자의 수기는 당시 손쉽게 구할 수 있던 "파피루스"(Papyrus)라 불리는 종이에 기록된 것으로 믿어지고 있다. 파피루스는 같은 이름의 풀의 가죽을 엮어 만든 것으로, 현재도 카이로의 박물관에 거금 3천전의 파피루스 종이가 전시된 것을 볼 수 있다. 그러나 파피루스는 쉽게 꺾어지고 또 부패하기 때문에 오래 간직하기 힘들었다. 그래서 주후 2세기경부터는 양이나 송아지 가죽으로 된 종이(Parchment)의 성경이 등장하게 되었다.

성경의 원저자의 수기인 원본은 물론 수신자에게 전달되었겠으나 불원간에 그것은 다른 지방으로도 돌려가면서 읽는 회장적 성격을 띠게 되었고(골 4 : 16 참조), 그러기 위해서는 성경이 쿠텐베르크(Gutenberg, 1398 - 1468)에 의해 인쇄되기 전까지는(1455년) 사본(寫本)이란 방법으로 전해졌던 것이다.

성경의 사본은 현재 큰 것, 작은 것 등 그 수가 너무 많고, 또 학자를 따라 추산되는 수가 각양이나 대체로 약 5,300개(대문자 사본 267개, 소문자 사본 2,176개, 예배용 의식문 2,146개 등)로 일단 추측해 둔다(E. F. Harrison).

"대문자 사본"(Uncial Mss)은 주후 4~9세기의 것으로 가장 좋은 사본으로 인정되고, 표식으로 나타낸다. 대문자 사본들 중에서도 다음 몇 개는 최신의 것들로 신약성서 본문연구에 기본적인 것으로 본다. "소문자 사본"(Cursive Mss)은 제9세기 이후의 것이며, 제2의적인 것이고, 숫자로 표시한다.

1) 바티칸 사본(Codex Vaticanus, B)

바티칸 도서관이 창건될 때(1481년)부터 소장된 것으로 추측하고, 제 4세기의 것이며, 가장 오래되고, 가장 권위적인 성경으로 인정되고 있다. 기독교 호교의 왕 콘스탄틴 대제(Constantine the Great, 272-337년)는 송아지 가죽의 미려한 성경 50부를 제작하여 각지 교회에 배부한 바 바티칸 사본이 바로 그 때의 성경으로 믿어지고 있다. 2.75×2.75㎝의 피지에 3단으로 된 759매의 대사본이며, 구약의 전체가 있으나 신약은 일부(히 9 : 14 이하, 목회서신, 빌레몬, 계시록 등)가 결한다.

2) 시내산 사본(Codex Sinaiticus, ℵ 또는 S)

역시 4세기의 것으로 자체가 아름답게 보존되고, 신약의 전부와 구약의 대부분, 또 외경의 일부까지 389매에 달하는 대사본이다. 독일의 티센도르프(Tischendorf, 1815-1874) 교수가 1844, 1853, 1859년 등 세 번에 걸처 시내산 성카타리나 수도원을 방문하여 얻은 것이다. 그는 첫 번째 방문에서 사본 일부를 얻었고, 2차와 3차에는 실패하였으며, 세 번째 실패 후 산에서 내려가는 길에 이번에 그냥 돌아가면 다시는 이 곳에 오질 못할 터이니 다시 한번 찾아보자는 영감 같은 느낌으로 다시 등산하여 이른 새벽에 수도원에 들어설 때 수도원지기가 불을 피우기 위해 무언가 한아름 안고 있는 것을 보고, 소화되기 직전에 얻은 것이 바로 시내산 사본이었다는 기적담이 남아 있다. 티센도르프 교수는 이를 러시아 황제께 바쳐 성베드로스붉(레닌그라드)에 보관되어 있다가 1933년 런던의 대영박물관으로 옮겨졌다.

3) 알렉산드리아 사본(Codex Alexandrinus, A)

5세기 중엽 이집트에서 기록된 것으로, 각 매마다 2단으로 된 822매였으나 773매만 남아 있다. 그 중 신약성서가 143매를 차지하고, 거기에 클레멘트의 두 서신이 포함되어 있다. 이는 코이네 사본 중 가장 오래된 것이란 평을 받는다. 런던의 대영박물관에 보존되고 있다.

4) 에브라임 사본(Codex Ephraeimi, C)

유명한 이중 사본(Palimpsest ; 이미 쓰여진 사본 위에 다른 것을 또 쓴 것)으로 5세기의 성경사본 위에 12세기에 시리아의 에브라임 교부의 설교를 다시 쓴 것을 티센도르프 교수가 원문을 환원한 것이다. 이는 5세기에 이집트에서 성경 전체를 사본한 것으로 구약 64매, 신약 238매 중 145매가 남아 있다. 이 사본은 바티간 사본과 내용이 비슷해 존중시되고, 파리의 국립도서관에 보존되고 있다.

5) 베자 사본(Codex Bezae, D)

가장 오랜 이중 사본이며 406매로 되어 있다. 5세기 말, 또는 6세기의 것이었으나 그 위에 칼빈의 조수 베자의 설교가 기록된 것이다. 각 면에 헬라어와 라틴어로 같이 기록되었고, 복음서의 순서는 서방식을 따라 요한, 누가, 마가의 순이다. 케임브리지에 있다.

6) 워싱턴 사본(Codex Washington, W)

4세기 또는 5세기의 것으로 각 매가 1단으로 되어 있다. 1906년 데트로이트의 프리어(C. L. Freer)가 이집트에서 발견하였다 하여 "프리어 사본"이라고도 한다. 양피지 187면으로 복음서의 순서가 서방교회의 순서를 따라 "마태, 요한, 누가, 마가"로 되고, 현재 워싱턴의 스미스소니안 박물관(Fereer Museum of the Smithsonian Iustitution)에 소장되고 있다.

7) 코리데디아누스 사본(Codex Koridethianus, θ)

7세기 내지 9세기의 것으로 카스피아 해, 코카사스산 코리데디아누스의 수도원에서 발견된 것이다. 4복음서만 있고, 그 순서는 마태, 누가, 요한, 마가로 되어 있고, 러시아의 티플리스(Tiflis) 박물관에 소장되고 있다.

8) 라오디아누스 사본(Codex Laudianus, E)

6~7세기의 것으로 캔터베리의 대주교 라우드(Laud)가 소유했던 것을 옥스퍼드에 기증하여 보들레이안 도서관(Oxford Bodleian Library)에 있다. 헬라어와 라틴어로 병기된 사본으로 사도행전의 사본이고, 사도행전 8 : 37(에티오피아인의 고백)을 가진 가장 오랜 사본이다.

9) 클라로몬타누스 사본(Codex Claromontanus, D)

5~6세기의 것으로 역시 헬라어와 라틴어가 병기된 사본으로 프랑스의 클레몽(Clermont)에서 베자가 발견하여 한때 베자 사본에 소속되기도 했다. 바울서신 13개가 있고, 현재 파리의 국립도서관에 있다.

10) 소문자 사본들(The Cursives)

이는 초서체로 쉽게 읽을 수 있게 되었으며, 현재 2,300본 이상이 보존되어 있다. 9세기 이후의 것으로 등한시되었으나 일부 학자들(von soden 같은)의 노력으로 신약 본문연구에서 그 입장이 점차 중요시되고 있다. 소문자 사본은 "Ferrar군", "Sin군", "1번군"(특히 Erasmus가 중용한) 등의 3군으로 나누어진다. 소문자 사본은 숫자로 표시되나 가령 17과 같은 것은 대문자 사본의 BPL과 일치하여 "소문자 사본의 여왕"이란 별명까지 얻게 되었다.

2. 원문비평학(Textual Criticism)

위와 같이 사본들이 너무 많이 남아 있고, 또 그 모든 사본들은 약간의 차이점들이 있으므로 원저자의 수기인 원문을 규명하기란 용이한 일이 아니다. 사본이란 무의식중이든 의식중이든 오류가 있기 마련이었던 것이다. 이와 같은 많은 사본들을 정리하고, 거기에 고대의 번역성경들이며, 고대 교부들의 인용문들을 참작하여 보다 완벽한 원문을 얻기 위한 노력이 꾸준히 계속되었으므로 이제는 상당히 만족스런 원문이 규명된 것으로 믿어지고 있다. 이런 원문학자들로는 에라스무스(Erasmus, 1516), 베자(Beza, 1624), 티센도르프(Tischendorf, 1841-72), 웨스트코트-호르트(Westcott & Hort, 1881-1907), 네슬(Nestle, 1904) 및 알란트(Aland, 1965) 등이 있다.

3. 고대 번역문

성경의 본문 재현을 위하여 고대 사본들 다음으로 중요한 것은 고대 헬라어 이외의 언어로 번역된 성경들이다. 이런 번역성경들 중에서도 라틴역, 시리아역, 콥틱역 등이 중요시되고, 이런 번역물 중에는 가장 오래된 바티칸 사본보다 몇 백 년이나 앞선 것들도 있어 그 가치가 더욱 존중시되는 것이다. 또 고대 성도들이 성경에 대한 경외심 그대로 번역 성경에도 대하였으므로 그 가치는 더한 것이었다.

1) 고라틴역(The Old Latin Version)

제롬의 벨게이트(The Vulgate of Jerome) 이전의 라틴어 성경으로 70인역(LXX)에서의 번역으로 보며, 그 종류가 40여 종이나 되어 아프리카형, 유럽형, 이탈리아형 등으로 집성하기도 한다. 키프리안(Cyprian, 200-258), 터툴리안(Tertullian, 160-?) 등이 이 성경을 애용하였으나 벌게이트 이후 빛을 잃게 된 것이다.

2) 시리아역(The Syriac Version)

고대 시리아역 중에는 ① Dietessaron역(170년경, Tatian이 4복음서를 종합하여 단일화한 역본) ② 고시리아역(시내산에서 발견한 Syr sin과 이집트 사막에서 발견된 Syr cur) ③ Philoxenus(2세기경 Mabbug의 감독 필록세누스가 번역한 것) ④ Chaklensis(Philoxenus를 수정한 것) ⑤ 팔레스틴역 ⑥ Peshitta 등 6종이 있다. "페쉬타"(Peshitta ; '일반' 또는 '간단명료한 것'을 뜻함)는 고시리아역을 개량한 것으로 내용이 원문에 충실하고, 문장이 명료하며, 고상하여 "번역의 여왕"이란 칭호를 받는다.

3) 제롬의 벌게이트역(Vulgate of Jerome)

앞서 지적한 바처럼 제롬 이전의 라틴어 성경은 40여 종이나 되어 복잡하므로 교황 다마수스(Damasus, 366-384)는 새로운 라틴어 성경 번역을 제롬에게 명하였고, 제롬은 383년 베들레헴 동굴에서 성경번역에 착수하여 22년 후인 405년에 이를 완성하였다. 그의 번역성경은 처음에는 잡음들도 있었으나 곧 그 가치가 인정되어 가톨릭교회의 공인성경이 되고, "벌게이트"(Vulgate ; '통속'이란 뜻)라 불리며 현대에 이른다. 벌게이트 역시 고라틴역처럼 70인역(LXX)의 영향을 많이 받아 히브리어 구약성서에 없는 14권을 첨가하고, 제롬은 이들을 정경에서 구별하기 위해 "외경"(Apocrypha)이란 명칭을 붙인 것이다. 제롬의 외경은 1546년, 트렌트 회의(Trent Council)에서 구약의 정경으로 인정되었다.

4) 콥트어역(The Coptic Version)

"콥틱"이란 고대 이집트어를 가리키고, 대체로 그것은 ① 사히딕(Sahidic)어(나일강 상류 룩소, Luxor 지방어) ② 보하이릭(Bohairic)어(나일강 하류 델타 지방어) ③ 바스뮤릭(Basmuric)어(중부지방어)의 3종으로 나누어진다.

위와 같은 3대 번역성경 외에도 아르메니안역(The Armenian Version), 에티오피아역(The Etiopian Version), 바사역(The Persian Version), 아라비아역(The Arabian Version), 고오트어역(The Gothic Version) 등이 있고, 대부분은 단편적인 것이다.

Ⅳ. 신약성서의 형성과 정경

1. 신약성서 저작의 사정

신약성서는 약 9명의 저자가 근 1세기 간에 걸쳐 기록한 것으로 27권에 도합 260장, 7959절에 이른다. 내용은 복음서, 사도행전, 서신 및 계시록으로 4분된다.

신약성서의 초두에 나타나는 복음서는 넷이고, 처음 3서를 "공관복음서"(Synoptic Gospels)라고 한다. 그것은 3복음서가 대동소이하여 공통점이 많기 때문에 그리스도의 생애와 교설인 복음을 "같이 봄"(σύν-όπτικός)이란 뜻이다. 공관복음서에 비해 요한복음은 그 풍채가 전연 다르다. 내용도 다르고, 문체도 다른 것이다. 공관복음서의 저작연대는 주후 70년, 즉 예루살렘이 로마군에게 함락되기 이전을 전후하여 기록되었고, 요한복음은 그보다 약 30년이 경과하여 공관복음서가 전교회에 유포된 이후에, 90～100년 어간에 당시 교회의 중심지였던 에베소서에 기록된 것으로 믿어지고 있다.

신약성서 중 최초에 기록된 것은 바울의 데살로니가전서였다고 본다(혹은 갈라디아서 선재설, 또는 마태복음 조기제작설 등이 있다). 그것은 바울의 제2차 여행 중 데살로니가 전도를 끝내고(행 17 : 1-9), 베뢰아와 아덴을 거쳐 고린도에 이르렀을 때(행 18 : 1) 벌써 데살로니가교회가 종말론에 지나치게 열중한다는 소문을 듣고, 이를 시정하기 위해 주후 53년경에 고린도에서 본서를 보냈고, 또 뒤이어 데살로니가후서까지 보낸 것으로 보는 것이다.

제2차 여행을 끝내고 선교의 본거지인 안디옥에 돌아와서 갈라디아서를 기록하였고, 제3차 여행 중 에베소에서 고린도전서를, 에베소를 떠나 마게도냐에 이르렀을 때(고후 6 : 7) 고린도후서를 기록하고, 제3차 여행의 종착지인 고린도에서 3차 여행을 마친 바울은 제4차 전도지로 당시 세계의 수도인 로마를 바라보며, 그 준비서로 로마서를 기록하였다. 즉, 바울은 2~3차 전도여행 중 조기 6서신을 기록하고, 그후 예루살렘에서 체포되고, 가이사랴에서 2년 간의 옥고를 겪은 후 로마로 호송되어 다시 2년 간의 옥중생활을 보내면서 옥중서신 4서(에베소서, 빌립보서, 골로새서, 빌레몬서)를 기록하였다. 그후 잠시 석방되어 동방과 서방(서바나)전도를 하면서 디모데전서와 디도서 등 목회서신 2서를 보내고, 재차 체포되어 마지막으로 디모데후서를 기록한 후 주후 66~67년경 베드로와 함께 네로에 의해 순교한 것으로 보고 있다. 이와 같이 바울서신 13서란 바울이 그의 분주한 선교여행의 틈을 타서 혹은 피선교 교회의 사정이나 질문에 따라 혹은 새 선교지를 위한 준비작업으로 황급히 붓을 들어 쓴 선교의 서신이요, 교회적인 서신들이었던 것이다.

바울서신 이외의 서신들은 "공동서신"(The Catholic Epistles)이란 이름으로 묶어지고, 그 저작연대는 복음서의 경우처럼 요한서신 외는 예루살렘 함락(70년) 이전에 각지에서 기록되었고, 요한서신 3서는 95~100년경에 에베소에서 기록된 것으로 본다.

히브리서는 모든 점에서 특이한 서신이다. 본서는 예루살렘 함락(70년) 직전에 기록되었을 것이라고 추측되나 그 저자나 저작장소를 규정지을 수 없는 점에서, 또 그 내용이 그리스도의 절대성을 논하는 변증서란 점에서 특이한 서신이라 할 수 있을 것이다.

사도행전은 복음서와 서신들 중간에서 그 전환적 역할을 하는 것이고, 63~64년경 바울과 베드로가 순교하기 직전에 로마에서 기록된 것으로 보여진다.

사도 바울은 그의 첫 서신인 데살로니가전서에서 "모든 형제에게 이 편지를 읽어 들리라."(살전 5 : 27) 하였고, 2세기의 교부 유스티누스(Justinus, 100 - 167)는 "사도들의 각서인 복음서가 구약성서와 함께 교회에서 낭독된 것"을 전하고 있다. 즉, 4복음서에 사도들의 서신들이 불원간에 교회에 구약성서와 같은 성서로 받아들여졌다는 것이다(벧후

3 : 15 - 16 참조).

물론 신약성서의 각서는 그 수신자에게 전해졌을 것이나 사도 바울은 수신자 외에도 그의 서신을 읽기를 권하고 있다(골 4 : 16). 이래서 신약의 각서는 회장(回章)이 되어 각처로 전해져 초대 그리스도인의 신앙과 생활의 지도역할을 했을 것이고, 그러기 위해서 각서의 사본작업이 성행되었을 것이다.

이와 같이 사방에 산재하게 된 신약성서의 각서를 복음서별로, 혹은 서신들별로, 그리고 혹은 그것들을 종합하여 전체적으로 집대성하려는 노력이 각처에서 일어나게 된 것은 자연스런 현상이었을 것이다.

2. 신약성서의 수집

1) 말시온 성경(Marcion Text, 170년경)

위와 같이 신약성서의 집대성작업의 최초의 결실은 초대교회의 이단자 말시온(Marcion, Ca, 주후 100)이었다. 그것은 초대교회사에 나타난 한 역설적 사건이었다. 말시온은 본도(Pontus)인으로 구약의 여호와 하나님과 신약의 하나님은 전연 다른 존재라 했고, 또 그의 성경이란 복음서 중에서는 누가복음 하나만, 그것도 처음 2장을 제한 것과 바울서신 10권으로 구성되는 것이었다.

2) 무라토리 정경(Muratorian Canon, or Fragment)

신약 정경형성사에 큰 종적을 남긴 본서는 무명작가의 작품이었고, 그 이름 "무라토리"는 본서의 라틴어본을 밀라노 도서관에서 발견하여 1740년에 발간한 이의 이름을 딴 것이었다. 무라토리 정경은 현재의 신약 27권의 거의를 수록하였고, 다만 히브리서, 야고보, 베드로후서, 요한2서, 3서, 유다 및 계시록의 7서를 문제삼았고, 이 7서를 초대교회사가 유세비우스(Eusebius, 263 - 340)는 "7의서"(The Seven Doubted

Books)라 하였다. 유세비우스는 신약성서의 정경성을 논하면서 이를 "인정된 책"(ὁμολογούμενα)과 "문제된 책"(ἀντιλεγόμενα)으로 나누었던 것이다. 무라토리 단편은 한때 서방교회의 정경으로 받아들여지기도 하였다. [동방교회는 페쉬타(Syriac Peshitta)를 정경으로 받았다.]

3) 카르타고 정경(Carthago Canon, 397년)

신약성서 27권이 현재의 모습으로 정경으로 결정된 것은 주후 397년의 제3차 카르타고 회의(The Third Synod of Carthago)에서였고, 그것은 다시 1546년의 트렌트 회의(Trent Council)에서 재확인된 것이었다.

제 2 부

예수 그리스도의 생애와 교설

"예수 그리스도의 생애와 교설"은, 즉 복음이다. 신약성서의 초두에 나타나는 4복음서(또 외경 복음서들)가 바로 예수 그리스도의 생애와 교설을 전하는 것이요, 복음서를 떠나서 그리스도의 생애를 말할 수 없으나 그 참고서가 전혀 없는 것은 아니다.

참고서의 첫째는 신약시대의 유대역사가 요세푸스(Josephus, 37-100)의 저서들이다. 그는 「유대고대사」와 「유대전쟁사」를 남겨 신약성서의 배경 이해에 귀한 공헌을 하였다. 그러나 그는 그리스도인은 아니며, 그리스도에 대해 "소위 그리스도"(the so-called Christ)라 언급한 것이다. 둘째 참고서는 로마의 역사가 타키투스(Tacitus, 55-117)의 저작으로, 그는 네로 황제의 통치하에서의 기독교인의 수난사를 상세하게 전하고 있다. 셋째는 수에토니우스(Suetonius, 10-160)의 저작으로, 그는 그리스도교를 "새로운 교리를 전하는 해로운 미신"이라 규명하고 있다.

I. 예수 그리스도의 생애

예수 그리스도의 생애는 4복음서에서 엮어 내는 수밖에 없다. 그리고 그것은 탄생과 어린 시절(눅 1-2장), 전도의 준비기(눅 3 : 4-13), 갈릴리 전도(4 : 14-9 : 50), 베뢰아 전도(눅 9 : 51-19 : 27), 예루살렘 전도(눅 19 : 28-21 : 38) 및 수난과 부활(22-24장)로 나눌 수 있다.

그리스도의 탄생담은 마태와 누가만이 전하고, 두 복음서는 다같이 그리스도의 잉태가 성령의 역사였고, 그러므로 요셉은 육적 혈연으로 그리스도와 아무 관계가 없는 것을 밝히고, 다같이 그리스도가 아브라함의 자손인 것을 전하면서 그 족보까지 게재하나, 마태의 족보는 아브라함에서 시작하여 내려오고(마 1 : 1-17), 누가는 요셉에서 시작하여 소급하여 올라가며, 아브라함과 아담까지 경과하여 하나님께까지 이른다(눅 3 : 23-38). 영적 복음이라 불리는 요한은 "말씀이 육신이 되어"(요 1 : 14)라는 간단한 영적 해석으로 끝내고, 그리스도를 종으로 나타내는 마가는 그의 탄생담도 족보도 생략한다.

그리스도의 유년기 기사는 누가만이 그의 12세 때의 기사를 싣고 있다. 유년기의 사적들은 오히려 신약 외경에 흔하게 싣고 있다.

그리스도의 전도의 준비기 기사에는 세례 요한이 등장하고, 그것도 누가에는 그의 탄생담까지 전하여 그의 위치를 한층 격상하고 있다. 이 시대의 사건으로는 그리스도의 수세, 40일 간의 금식과 시험 등이 전해진다.

그리스도의 공생애, 즉 그의 천국복음의 전도개시는 주후 26년 겨울에서 27년 봄 사이로 보여지며, 갈릴리에서 시작된다. 공관복음서의 기사는 갈릴리가 그의 공생애의 주무대로 소개되나 요한은 그 사이에 매년 유월절을 지키기 위해 예루살렘으로 올라가실 때의 기사에 치중하고 있다.

3년 간의 갈릴리 전도를 끝내신 그리스도는 베뢰아를 거쳐(누가에는 이 시기의 기사가 상세하다.) 마지막으로 예루살렘에 올라가신다. 그리고 수난주간을 거쳐 십자가에서 인류 대속의 죽음을 죽으시고 3일 만에 부활하시며, 그후 40일을 경과하신 후 승천하심으로 그의 지상 생애는 끝나는 것이다. 그 때는 주후 29년 봄으로 보고 있다. 실로 그리스도의 33년 간의 생애, 또는 3년 간의 공생애를 전하는 4복음서가 그 마지막의 한 주간(수난과 부활)의 기사에 전지면의 3분의 1을 충당하고 있는 것은 두 사건이 그리스도의 생애에서 핵심적 사건들이었음을 말하는 것이다.

Ⅱ. 복음서

1. 공관복음서의 문제들

예수 그리스도의 생애와 교설을 간직한 4복음서는 공관복음서와 요한복음으로 구별된다. "공관복음서"(Synoptic Gospels)는 '같이 봄'(σύν-ὀπτικός)에서 취해진 이름으로 마태, 마가, 누가 등 공관복음 3서가 같은 입장에서 그리스도의 생애와 교설을 관찰하고 기록하였다는 뜻이다. 그러므로 3복음에는 공통되는 점이 많고, 어떤 부분은 문자적으로 일치한다. 그러면서도 3서에는 또한 각자 독특한 점도 있다. 이런 3서 간의 유사점과 상이점을 취급하는 것을 "공관복음 문제"(The Synoptic Problem)라고 한다. 공관복음서의 분류비교는 여러 방법으로 이루어지고 있다. 가령 톰슨(Thomson) 주교는 공관복음서를 89부분으로 나누고, 그 중 42부분은 3서에 공통되고, 12부분은 마태와 마가에, 14부분은 마태와 누가에 공통된다고 하였다. 아이호른(Eichhorn)은 44부분이 3서에 공통된다고 하였다. 웨스트코트(Westcott)는 마태는 공통점 58과 특수점 42를 가지고, 마가복음은 93과 7을 가지고, 누가복음은 41과 59를 가지며, 요한복음은 공통점이 겨우 8부분이고 특수점이 92부분이나 된다고 지적하였다. 그러면 어째서 공관복음은 이렇게 많은 공통점을 가지며, 그러면서도 또 그 특수성은 어떻게 된 것이냐는 것이 문제의 초점이다. 어거스틴(Augustine, 5세기 초)은 대답하기를 마태복음이 먼저 기록되었고, 다른 두 복음서는 마태에 의거하였다고 하였다. 이와 같은 어거스틴의 학설은 그후 오래도록 신학계를 지배하였다. 스콜라시대와 종교개혁을 거쳐 18세기 말까지도 여기에 의심을 가지는 사람은 없었다. 19세기에 들어서 비평학자 라흐만(Lachmann)은 공관복음 문제를 일으킨 최초의 학자였다. 그리고 19세기 말에 와서 이 문제는 이문서설(二文書說)이라는 데서 일단계를 거친 듯하다. 그러나 모든 학설은 끝없는 찬반을 반복하여 이 문제의 완전해결의 날은 오지 않을런지 모른다(E. F. Scott). 이제까지 논의된 학설들은 다음과 같다.

1) 원복음설(The Urevangelium Theory ; G. E. Lessing, J. G. Eichhorn)

독일의 비평학자들의 학설로 현재의 복음서는 이전에 아람어로 된 복음서가 있었고, 이 원복음서를 토대로 하여 세 복음의 기자는 각자의 복음서를 완성하였다는 것이다. 이는 아마 마태가 주님의 승천 후 주후 35년경에 저술한 것이고, 그후 다시 보충하고 정정하였을 것이며, 다른 세 복음서로 발전하였다는 것이다. 그러므로 3복음의 공통점은 원복음의 번역이고, 차이점은 각자의 첨가라는 것이다. 이 학설은 극히 합리적이고, 또 파피아스(Papias)가 전하는 "마태는 히브리어(아람어)로 교훈집(τὰ λογία)을 기록하였다."(Eusebius, H. E. xxxix. 16)는 증거는 이 학설의 유력한 근거가 된다. 그러나 이 학설에 대한 역사적 지지도는 극히 빈약하다. 그리고 현 공관복음 3서는 번역문으로는 볼 수 없는 생생하고도 개성이 뚜렷한 헬라어로 기록되어 있고, 또 문자적으로 공통되는 부분들도 많은바 그것도 번역문에 있는 수없는 일인 것이다.

2) 구전설(The Oral Tradition Theory ; Westcott, Wright, Ebrard, Alford, Godet)

주로 영국계 학자들의 학설이며, 동시에 "프로테스탄트의 학설"이라고 불린다(그러나 Schegg, Kauleu, Corney 등 가톨릭계 학자들의 지지도 많다). 이는 복음서는 구전을 토대로 하여 처음부터 현형태로 기록되었다는 것이며, 이를 "원시 기록설"(The Theory of an Original Written Record)이라고도 한다. 누가복음 1 : 1~2의 내용("처음부터 말씀의 목격자되고, 일꾼된 자들이 전하여 준 그대로……")과 파피아스가 전하는 마가복음이 베드로의 설교를 수집하여 기록하였다는 말(Eusebius, H. E. iii. 39) 등은 본 학설의 유력한 근거가 된다.

그리스도의 생애가 얼마의 기간 중 구전으로 전하여졌으리라는 것은 상식적 문제로 아무도 부정하지 못할 것이다. 그리스도의 생애의 목격자들인 사도들이 살아 있던 간에 기록된 그리스도전이란 인기가 없었을 것이다. 이런 사실은 직접 목격자에게 듣는 것 이상으로 더 인상적일 수 없기 때문이다. 그것은 파피아스의 140년경의 기록으로 보는 구절에서도 분명하다. "만일 장로들의 수종자인 어떤 분이 오는 경우, 우리들은 그에게 장로들이 한 말씀에 대하여 조회해 보는 것이 상례였다. 즉, 안드레나 베드로가 말한 것이나, 또는 빌립, 도마, 야고보, 요한, 마태 또는 그 외의 주의 제자가 한 말씀, 또는 주의 제자 아리스톤이나 장로 요한의 말씀에 대해서도……"(Eusebius, H. E. iii. 39).

유대인은 원래 구전의 특징있는 민족이었다. 그들의 국민적 중요 행사는 가정을 통하여 반복되는 구전으로 전래되었다. 그리스도의 생애를 전하는 구전은 얼마 후에 일종의 전통적 형태를 형성하여 같은 사건을 이야기할 때에는 거의 고정적 단어와 순서에 의했을 것이므로 이를 기록한 복음서 간의 공통점은 자연스런 결과라는 것이다. 이와 같은 구전설은 자연히 공관복음서의 저술연대를 일찍이 두고 있다.

이미 지적한 바처럼 주님의 승천 후 얼마의 기간 중 그의 생애가 구전으로 전하여졌으리라는 것은 거의 확실한 사실일 것이다. 그러나 구전설을 끝까지 적용하여 모든 문제를 풀기에는 난점들이 있다. 가령, "구전의 기록자들이 왜 사도들의 구전의 전체를 기록하지 않았는가?(Peake), 마태복음의 교훈집들(마 5-7장, 10장, 13장, 22장, 25장 등)을 어떻게 구전하였을까?(Scott), 3복음서 간의 차이점은 어떻게 해석할 것인가?" 등의 문제에 대해 만족할 만한 대답을 주지 못하는 것이다.

3) 상호의거설(The Interdependence Theory)

구전설은 상호의거설이란 새로운 학설을 낳게 하였다. 이는 공관복음 3서 중에 첫째는 구전에 의해 기록되고, 둘째는 첫째에 의거하였으며, 셋째는 첫째와 둘째에 의거하였다는 것이다. 물론 뒤의 두 복음서는 자신의 자료를 더 첨가하였을 것이다. 그리고 그 서열에는 다음의 여섯 길이 가능한 것이다. ① 마태, 마가, 누가(Grotius, Westein) ② 마태, 누가, 마가(De Wette, Baur) ③ 마가, 마태, 누가(Storr, Weiss) ④ 마가, 누가, 마태(Hitzig, Volkmar) ⑤ 누가, 마태, 마가(Evanston) ⑥ 누가, 마가, 마태(Vögel) 등

이 학설은 산만하여 오히려 무게가 없는 듯하다. 튀빙겐 학파(F. C. Baur)가 그 역사비판적 견지에서 본설을 지지한 것이 이채롭다. 이 학설은 공관복음서의 유사점과 차이점에 대해 참된 해답을 주지 못한다. 3서의 문장과 낱말 등을 상세히 분석할 때에 더욱 그렇다.

4) 단편설(The Fragmentary Theory)

슐라이어마허(Schleiermacher, 1768-1834)는 원복음설과 구전설을 모두 거부하고, 복음서의 자료는 수많은 단편집이었다고 하였다. 그리스도의 생애, 일화, 이적, 교설 등에 관한 크고 작은 잡다한 단편들이 있었고, 복음의 기자들은 이런 단편을 편집했을 뿐이라는 것이다. 그는 이런 단편의 편집단계로 "원마가복음"(UrMarkus), "원마태복음"(UrMatthaus) 등의 제창도 하였다. 이 학설은 극히 합리적이나 일반적 인정을 받지는 못하였다. 그러나 후대의 문서설이나 양식비평에서 결

실을 맺게 되었다.

5) 문서설(The Documentary Theory)

문서설은 19세기 말엽 바이스(B. Weiss), 홀츠만(Holtzmann) 등이 창설하여 현재에 이르기까지 최대의 관심과 인기를 끈 학설로서 공관복음서는 그때 이미 있던 문서들에 의해 저작되었다는 것이다. 이런 문서들 중에 특히 2대 문서, 마가복음과 Q를 중요시함으로 이 학설은 또한 "2문서설"(The Two Documentary Theory)이라고도 불린다. 이 학설의 내용을 분해하면 다음과 같이 된다.

(1) 마가복음 우선설 : 어거스틴 이래 일천수백 년간 마태복음 우선설은 교회의 정설이었으나 19세기의 비평학자들에 의해 철저한 비평을 받게 되고, 그것에 대치된 것이 마가복음 우선설이다. 마가복음이 최고(最古)의 복음서란 것은 다음 몇 가지 근거에 의한다.

첫째, 마가복음 661절은 대부분 마태나 누가에 의해 취택되었다. 마가복음에서 취택되지 않는 것은 겨우 55절에 지나지 않는다. 그리고 50% 이상은 문자적으로 취택되고 있는 것이다.

둘째, 세 복음서 간의 차이점을 분석할 때 마가와 마태가 일치하고, 누가가 다르거나 마가와 누가가 일치하고, 마태가 다른 경우는 많고, 마태와 누가가 일치하고, 마가만 다른 경우는 극히 적은 점이다. 이는 마태와 누가가 개별적으로 마가에 의거한 증거가 된다.

셋째, 마태와 누가가 마가를 의지하면서 이를 보충한 점이다. 가령 (전자가 마가복음, 후자가 마태복음) 1 : 15과 4 : 17, 1 : 32과 4 : 24, 1 : 42과 8 : 3, 4 : 39과 8 : 26, 6 : 4과 13 : 57, 2 : 14과 9 : 9, 8 : 10과 15 : 30, 5 : 2과 8 : 28, 10 : 46과 20 : 30, 11 : 2과 21 : 2, 14 : 11과 26 : 15, 15 : 23과 27 : 34, 9 : 32과 17 : 23, 9 : 34과 18 : 1, 10 : 35과 20 : 20, 14 : 40과 26 : 43, 10 : 18과 19 : 17, 6 : 3과 13 : 55 등을

들 수 있다. 이런 경우 마태가 더 완비되어 있으므로 만일 마가가 후에 기록되었다면 그 내용을 더 소홀히 할 리가 없다는 것이다.

넷째, 마가복음은 위와 같이 간략하면서도 정서적 면에서는 더 생생한 바가 있는 점이다(7 : 37, 9 : 24, 10 : 32, 11 : 18, 12 : 34, 14 : 13-34, 16 : 18 등). 이런 생생한 감정의 묘사는 후대의 복사자에게서는 나타날 수 없는 것이다.

다섯째, 문학적 견지에서 볼 때에 마가복음의 문장은 조잡한 데 비하여 마태와 누가의 헬라어는 미려하고 풍부하다. 즉, 전자의 미숙한 문장이 후자에서 보충되고, 미화되어 있는 것이다. 이 현상은 반대방향으로서는 상상할 수 없는 것이다.

마가복음 우선설에 관련되어 이채로운 것은 "원마가복음설"(Ur Markus Theory)이다. 이는 현재 마가복음 이전에 원마가복음이 있었으며, 거기서 현재의 마가복음도 기록되었고, 마태복음이나 누가복음도 의거하였다는 것이다. 그러나 이 학설은 권위들의 주목을 끌지 못하고 있다.

(2) Q설(Quelle Theory) : 마태와 누가에 공통되는 부분에서 마가복음에서 취택한 것을 제한 부분을 Q(독일어 Quelle의 약자로 '자료'란 뜻)라고 부른다. 즉, Q는 마가복음과 더불어 마태나 누가가 취한 공동의 자료였다. 이 Q가 무엇이냐는 것은 쉽사리 대답할 수 없는 것이며, 그것은 고정된 문서라기보다 유동성이 있던 당시의 자료였다고 한다. 마태와 누가는 마가에서 취택한 것 외에 약 200구절에 달하는 공통점이 있어 이를 Q에서 취택한 것으로 보는 것이다.

그러나 Q를 취택함에 있어 마태와 누가는 다른 방법을 쓰고 있다. 마태는 마가의 순서를 따르면서 Q의 교훈집을 집중적으로 삽입하고 있으나, 누가는 Q를 흩어 사건들과 관련시켜 삽입하고 있다. 이와 같이 Q 자체의 성격이 유동적이고, 두 복음의 취급방법이 다르므로 현재

두 복음서를 토대로 Q를 재현시킨다는 것은 불가능한 것으로 보는 것이다.

그러면 Q가 무엇이냐는 것이 문제다. 대체로 파피아스가 전한 마태가 쓴 "교훈집"(Tὰ λογία)으로 보고 있으나(B. Weiss, Holtzmann, Scott 등), 반대자도 많다. 실로 역사가 유세비우스가 전한 파피아스의 말은 공관복음서나 제4복음서 연구에 일대 파문을 던져 준 것이다("요한복음"의 저자 참조). 그 원문은 다음과 같다. "마태는 히브리어로 로기아(교훈집)를 편집하였다. 그리고 각자는 그의 역량을 따라 이를 해석하였다" 〔Μαθθαῖος μὲν οὐν Εβραΐδι διαλέκτῳ τά λόγια συνεγράψατα Ηρμήνευσε δ' αὐτὰ ὡς ἠν δυνατὸς ἕκαστος(Eusebius H. E., iii. 39)〕.

마태가 히브리어로 로기아를 저술한 것은 이레니우스(Irenaeus, Against Heresies, iii. 1)나 오리겐(in Eusebius, Ibid, iii. 24)도 입증하고 있으므로 사실로 보아야 할 것이다. 마태가 히브리어로 저술한 교훈집이 마태복음에 있는 비마가복음 자료의 대부분이므로 이 복음서를 "마태에 의한 복음"(Κατὰ Μαθθαὶον)이라는 것이 다수의 의견이다(Harnack, B. Weiss, Moffatt, Streeter 등).

그러나 이를 정돈된 복음서로 보는 견해도 유력하다. 고대는 이레니우스의 증언이 그랬고, 마태는 원래 유대인을 위하여 히브리어로 복음서를 기록하였다가 이방인 전도를 위해 다시 헬라어로 번역하였다는 견해가 그렇다(Lessing, Eichhorn). 제롬(Jerome, 346-420)시대에 존재했던 외경 "히브리인 복음서"(The Gospel according to the Hebrews)를 바로 파피아스가 말하는 로기아란 견해도 유력하다(Hilgenfeld). 짜안(Th. Zahn, 1838-1933)은 "마태는 원래 히브리어로 복음서를 기록하였고, 그것이 현재의 마태복음과 마가복음의 근거가 되었다."고 하였다. 만일 Q가 바로 로기아이고, 그것이 곧 히브리인 복음서라면 결국 Q, 로기아, 원마태복음 등은 다같은 것을 가리키는 것이 된다.

(3) M자료 : 마태복음에서 마가복음의 자료와 마태와 누가에 공통되는 Q를 제하고 남는 마태복음에 독특한 기사를 M자료라 한다. 그러면 누가복음에도 L이 있을 것이므로 결국 2문서설은 4문서설(The Four-Document Theory)이 되는 셈이다(Streeter). M자료에 속하는 것은 족보(마 1 : 1-17), 탄생이야기(마 2 : 1-23), 고기 입에서 은전을 얻은 것(마 17 : 24-27), 빌라도의 아내이야기(27 : 19), 빌라도가 손을 씻는 것(마 27 : 24-25), 죽은 성도의 부활(마 27 : 51-53), 무덤을 지킨 것(마 27 : 62-66), 예수의 시체를 도적하였다는 전설(마 28 : 11-15) 등이 있다. 이런 자료들은 짙은 유대색채이면서도 반바리새적인 특색을 가지고 있다. 그리고 M자료는 문서가 아니라 구전으로 취급하는 수도 있다.

(4) L자료 : 위의 M자료처럼 누가의 독특한 것을 L자료라 한다. 이는 가이사랴 자료로서 누가복음의 5분의 2를 점하는 것이다. 누가는 문장가였으므로 마가복음, Q, L 등의 세 가지 자료를 자기 것으로 만들었으므로 그의 복음서에는 하등의 부조화를 찾을 수 없다는 것이 문서설의 정론이다.

6) 양식사설(Formgeschichte)

궁켈(H. Gunkel)에 의하여 구약학에서 시작되고, 디벨리우스(M. Debelius), 불트만(R. Bultmann) 등에 의하여 신약학이 대성하여 현대 신학계에 최대의 논쟁을 일으켰다. 이는 성서에 있는 문학양식을 당시의 성서 외의 문학과 대조하여 분류함으로 그 역사성을 규정하는 것으로 슐라이어마허의 단편설이 새로운 형태로 발전된 것으로 볼 수 있다. 이 학설은 복음서의 저자는 누구든 원저자는 아니므로 당시 존재했던 각양 문서의 편집자에 지나지 않는다는 것이다.

이와 같은 양식사적 방법은 각 문서의 역사성은 규명되지만 그 문서가 가리키는 사실의 역사성은 부정되는 셈이다. 이와 같이 역사성을 떠난 신학은 불트만 생존시에 벌써 그 진영 내에서 반발이 시작되었고, "불트만 후시대"(Post Bultmanian Era)인 현재는 차차 그 빛을 잃어 가고 있다.

7) 결 론

성누가는 그의 복음서의 서문을 이렇게 시작하고 있다. "우리 중에 이루어진 사실에 대하여 처음부터 말씀의 목격자되고, 일꾼된 자들의 전하여 준 그대로 내력을 저술하려고 붓을 든 사람이 많은지라. 그 모든 일을 근원부터 자세히 미루어 살핀 나도 데오빌로 각하에게 차례대로 써 보내는 것이 좋은 줄 알았노니"(눅 1 : 1－3). 이 서문은 공관복음 문제해결에 큰 빛을 주고 있다. 학자들 중에는 이 서문이 당시 성문양식에 사로잡혀 진실을 흐리게 한 것이라며 무시하는 수도 있으며(E. F. Scott), 또는 이를 사실대로 수락하면서도 정반대의 입장에서 해석하는 수도 있으나 여기에 문제해결의 열쇠가 있는 듯하다.

첫째, 위의 여러 학설들은 어떤 확고한 해답을 주지 못한다. 그것은 모두 이론적이요, 추리적인 가설(hypothesis)에 지나지 않는다. 가령 최우수한 가설로서 최근 학계에서는 거의 정설로 지목되는 2문서설까지도 그 논리는 얼마든지 반증할 수 있는 여지가 있는 것이다. 즉, 마가복음 우선설은 그대로 마태복음 우선설에 적용할 여유가 있다. 사적 외증으로 보아 마태복음 우선설은 저 멀리 오리겐(Origen, 185－254) 이후 고대 교부의 정설이었고, 현존하는 고대 사본들의 거의 일치된 증명인 것이다. 논리적 권위의 무게는 고대, 즉 그 시대와의 거리가 가까울수록 큰 것으로 보는 것이 자연스러울 것이다.

Q에 있어서도 그렇다. 심지어 Q의 존재까지 의심하는 학자들도 있다(Ropes, Goodspeed, Farrar 등). 또한 이런 문서가 복음서 저작에 사용되었다는 데 대해서도 여러 방면에서 공박이 가해지고 있다(Orr. Alford, Westcott 등). 더구나 양식사 학설에 있어서는 그것이 학계의

관심을 모은 것은 사실이나 그 소론은 현재 불트만의 제자들이 반기를 들기에 이 학설이 학계의 정설이 될 가능성은 없는 것으로 보고 있다.

그렇다면 다시 누가복음의 서문으로 돌아가 거기서 해답을 찾을 수 밖에 없을 것이다. 첫째, 이 서문이 말하고 있는 것은 구전의 사실일 것이다. “처음부터 말씀의 목격자되고, 일꾼된 자들의 전하여 준 그대로 내력을 저술하려고 붓을 든 사람이 많은지라.”는 것은 사도들의 구전을 통하여 그리스도의 생애가 기록되었다는 뜻이다. 그리스도의 전기가 어떤 기간 구전으로 전해졌으리라는 것은 극히 분명한 일로 아무도 부인하지 못한다. 2문서설을 취하는 학자들 중에서도 M과 L 같은 자료를 구전으로 보는 이도 있다.

만일 4복음서를 마태, 마가, 누가, 요한 등의 저작으로 보는 전통적 견해를 취한다면 그들이 직접 이런 복음서를 기록하지 못했다고 볼 아무 이유도 없다. 마태와 요한은 자신들이 사도들로서 친히 목격하여 얻은 지식을 토대로 하고, 다른 사도들에게도 문의하여 기록할 수 있었을 것이다. 마가는 베드로에게 듣고, 누가는 바울에게 들어 저술하였다는 전설을 취한다면 제2, 3복음의 문제도 동일하게 해결할 수 있을 것이다. 그리스도의 역사성을 도외시하는 양식사파의 소론을 따른다면 문제가 될 수 있으나, 주님의 지상생애의 역사성을 믿고 그의 십자가의 죽으심과 부활을 믿는다고 하면, 초대교회의 제자들의 사정은 추측하고도 남음이 있을 것이다. 그들은 그 경이로운 주님의 생애에 대하여 반복해서 묻고 이야기하고 해서, 얼마 후에는 이야기에 따라서 그 형태가 형성되었을 것이다. 그것은 “만일 장로들의 수종자인 어떤 분이 오는 경우, 우리들은 그에게 장로들의 한 말씀에 대하여 조회해 보는 것이 상례였다…….”(Eusebius, H. E. iii. 39)고 한 파피아스의 증언에서도 충분히 입증될 것이다.

또한 사도들이 이방으로 나가 전도하였을 때, 그들의 설교내용은 자기들이 목격한 주님의 생애였을 것이고, 그 설교가 반복됨을 따라 그 이야기도 일정한 경로로 고정되었을 것이다. 그러므로 구전이 복음서의 근거였다는 기본 사실을 전제하지 않고는 문제해결의 길은 없을 것이다. 유대인은 원래 구전의 백성으로서 가정에서는 부자간에 구전되고, 회당에서는 랍비가 구전할 것을 책임있게 암기하였다가 타인에게 전하는 습관이 있는 사실을 참작할 때, 구전된 자료는 상상 이상의 정확성을 가졌으리라 생각된다.

둘째, "붓을 든 사람이 많은지라."는 누가의 말에는 그때 벌써 주님의 생애에 대한 기록이 많았던 것을 가리킨다. 마태, 마가, 누가의 전통적 순서를 따른다면 누가 이전에는 마태복음과 마가복음이 존재하였겠으나 위의 "붓을 든 많은 사람"은 마태와 마가에 국한시키는 것은 부자연스런 것이다. 또 "그 모든 일을 근원부터 자세히 미루어 살핀 나도"라는 어구는 누가가 이미 있던 많은 기록에서 취사선택한 것을 말할 것이다. 그러므로 공관복음은 구전을 토대로 한 동시에 그것을 보충하는 기록들을 참고한 사실을 알 수 있는 것이다.

아마 파피아스가 말한바, 마태가 아람어로 주의 교훈집(τὰ λογία)을 기록하였다는 것은 사실일 것이다. 마태가 취급한 긴 교훈집을 그대로 구전되고 암송되었다고 보는 것은 무리일 것이다. 또한 이야기와는 달리 주님의 교설을 전해 들은 사람들은 곧 그것을 기록으로 남기고 싶었을 것이다. 이런 교훈집을 위시하여 그 외에도 필요한 짧은 비망록들이 복음서의 자료가 되었을 것이다.

현 마태복음이 히브리어로 먼저 기록되고, 그대로 헬라어로 번역된 것이란 추측은 사실이 아닐 것이다. 이 문장은 번역문으로 생각할 수 없는 생생한 것이기 때문이며, 여기 인용된 구약성서도 헬라어판인 70인역(LXX)에서 되어 있는 것이다. 그러므로 공관복음의 저자들은 당시 반복해서 전하여져 고정된 구전을 토대로 하고, 기록된 짧은 문서를 보충 참작하면서 각자 복음서를 완성한 것으로 믿는다. 마태복음의 경우 그가 간단없이 인용하는 구약성서를 겸하여 사용한 것은 말할 것도 없다.

2. 마태복음

신약성서의 초두에 복음서들이 있고, 그 복음서의 첫째 책이 마태복음이다. 4복음서의 순서가 마태·마가·누가·요한으로 된 것은 실로 초대교회 이래 교회의 오랜 전통이었으나 반드시 그런 것은 아니었다. 가령, 요한복음이 초두에 나타난 경우도 있었고(9세기의 K. Chrysostom), 마태·요한·마가·누가의 순서도 있었다(6세기의 D). 그러나 가장 오래고도 가장 좋은 바티칸 사본(B)을 위시하여 거의 모든 대문자 사본에 마태복음은 초두에 나타나 그 존재의 중요성을 말하고 있는 것이다.

1) 저자와 정경성

신약성서의 첫 복음의 저자가 마태였다는 데는 별 이의가 없다. 그의 이름 "마태"는 본서에 두 번 나타나지만(9 : 9, 10 : 3), 마가(막 2 : 14)나 누가(눅 5 : 27)에는 "레위"로 되어 문제가 되기도 한다. 당시 유대인들은 이름을 두 개씩 가진 수가 많았으나 그런 경우 대체로 히브리명과 헬라명(시몬과 베드로, 도마와 디두모), 또는 히브리명과 라틴명(사울과 바울)이었으나 여기서는 두 이름이 모두 히브리명이기 때문에 문제시하는 것이다. 그러나 그것이 심각한 문제일 수 없는 것은 당시 혹은 한 사람이 두 히브리명을 가지기도 했고(유다와 바사바－행 15 : 22), 심지어 두 히브리명과 한 라틴명을 가진 경우도 있었기 때문이다(요셉, 바사바, 유스도－행 1 : 23).

상술한 바와 같이 본서는 바티칸 사본을 위시하여 거의 모든 대문자 사본들이 간직하여 있고, 또 안디옥의 감독 이그나티우스(Ignatius, 115년경) 이하 순교자 저스틴(Justin Martyr), 터툴리안(Tertullian,

160-?), 알렉산드리아의 클레멘트(Clement of Alexandria, 150-218) 등 초대의 교부들이 인용하였다. 파피아스의 말한 바 "마태는 히브리어 로기아(τὰ λογία)를 썼다. 그것을 각자는 자기 능력을 따라 해석하였다."는 로기아와 본서와의 연관성을 생각하게 하나 "로기아"는 예수의 어록(語錄) 같은 것으로 본서의 자료가 되었을 것으로 본다. 아마 그것은 유명한 Q와 동일시되고, 본서는 누가가 다같이 자료로 취택한 것이었을 것이다.

마태는 알패오의 아들로서 별명이 레위였고, 헤롯 안티파스의 영토였던 가버나움 부근의 세리로 있다가 주님의 부르심을 받았다(9 : 9). 세리란 일반적으로 불의하며, 또 불의하였기 때문에 유대인들에게는 미움의 대상이었고, "죄인"의 대명사 취급을 받기도 하였다(눅 18 : 11). 부르심을 받은 후 연회를 배설한 것을 보면 생활은 유족하였을 것이다. 그가 부르심을 받았을 때 즉각적으로 순종한 것은 그가 메시야 대망의 마음준비가 되어 있었기 때문으로 볼 수 있다. 그는 12사도의 반열에 참여하였으나 그의 이름은 언제나 제2진 그룹에 나타난다. 복음서에는 한 번도 그의 발언이 기록되지 않는다. 아마 그는 뛰어난 사도라기보다 겸양한 인격자였을 것이다.

그가 오순절 때 예루살렘 다락방에 모인 무리 중에 있는 것은 사도행전에 기록되나(행 1 : 13), 그 후사는 전혀 성서에 나타나지 않는다. 전설에 의하면 그는 15년 간 팔레스틴에서 전도하고, 그후 에티오피아, 마게도냐, 수리아, 바사, 팔티아, 메대 등지에서 전도하였다고 한다. 알렉산드리아의 클레멘트는 그가 금욕적인 유대인 신자의 단체에 속하였다고 하였다. 그의 최후에 관하여 서방교회는 순교하였다고 하고(9월 21일에), 동방교회는 자연사하였다고 하여 일정하지 않다.

2) 수신자

마태복음이 유대인을 대상으로 저술되었다는 것은 교회사에 일관된 지론이었고, 본서의 짙은 유대 색채가 그것을 뒷받침한다.

첫째, 본서는 초두에 예수 그리스도의 족보를 게재하여 히브리인의 조상 아브라함에서 시작하여 이스라엘 중흥의 왕 다윗에 중심을 두고 있다.

둘째, 그는 유대인의 왕으로 탄생하셨고(2 : 2), 또 "주 다윗의 자손이여"라고 불렸다(9 : 27, 15 : 22, 20 : 31, 21 : 9). 그것은 그가 다윗의 왕위를 계승하는 메시야이신 것을 나타낸 것이었다. 다윗의 왕위는 영원한 것으로 예언되었으나(삼하 7 : 13), 실제는 바벨론 포로에서 그 왕위는 중단되었으므로, 그 왕위는 메시야에 의해 계승되어 영원히 지속한다는 것이 유대인의 메시야관이었다.

셋째, 본서에는 구약성서의 인용이 빈번하고, "이는 주께서 선지자로 하신 말씀을 이루려 하심이니"는 범주화한 본서의 형식이 되고 있다. 그것은 본서의 목적이 예수 그리스도가 구약성서에서 예언된 유대인의 왕 메시야이심을 밝히려는 데 있었기 때문이었다.

넷째, 본서의 저자는 팔레스틴의 지리에 익숙하였다. 그것은 저자가 팔레스틴에 거주하면서 팔레스틴에 거주하는 자들에게 본서를 보낸 것을 뜻한다.

3) 연대와 장소

본서의 저작연대 문제는 극히 불안정하다. 그것은 저자문제를 따라 많은 차이가 있기 때문이다. 본서의 저자를 마태로 보고, 또 마태복음 우선설을 견지하는 편은 이른 것으로 보고, 문서설을 취하고, 따라서 마가복음 우선설을 취하는 편은 늦은 것으로 판단한다. 그러면서도 양 견해 내의 판단은 실로 각양이다. 즉, 가장 빨리는 승천 후 8년(Theophylact)에서부터 늦게는 주후 140년까지 추측하는 것이다. 좀더 구체적으로 표시하면 다음과 같다. 40～50년(Grotius, Thiessen), 51～60년(Glag, Michaelis), 61～65년(Zimmermann, Hug), 66～70년

(Bleck, Meyer, Godet, Keim), 70~80년(Hilgenfeld, Sanday, Allen), 80~90년(Julicher, Zahn), 90~100년(Scott), 100~110년(Davidson, Holtzmann), 110년 이후(Haup Baur) 등.

아마 본서의 저작연대를 정확히 알아내기는 어려울 것이다. 그러나 그 대체의 범위는 규정할 수 있다. 조기설의 한도는 45년 이전은 될 수 없을 것이다. 파피아스의 말을 따른다면 마태는 팔레스틴에 15년 정도 거한 후에 이방으로 갔고, 그때 히브리어로 로기아를 썼으며, 그 때가 주후 45년경이었다. 그 후에 헬라어로 복음서를 기록하였으니 복음서의 저작연대는 45년 이전일 수 없는 것이다(Zahn은 히브리어 로기아를 62년, 헬라어 복음서를 82년으로 생각한다). 본서 중에는 저작시기가 상당히 후기인 것을 암시하는 구절들이 있다. 가령 "그러므로 오늘날까지 그 밭을 피밭이라 일컫느니라"(27 : 8). "이 말이 오늘날까지 유대인 가운데 두루 퍼지니라."(28 : 15) 등이다.

다음으로 후기설 편의 한계다. 이그나티우스가 115년경 본서를 인용한 것으로 보아 후기설의 한계는 115년으로 생각할 수밖에 없을 것이다. 즉, 본서의 저작연대는 주후 45~115년 내로 한계지을 수 있는 것이다. 그리고 내증적으로 본서나 다른 공관복음서에 예루살렘 함락 같은(주후 70년) 중대사에 대한 언급이 일체 없고, 다만 이를 미래사로 예고하는 사실로 보아(마 24장, 막 13장, 눅 21장), 70년 이후로 보기도 어려운 것이다. 결국 주후 60~70년의 범위로 한정하는 다수의 견해가 가장 무흠한 것으로 보인다. 아마 공관복음서는 이 기간을 전후하여 기록되었고, 그 중에 마가복음이 가장 먼저 기록되었다고 보면 될 것이다.

본서의 저작장소 문제 역시 추측하는 길밖에 없다. 본서가 유대인 상대의 복음이므로 그 저작장소는 팔레스틴으로 보고, 그 중에서도 예루살렘으로 지적되어 왔다. 근대에 와서 본서의 헬라 문장이 능숙한 점에서 팔레스틴보다 헬라문화의 중심지였던 시리아의 안디옥설이 강력히 주장되고 있다. 그러나 본서의 내용이 결정적으로 유대적인 한 팔레스틴설을 번복할 수는 없다.

4) 목 적

본서가 짙은 유대 색채로 된 유대인을 대상으로 한 복음서인 것은 명백하다. 초대 그리스도교회가 받은 최대의 시련은 유대교도들의 극렬한 반대였다. 유대인 신자들 중에는 신앙을 버리고 다시 유대교로 돌아가는 경향도 있었다. 그러므로 이런 유대인 신자를 가르치며 선도하는 것이 초대 사도들의 최대의 임무로 그 자취는 신약성서에도 갈라디아서, 로마서, 히브리서 및 본서 등에서 찾을 수 있을 것이다. 구원은 율법을 행함에 있지 않고 예수 그리스도를 믿는 믿음에 있다는 것이 이들 책들의 중심사상이고, 히브리서는 이를 논문형식으로, 갈라디아서와 로마서는 서신형식으로, 그리고 본서는 전기형식으로 그 목적을 선포한다.

본서는 그 초두의 족보에서부터 예수는 아브라함과 다윗의 자손으로 유대인의 왕이요 메시야인 것을 고조하고 있다. 이 사실은 소경 걸인을 통하여(9 : 27), 군중을 통하여(12 : 23), 이방 여자를 통하여(15 : 22), 또 어린아이들의 입을 통하여 부단히 고백된다. 그는 결국 이스라엘 12지파의 왕일 뿐더러(19 : 28), 나아가 세계 모든 민족의 왕이 되시는 것이다(25 : 34).

본서는 그 목적을 달성하기 위하여 부단히 구약성서에서 인용한다. "이는 선지자로 말씀하신 바니…… 기록되었으되"는 본서의 한 범주로 그리스도의 생애는 구약 예언의 완성이라는 것을 강조하는 것이다. 메시야의 구원은 유대인에게 먼저 주시고, 유대인 본위로 주신 것이었다(10 : 6, 15 : 24).

그러나 본서는 무조건 유대인에게 아첨하기 위한 복음서는 아니다. 오히려 유대적 토대 위에 서면서도 그 유대적 편견을 시정하고 있는 것이다(5 : 45). "……너희가 들었으나 나는 너희에게 이르노니"라는 형식으로 구약과 그것을 완성하러 오신 그리스도의 교훈의 차이점이 명시되고 있다. 메시야의 구원의 조건은 아브라함의 자손되는 혈통에 있지 않고 회개하고 믿는 데 있으며(3 : 8-9), 그러므로 회개하지 않는 유대인은 맹렬한 규탄을 받고(23장), 최후의 메시야 왕국에서 추방당하며, 믿는 이방인이 그들을 대신하게 된다(8 : 11-12, 21 : 41).

5) 사 상

마태복음은 강력한 신학사상을 간직한 전기다. 여기에는 첫째 그리스도관이 뚜렷하고, 그 그리스도 메시야가 지배하시는 영원한 천국관과 현세적인 교회에 대한 사상도 강조적이다.

(1) 그리스도론 : 마태복음의 신학사상의 초점은 물론 그리스도론이다. 그리고 그 그리스도가 구약에서 예고된 이상적 왕이신 메시야인 데에는 아무도 이의가 없다. 메시야는 첫째 아브라함의 혈통이며 다윗의 자손에서 오셔야 한다. 이 사실은 본서 벽두에 내건 족보에서부터 밝혀졌고(1 : 1), 그는 유대인의 왕으로 탄생하셨고(2 : 2), 각계에서 "다윗의 자손"으로 불렀다(9 : 27, 15 : 22, 20 : 31, 21 : 9). 다윗의 왕위는 영원한 것으로 예언되었으나(삼하 7 : 13), 실제는 바벨론 포로에서 그 왕위가 중단되었다. 따라서 오시는 메시야에 의해 그 왕위는 계승되고, 영원히 계속한다는 것이 유대인의 메시야 왕권이다. 그러나 유대인의 메시야 왕국의 개념이란 지상적이요, 현세적임에 비하여 그리스도의 왕권은 영적이며, 미래적인 것이었다. 이와 같은 메시야관의 차이점이 십자가의 비극을 초래한 것이었다. 즉, 그리스도는 유대인의 왕관을 거부하시면서 유대인의 왕이란 칭호(죄목) 아래 십자가에서 죽으셨다(27 : 11, 29, 37). 여기에 예수께서 유대인의 왕이시면서 왕이 아닌 역설적 진리가 있었고, 이 역설적 사실의 충돌이 십자가의 비극으로 나타난 것이다.

메시야는 인적으로는 다윗의 혈통을 이어받은 동시에, 신적으로는 하나님과 특별한 관계를 가진 하나님의 아들이었다. 이는 그가 세례를 받으실 때를 비롯하여(3 : 7), 혹은 마귀(4 : 3, 8 : 27), 제자들(14 : 33)의 입을 통하여 반복해서 입증되었고, 마지막 주께서 친히 대제사장 앞에서 자증(自證)하신 바였다(26 : 64). 이와 같이 메시야의 신분이 육적으로는 다윗의 자손으로 나시고, 영적으로는 하나님의 아들이시란 사상은 바울의 논리와도 일치하는 바이다(롬 1 : 3-4).

예수의 메시야성은 그의 신분에서만이 아니라 그의 성역에서도 충분히 선포되었다. 그의 많은 표적들은 표적을 구하는 유대인에게는(고전 1 : 22) 그대로 메시야의 신임장이었다(8 : 17). 더구나 소경이 보고, 귀머거리가 들으며, 저는 자가 낫는 것 등의 표적은 구약에서 메시야의 역사로 거듭 예언되었던 것이다(사 29 : 18, 35 : 5, 42 : 7 등).

그러나 이미 지적한 것처럼 예수께서 취하신 마지막 역사인 십자가만은 유대인의 관념과 정면충돌하였다. 유대인의 메시야관은 예루살렘에 입성하시어 왕위를 차지하셔서 세계를 통치하시는 것이었다. 그것은 당시의 제자들까지 견지하였던 사상이었다(16 : 22, 20 : 20-21). 이와 같은 메시야관의 차이점은 유대인들에게 실망을 주었고, 나아가서 반발을 일으켜 십자가의 비극까지 야기시켰던 것이다. 그러므로 마태는 이런 메시야의 성역에 대한 유대인의 그릇된 관념을 시정하려는 데 중요한 의도가 있었다. 메시야의 임무는 섬김을 받으려 함이 아니라 섬기려 하고, 자기 목숨을 많은 사람의 대속물로 주려 함인 것을 강조하였다(20 : 28). 십자가의 죽음은 반복해서 예언되었고, 그 후에 부활하실 것을 강조하였다(16 : 21, 20 : 18-19).

과연 그리스도는 그의 예언하신 대로 십자가에서 죽으시고, 다시 예언하신 대로 3일 만에 부활하심으로 그 자신의 높으신 견해대로 그의 메시야성을 입증하신 것이다. 뿐만 아니라, 부활하신 메시야는 승천하사 하나님 우편에 앉아 계시다가 장차 재림하심으로(26 : 64), 그의 메시야적 성역을 완전히 성취하시는 것이다.

이와 같은 그의 그리스도론은 그의 "인자", "하나님의 아들" 등의 명칭에서 입증되고 있다.

① 인자 : "인자"(人子)란 낱말은 그리스도의 특징적인 것으로 마태 30회, 마가 15회, 누가 25회, 요한 13회 나타난다. 그리고 이 모든 경우는 요한복음 12 : 34(무리의 반사적 반문)의 예외를 제외하고는 전부 예수의 자칭호로 되어 있다. 복음서 이외에는 스데반의 설교에 한 번(행 7 : 56), 요한계시록에 두 번(계 1 : 13, 14 : 14) 나타날 뿐이다.

이 칭호의 구약적 배경을 살펴보면 먼저 단순히 '사람' 의 뜻으로 사용된 시편 8 : 4이 있다. 에스겔서에는 이 칭호가 무려 90회 이상 나타나 예언자에 대한 칭호라 불리고 있다. 그러나 그리스도의 자칭호와 직접 관련된다고 보이는 것은 다니엘서다. 다니엘 7 : 13~14("내가 또 밤 이상 중에 보았는데 인자 같은 이가 하늘 구름을 타고 와서 옛적부터 항상 계신 자에게 나아와 그 앞에 인도되매 그에게 권세와 영광과 나라를 주고, 모든 백성과 나라들과 각 방언하는 자로 그를 섬기게 하였으니, 그 권세는 영원한 권세라 옮기지 아니할 것이요 그 나라는 폐하지 아니할 것이니라.")과 마태복음 26 : 64("이 후에 인자가 권능의 우편에 앉은 것과 하늘 구름을 타고 오는 것을 너희가 보리라.")을 비교할 때 그 직접적인 관련성을 부인할 수는 없을 것이다.

문제는 이 "인자"가 단순한 인간을 뜻하느냐, 메시야의 대명사냐에 있다. 19세기 말에 리츠만(Lietzmann)은 예수께서 사용하신 언어는 아람어였고, 그 아람어(barnash)에는 단순한 '사람의 아들' (son of man)의 뜻과 '인자' (the Son of Man)라는 특징적 뜻을 가진 낱말의 구별이 없다 하여 여기에 특수한 뜻은 없다고 지적하였다. 벨하우젠(Wellhausen, 1844-1918)은 아람어의 뜻은 어떤 개인이 아니라, 일반적 '사람' 을 가리킬 뿐이라고 단정하였다. 더 나아가서 이 아람어 칭호는 예수께서 사용하신 바도 없으며, 이 말(ὁ υἱὸς τοῦ ἀνθρώπου)은 복음서의 기자들이 창작한 것이라 주장하였다. 플러머(Plummer, 1911)는 이 칭호가 메시야적 칭호이나 그가 일찍부터〔베드로의 고백(마 16장) 이전〕 사용하셨다는 데 주목하면서 그의 비유의 경우처럼(마 13 : 11) 일부에는 나타나시고, 일부에는 숨기시는(half revealed, yet half concealed) 신비로운 뜻에서 사용된 것이라 하였다.

그리스도의 자칭호가 다니엘서에서 온 것이 분명하며(Dalman, Allen), 다니엘의 "인자"가 메시야를 가리키는 것도 일반적으로 인정한다. 또한 같은 칭호는 외경 에녹서(46 : 2-4, 48 : 2, 51 : 2, 4, 53 : 6, 62 : 3)나 에스드라 2서(Ⅱ. Es. 13)에도 메시야적 칭호로 사용되고 있다. 그러므로 이 자칭호가 그의 메시야적 자의식에서 사용된 점은 대체적으로 수락되고 있다.

인자의 칭호에는 첫째 메시야가 여인을 통하여 나신 신비로운 탄생이 지적된다. 더구나 마태는(누가와 더불어) 처녀탄생의 신비성을 기록하고, 이를 이사야 7 : 14의 예언과 결부시키고 있다. 인자의 칭호는 인성을 받으신 그리스도의 수난과 많이 관련된다(12 : 40, 17 : 22, 20 : 18, 26 : 2 등).

그러나 인자의 칭호가 다니엘의 예언과 관련되었다면 그것은 결정적으로 재림, 즉 종말적인 메시야의 출현을 가리킨다고 볼 것이다. 십자가에 죽으신 메시야는 3일 만에 부활하시고(17 : 22, 20 : 19), 승천하사 하나님의 우편에 앉아 계시다가 재림하여 땅 위에 다시 오신다(26 : 64). 그때 메시야 왕국은 이룩되고, 메시야의 궁극적인 구원은 성취되는 것이다.

② **하나님의 아들** : 이 칭호는 본서에 12회 나타난다. "인자"가 예수의 자칭호임에 대하여 이는 결코 예수께서 자칭하신 이름은 아니었다.(요한복음에는 자칭호로 되어 공관복음과 대조가 된다.) 즉, 그는 세례를 받으실 때 하나님께로부터 이렇게 불렸고(3 : 17), 그것은 변모산에서 반복되었다(17 : 5). 그는 제자들에게서(14 : 33), 저 유명한 베드로의 고백에서(16 : 16), 심지어 마귀에게서도(4 : 3, 8 : 29) 이렇게 불리셨다. 그의

고난 때에 이 칭호는 유대교권자의 반발과 미움을 샀으나(26 : 63, 27 : 40), 그가 운명하실 때의 광경을 본 백부장은 "이는 진실로 하나님의 아들이었도다."(27 : 54)라고 고백하였던 것이다. 하여튼 그리스도께서는 자신을 "인자"라 부르시고, 제자들은 그를 "신자"라 부르는 데 신비로운 대응을 볼 수 있는 것이다.

"인자"가 메시야성의 한편을 말한다면 "하나님의 아들"은 또 다른 한편을 가리킨다. 즉, 전자가 메시야의 인성면을 표시한다면 후자는 그의 신성면을 밝히는 것이다. 구약에서 이 명칭은 천사에게(욥 1 : 6, 2 : 1), 혹은 왕이나 방백에게(시 82 : 6, 삼하 7 : 14), 혹은 이스라엘 민족 전체에게(출 4 : 22) 적용되었다. 신약에서는 보편적인 의미에서 전인류를 하나님의 아들이라 하였으나(5 : 45), 엄격한 의미에서 신자가 그리스도로 말미암아 하나님의 아들의 칭호를 받는 것이다(요 1 : 12, 롬 8 : 15). 그러나 이 칭호는 그리스도에게 적용된 때 그는 독특한 의미에서 하나님의 독생자요(요 3 : 16), 그의 신성을 가리키는 것이다.

그리스도의 신성은 그의 지상 생애의 시초인 처녀탄생과 종말인 부활승천에서 초인간적으로 선포되었고(롬 1 : 4), 그의 일생을 통한 초자연적인 이적행사에서(요 20 : 30 – 31) 성부와의 밀접하고도 특수한 관계에서 입증되었다. 그는 사죄의 권을 가지시고(9 : 6), 교회의 주가 되시며(16 : 18), 천국도 그의 천국이며(16 : 28), 천사를 지배하시고(13 : 41, 24 : 31), 제자들에게 메시야 왕국의 보좌를 약속하신 것이다(19 : 28).

그는 "하나님의 아들"이란 자칭호를 쓰지 않았으나 제자들에게 주신 최후의 명령에서 "아버지와 아들과 성령의 이름으로 세례를 주고" 하시고, "내가 세상 끝날까지 너희와 항상 함께 있으리라"(28 : 19 – 20) 하심에서 이 칭호는 가장 왕성하게 공포되었다고 볼 것이다. 즉, 여기에 성자의 신성과 편재성은 결정적으로 선포되고, 나아가서 삼위일체의 신비로운 교리까지 계시된 것이었다.

(2) 천국론 : 마태복음에 빈번히 나타나는 또 하나의 어구는 천국이다. 이 어구는 4복음서에 공통되나 그 형태는 각양이다. 본서에는 "하늘의 왕국"(ὁ βασιλεία τῶν οὐρανῶν)이 33회로 가장 많고, "하나님의 왕국"(ὁ βασιλεία τοῦ θεοῦ)이 4회 나타나고, 단순한 "왕국"(βασιλεία)이 6회, "아버지의 왕국"이 2회, "너희 왕국"이 2회, "그의 왕국"이 1회, "왕국의 자녀"가 2회 사용되고 있다. 다른 복음서의 경우는 마가에 14회, 누가에 32회, 요한에 2회 보이나 모두 "하나님의 왕국"이고, "하늘의 왕국"은 한 번도 보이지 않는다. 즉, "하늘의 왕국"이란 본서의 특징적인 용어이다.

"하늘의 왕국"과 "하나님의 왕국"이란 두 가지 표현의 차이점을 찾으려는 노력이 있었으나 수긍이 가는 점은 없다. 이 두 가지 명칭은 동의구로 보는 것이 타당하고, 다만 제3계명에 의해 "하나님"이란 말을 함부로 쓰기를 주저하는 유대인 상대의 본서가 취한 세심한 표현으로 보는 것이다.

메시야를 왕으로 나타낸 본서가 그 왕이 지배하시는 영역인 왕국을 또한 강조하는 것은 극히 자연스러운 일일 것이다. 그러므로 본서(또 신약성서)의 천국관은 그리스도와 분리하여 생각할 수 없다.

본서에 나타난 천국에는 두 가지 면이 있다. 하나는 메시야의 초림에서 벌써 부분적으로 시작된 것이며, 하나는 그의 재림에서 궁극적으로 완성될 것이다. 전자는 서서히 성장하는 천국이요, 후자는 돌연히 임재할 천국이다. 전자는 정신적이며 윤리적인 것이요, 후자는 초연적인 것이며 신적인 것이다. 전자는 본서 13장에 나타난 천국 비유에서 보인 형태요, 후자는 22, 25장의 천국 비유에서 주로 계시된 것이다. 결국 전자는 현세의 교회요, 후자는 미래에 완성될 구원의 상태를 가리키는 것이다.

교회는 현세적이며 영적인 의미에서 천국이다. 그것은 겨자씨 비유나(13 : 31－32), 누룩 비유(13 : 33)에서와 같이 서서히 성장하는 것이요, 가라지 비유처럼(13 : 24 - 30) 선과 악이 공존하는 곳이다. 그러나 교회는 천국의 전부가 아니요, 천국은 교회 이상이다. 그것은 궁극적으로 메시야의 재림에서 돌연히, 그리고 완전히 실현될 것이며(16 : 28, 24 : 30 - 31, 25 : 1 - 13), 그 시기는 성부만이 아신다(24 : 36).

그러나 현재와 미래의 두 가지 천국은 별개의 것은 아니다. 현재에서의 정신적인 천국이 없이는 미래에 실현될 천국도 없기 때문이다. 메시야가 초림하셨을 때 그의 선구자나 그 자신의 첫 외침은 "회개하라, 천국이 가까웠느니라."(3 : 2, 4 : 17)였다. 이 말은 이중적으로 실현될 것으로 본다. "천국"은 메시야가 왕으로 지배하시는 영역이므로 회개하여 그의 지배권 내로 들어가라는 것이 이 외침의 주지일 것이다. 그것은 직접적으로는 현재 교회에서 자라는 신령한 천국에의 초대이며, 궁극적으로는 미래에 완성될 영원한 천국에의 보증인 것이다.

하여튼 천국에 들어갈 조건은 회개하는 것이다. "회개"(μετανοία)는 근본적으로 '마음을 고침', 즉 메시야에 대한 마음(관념)을 고치는 것이다. 메시야왕국에 들어갈 조건은 아브라함의 자손이란 혈통에 있는 것이 아니라, 회개하고 메시야를 믿는 믿음에 있다(3 : 8 - 9). 유대인들은 그 그릇된 메시야관과 불신앙 때문에 배척을 당하고, 천국에는 믿는 이방인이 먼저 들어가게 되는 것이다(21 : 33 - 41, 22 : 1 - 10).

(3) 교회론 : 마태복음은 "교회"(ἐκκλησία)라는 낱말이 나타나는 유일의 책이다. 16 : 18에는 교회설립의 사정을 말하고, 18 : 17에는 이 낱말이 두 번이나 나타나 교회 내의 생활에 대하여 가르치고 있다. 교회란 앞서 지적한 것처럼 현세에서의 신령한 의미의 천국이다. 그 곳은 메시야가 영적으로 지배하시는 영역이기 때문이다. 이제 메시야는 오셨고, 천국복음을 전하시다가 십자가에서 죽으시고, 부활하셔서 승천하셨다가 장차 재림하사 그의 왕국을 완성하신다. 그동안 그의 백성을 보존하시기 위해 형성한 정신적인 왕국이 교회인 것이다.

그러나 교회는 이런 정신적 요소를 유지하기 위하여 일정한 조직과 규율이 필요하였다. 교회의 주인은 그리스도시며, 그 기초는 "주는 그리스도시요 살아 계신 하나님의 아들이시니이다."(16 : 16-18) 하는 신앙고백이다. 이와 같이 교회는 하나님을 아버지로, 그리스도를 유일의 주로 하는 집단이며(23 : 8-10), 그들은 외부적으로는 주를 위해 일체를 버릴 각오를 가져야 하며(16 : 24-26), 내부적으로는 구제, 금식, 기도 등의 규율과 더불어(6장), 겸손과 용서와 사랑과 정결 등의 미덕을 유지하여야 한다(5 : 5, 21-48, 6 : 14-15, 11 : 25, 18 : 15).

그리고 교회에는 "보이는 교회"(The Visible Church)와 "보이지 않는 교회"(The Invisible Church)가 있다. 보이는 교회란 신앙고백을 한 자들의 모임으로 지역적이고, 현세적이며, 모든 시대를 따라 조직된 것이고, 선과 악이, 진리와 비진리가 공존하는 곳이다. 보이지 않는 교회는 우주적이며, 하나만 있는 참 교회로 그리스도의 보혈로 거듭난 자들의 모임으로 오직 진리와 선이 지배하는 곳으로 구원받은 참 성도들의 모임 — 즉, 바로 천국을 가리킨다. 보이는 교회는 항상 보이지 않는 교회의 빛 아래 존재하고, 그것을 반영하여야 한다.

6) 특 징

마태복음이 예수를 유대인의 왕, 메시야로 나타내는 것은 이미 밝혔다. 그리고 본서의 천국관과 교회관 등의 사상도 간단히 살펴보았다. 이와 같이 목적이 뚜렷한 전기인 본서는 여러 면에서 그 특징이 분명하다.

첫째, 본서가 짙은 유대 색채의 책이란 것은 더 말할 여지도 없다. 그 논조는 간단없는 구약의 인용으로 엮어진다. 그리하여 예수는 구약에 예언된 메시야시요 다윗의 자손이라는 데 시종일관한다. 그리스도와 율법과의 관계는 선명하고(5 : 17), 그리스도의 목적은 먼저 유대인을 구원함에 있었다(15 : 26). 그러나 본서는 무조건 유대인을 위하는 복음은 아니다. 오히려 편협한 유대주의를 시정하려는 데 그 주지가 있다.

가령 바리새인에 대한 맹렬한 규탄(23장) 같은 것이 이런 사정을 말한다. 그러므로 유대주의에 입각하여 세계주의를 선양하는 데 본서의 미묘한 특색이 있다.

둘째, 본서의 구조는 거의 완벽에 가깝다. 많은 자료로 엮어져 있음에도 불구하고 그 문맥과 구조는 극히 미려하고 자연스럽다. 그리고 강력한 어세로 일관한다. 본서의 헬라어는 가장 미려한 편에 속한다. 이와 같은 자연스럽고도 강렬한 문장은 본서 우선설의 한 근거가 되기도 했던 것이다.

셋째, 본서에는 대교훈집이 다섯 차례나 나타난다. 산상수훈(5-7장), 제자파송의 교훈(10장), 초기 천국 비유(13장), 겸손과 용서의 교훈(18장), 바리새인을 규탄하심(23장), 감람산 강론(24-25장) 등. 이 5대 교훈집은 저자의 탁월한 조직력으로 정연하게 배열되어 본서의 중심부분을 이룩하는 것이다. 즉, 본서는 서론적인 탄생의 기사(1-2장), 결론적인 수난과 부활의 기사(26-28장)를 제하고는 5대 교훈집을 중심으로 조직되어 있다. 가령 본서와 마가복음은 축소판과 확장판인 듯하게 흡사하지만 마가복음이 기사 중심인 데 비해 본서는 교훈 중심이다.

넷째, 본서에는 특히 애용된 용어들이 있다(어느 책이든 그렇겠지만). 가령 "그때"(τότε)는 무려 90회나 나타난다(막 6회, 눅 14회, 요 10회). 또 "하늘의 왕국(천국)" 〔ὁ βασιλεία τῶν οὐρανῶν(33회)〕, "달란트"(14회), "하신 말씀" 〔ῥηθέν(13회)〕, "가라지"(8회), "하늘의 아버지"(7회), "꿈"(6회), "온다" 〔προσέρχομαι(52회, 막 6회, 눅 11회)〕, "모인다" 〔συνάγω(24회, 막 5회, 눅 6회)〕 등이 빈번하다.

다섯째, 본서의 자료 배열은 숫자적 방법으로 되어 있다. 그것은 기교를 중요시하는 유대인의 관습으로, 본서의 문장의 힘을 돕는 역할을 하기도 한다. 그 현저한 예를 들면 다음과 같다.

둘의 경우로서 귀신들린 자 둘(8 : 28), 두 소경(9 : 27, 20 : 30), 두 거짓증인(26 : 60) 등.

셋의 경우는 가장 많다. 족보의 세 구분(1 : 17), 유아 때의 세 가지 사건(2장), 세 가지 시험(4장), 산상수훈의 세 부분(5-7장, 원리, 내용, 경계), 주기도문의 하나님을 위한 삼조와 사람을 위한 삼조의 기도문(6 : 9-13), 처음 이적의 세 가지 치병(8 : 1-15), 세 가지 회복(혈루, 소경, 벙어리, 9 : 18-34), 세 가지 부적당한 자(10 : 37-38), 세 가지의 씨뿌리는 비유(13 : 1-32), 세 소자(18 : 6, 10, 14), 세 고자(19 : 12), 바리새인에 대한 세 가지 비유(21 : 27-22 : 14), 세 가지 질문(26 : 36-44), 세 가지 말세 비유(24 : 43-25 : 30), 겟세마네에서의 세 번의 기도(26 : 36-44), 베드로의 세 차례 부인(26 : 69-75), 빌라도의 세 가지 질문(27 : 21-23) 등.

일곱의 경우로서는 일곱 귀신(12 : 45), 일곱 개의 떡과 광주리(15 : 34, 37), 일곱 번 용서(18 : 21-22), 일곱 형제(22 : 25) 등이 있다.

7) 내용 분해

Ⅰ. 메시야의 탄생 1~2장
  1. 메시야의 족보 (1 : 1-17)
  2. 메시야의 탄생 (1 : 18-25)
  3. 동방박사의 내방 (2 : 1-12)
  4. 애굽 피난 (2 : 13-23)

Ⅱ. 전도의 준비 3 : 1~4 : 11
  1. 선구자의 활동 (3 : 1-12)
  2. 예수의 수세 (3 : 13-17)
  3. 예수의 시험 (4 : 1-11)

Ⅲ. 갈릴리 전도 전반기 4 : 12~13장
  1. 전도의 시작 (4 : 12-25)
  2. 산상수훈 (5 : 1-7 : 29)
    1) 천국시민의 자격(원리) (5 : 1-48)
    2) 천국시민의 생활 (6 : 1-34)

3) 천국시민의 경계 (7 : 1-29)

3. 메시야의 기적(Ⅰ) (8 : 1-9 : 38)
4. 12제자 파송의 교훈 (10 : 1-42)
5. 반대의 시작 (11 : 1-12 : 50)
6. 천국 비유 (13 : 1-58)

Ⅳ. 갈릴리 전도 후반기 14~18장

1. 메시야의 기적(Ⅱ) (14 : 1-15 : 39)
2. 수난의 예고 (16 : 1-17 : 27)
3. 겸손과 용서의 교훈 (18 : 1-35)

Ⅴ. 베뢰아 전도 19~20장

Ⅵ. 예루살렘 전도 21~25장

1. 예루살렘 입성 (21 : 1-22)
2. 유대교권자와의 충돌 (21 : 23-22 : 46)
3. 바리새인을 공격하심 (23 : 1-39)
4. 종말에 대한 예언 (24 : 1-51)
5. 종말적 비유 (25 : 1-46)

Ⅶ. 수난과 부활 26~28장

1. 수난의 준비 (26 : 1-46)
2. 수난 (26 : 47-27 : 66)
3. 부활 (28장)

3. 마가복음

어거스틴(Augustine, 354-430) 이후 최근까지 마태복음 우선설이 지배하던 오랜 기간을 통하여 마가복음은 4복음서 중에서 가장 푸대접받던 책이었다. 마태복음이 최초에 기록된 복음이었고, 마가복음은 단순히 그 발췌에 지나지 않는다는 것이었다. 그러나 19세기에 들어서 1835년에 라흐만(Lachmann)이 마가복음 우선설을 제창한 이래 4복음서의 위치는 완전히 뒤바뀌었다. 즉, 마가복음이 최초의 복음이요, 또

수사도 베드로에서 기원된 복음으로 공관복음서의 근원이라는 위치를 굳히게 된 것이다.

1) 저자와 정경성

140년경의 파피아스(Papias)의 기록에 보면 "베드로의 통역자인 마가는 주께서 말씀하시고 행하신 일들을 순서 바르게 기록하지는 못했으나 기억되는 대로 정확하게 기록하였다."라고 되어 있다. 벌게이트의 저자 제롬(Jerome, 347-420) 역시 "베드로의 통역자이며, 알렉산드리아의 첫 감독이었던 마가가 그의 스승의 설교를 따라 마가복음을 썼다."(Jerome, Comm, in Matthew) 하였으며, 파피아스보다 약간 후대인 순교자 저스틴(Justin Martyr)은 본서를 "베드로의 각서"〔ἀπομνημονευματα Πέτρου (Justin, Dial, Trypho 106-150년경)〕라 하였다.

위와 같은 증언들 외에도 본서의 정경에 대한 증언은 풍성하다. 첫째, 사본들이다. 4세기의 바티칸 사본(B), 시내산 사본(ℵ), 5세기의 알렉산드리아 사본(A), 베자 사본(D) 등을 위시하여 거의 전부의 대문자 사본(Uncials)은 본서를 간직하고 있다. 그리고 130년경의 "헤르메스의 목양서"(Shepherd of Hermes)나 140년경의 "파피아스"(Papias) 등도 모두 본서를 인용하였으며, 200년경의 "무라토리 정경"(Muratorian Canon)도 물론 본서를 간직한다. 180년경 터툴리안(Tertullian)은 본서를 "베드로 복음"이라 하였고(ag. Marcion iv, 5, 210년경), 알렉산드리아의 클레멘트(Clement of Alex., 213년경)는 본서에 대해 "베드로가 이 말씀을 로마에서 공적으로 전도하며, 성령으로 복음을 선포하였을 때, 거기에 참석한 많은 사람들은 마가가 다년간 베드로를 따라다녔고, 그의 말을 기억하였기 때문에 그에게 이 말씀을 기록하기를 간청하였다. 이때 베드로는 적극적으로 이를 막지도, 격려하지도 않았다(Eus. H. E. vi 14 : 6f)라고 하였다. 이와 같이 본서의 마가저술설의 외증은 거의 한 없고, 또 강조적이었다.

마가복음의 저자는 "마가"로도(행 15 : 39, 골 4 : 10, 딤후 4 : 11, 몬 24, 벧전 5 : 13), "요한"으로도(행 13 : 5, 13), 또 "요한, 마가"(행 12 : 25, 15 : 37)로도 나타난다. "요한"이 히브리식 본명이고, "마가"(Marcus)는 로마식 이름으로 '빛남'을 뜻한다. 신약시대에는 이와 같이 유대인들 중에서 본명 외에 로마식 이름을 가진 자가 많았다. 그의 어머니는 "마리아"이며(행 12 : 12), 그의 아버지에 대한 언급은 없으므로 일찍 별세한 것으로 보인다. 그의 집은 유명한 "마가의 다락방", 집으로 주께서 최후의 만찬을 잡수신 곳이고(14 : 14), 또 초대에 120명이 모여 초대교회를 조직한 곳이었다(행 1 : 15). 그러므로 그 집은 크고 마리아 모자간은 부유하였다고 보는 것이다.

마가는 예수의 직제자가 아니며, 베드로의 제자로, 베드로는 그를 아들이라고 불렀다(벧전 5 : 13). 그는 또한 바나바의 "생질"(ἀνειψὸς, 골 4 : 10) — 혹은 이를 "종제"(Cousin)로 주장한다(Thiessen) — 로 예수께서 잡히실 때 벗은 몸에 베홑이불을 두르고 주를 따르다가 무리에게 잡혀 홑이불을 버리고 벗은 몸으로 도망친 청년이었다고 한다(14 : 51-52).

마가의 공생애의 출발은 오순절 이후 약 15년경에 유대지방에 큰 기근이 있었을 때 그 구제의 업무로 상경한 바울과 바나바를 따라 예루살렘을 떠나 안디옥으로 온 때부터였다(행 12 : 25). 그후 안디옥교회에서 파송하는 바울과 바나바의 제1차 전도여행에 동반되어 구브로 섬을 거쳐, 밤빌리아의 버가에 이르렀을 때 마가는 일행을 떠나 예루살렘 집으로 돌아갔다(행 13 : 13). 이 사건은 바울에게 큰 충격을 준 모양으로 제2차 여행 때 바울과 바나바가 결별하는 원인이 되었다(행 15 : 36-39). 그때 마가는 바울과 결별하고 바나바를 따라 다시 구브로로 건너갔다(행 15 : 37-39). 구브로는 바나바의 고향이었으므로(행 4 : 36) 마가에게는 외가가 있는 곳이기도 했다. 이와 같이 마가는 바울을 떠남으로 공적 무대에서 사라졌으나, 약 10년 이후에 다시 두 사람은 화해하고, 바울의 로마 옥중생활에 같이 있으면서 그를 섬겼다(골 4 : 10, 몬 24).

그리고 다시 수년 후 바울의 제2차 로마옥 투옥 때에는 소아시아 지방에 가 있는 그를 바울은 "나의 일에 유익한 자"로 높이 평가하면서 디모데에게 데리고 오기를 부탁하였다(딤후 4 : 11). 아마 베홑이불을 두르고 주를 따르다가 위기가 오니 벗은 몸으로 도망간 일이나, 전도여행 도중에 하차하여 귀가한 일은 모두 부유한 집 자식으로 철부지 미숙성을 나타낸 것이었을 것이고, 그후 그는 은혜를 받고 또 연단받아 성숙한 전도자로 바울의 완전 신임을 획득한 것으로 보인다.

이와 같은 마가와 바울의 관계 이상으로 짙은 것은 그의 베드로와의 관계였을 것이다. 그는 베드로를 통해 회개하여 베드로의 믿음의 아들이라 불렸고(벧전 5 : 13), 예루살렘 초대교회가 그의 집에서 모였으므로 그 교회의 지도자였던 베드로와는 자연히 가까워졌을 것이며, 베드로를 통해 믿음을 가지게 되고, 또 그의 지도를 받아 전도자가 되었을 것이다. 파피아스는 마가가 베드로의 "통역자"(ἑρμηνευτής)였다고 한다. 그러나 이 낱말은 여러 뜻으로 풀이된다. 당시의 사용한 언어는 아람어와 로마어였으며, 베드로가 이 두 가지 언어를 모두 이해했을 것으로 보기 때문이다. 그러므로 여기 '통역자'를 문자적인 ① 통역자(Jerome), ② 베드로의 시학을 알기 쉽게 말한 것(Zahn), ③ 베드로의 설교한 것을 책으로 재생시킨 것(Thiessen) 등으로 해석하는 것이다.

마가의 최후에 대해서는 분명하지 않다. 전설은 그가 본서를 기록한 후 애굽으로 건너가 알렉산드리아교회를 설립하고, 그 초대감독이 되었다가 거기서 순교하였다고(Eus. H. E. ii. 5) 한다. 또 그의 분골은 알렉산드리아에서 베니스로 운구되어 성마가 성당에 묻혔다는 전설도 있다. 그러나 이런 전설들은 분명한 사실을 동반하지 못하는 것이다. 아마 성마가에 관한 한 그가 저술한 마가복음서 이상으로 영원불멸의 기념비는 달리 필요 없을 것이다.

2) 수신자

마가복음이 "로마인의 복음"이란 전설은 알렉산드리아의 클레멘트(Clement of Alex., 150-213)에서 시작된 교회의 오래고도 이의가 없는 전설이 되었다. 즉 본서는 로마에서 저술되었고, 로마교회의 성도들을 위하여 저술되었다는 것이다. 이와 같이 본서의 수신자가 로마인, 더 넓게는 이방인을 위해 저술되었다는 것은 본서 자체의 내증에서 충분히 입증된다.

첫째, 본서는 유대인의 율법에 대해 냉담하다. 구약성서의 인용은 1 : 2~3 및 15 : 29뿐이며, 후자는 후대의 첨가 같은 인상을 보인다. 본서는 마태복음에 현저한 유대주의적 경향에는 냉담하고, 오히려 비유대적 경향을 취한다(가령, 예수를 미쳤다고 붙들려 든 기사/3 : 21). 이런 경향은 율법으로가 아니라 믿음으로 구원받는다는 바울의 로마서의 정신과 병행하는 것이다.

둘째, 부득이 아람어(히브리어)를 사용할 경우 이를 번역한다. 가령 보아너게(우뢰의 아들/3 : 17), 고르반(하나님께 드림이 되었다/7 : 11), 달리다굼(소녀야 일어나라/5 : 41), 엘리 엘리 라마 사박다니(나의 하나님, 나의 하나님, 어찌하여 나를 버리셨나이까/15 : 34) 등이다.

셋째, 유대의 풍속을 설명하고 있다. 가령 손씻는 일(7 : 3-4), 무교절(14 : 12), 안식일 전날(15 : 42) 등.

넷째, 직명, 기물, 화폐 등에 로마식 명칭을 사용하였다(6 : 27, 7 : 4, 8, 15 : 39, 44, 12 : 42 등). 이와 같은 사실들은 수신자가 이방인, 특히 로마인이었다는 것을 말해 주는 것이다.

끝으로 사복음서의 수신자를 종합적으로 일별해 두는 것도 좋을 듯하다. 마태복음은 유대인을 위하여 팔레스틴으로 보내진 것이었다. 누가복음은 사도행전과 더불어 바울이 전도여행을 한 지역인 소아시아와 마게도냐에 이르는 지역의 헬라인을 상대로 한 복음이었다. 이제 본 마가복음은 바울 여행의 종점이었던 로마의 복음이다. 그리고 가장 마지막에 나타난 요한복음은 위와 같은 지역과 인종을 초월한 전세계인의 복음이다. 그것은 복음전파의 진로(행 1 : 8처럼)와도 병행되는 것으로 주목할 만한 사실이다.

3) 자료와 목적

마가복음 선재설은 아직도 완결된 문제는 아니지만 본서의 베드로 의거설은 흔들리지 않는 교회의 오랜 정설이다. 즉, 이미 인용한 바처럼 파피아스(Papias, 140년경), 알렉산드리아의 클레멘트(Clement of Alexandria, 200년), 오리겐(Origen, 200년), 유세비우스(Eusebius, 280년경), 에피파니우스(Epiphanius, 315-403), 제롬(Jerome, 380년) 등은 한결같이 마가가 베드로의 설교에 의거하여 본서를 저술하였다고 하였다. 가령 그들의 대표로 다음과 같은 클레멘트의 말이 남아 있다. "베드로가 로마에서 복음을 공적으로 전파한 후 거기 있던 많은 사람들은 다년간 베드로를 수종들면서 그의 전한 말씀을 기억하고 있던 마가에게 베드로의 말한 바를 기록하기를 간곡히 부탁하였고, 마가는 그후 복음서를 저술하여 간청한 사람들에게 주었다. 베드로는 이 사실을 알았을 때에 적극적으로 이를 제지하지도 않았고, 권장하지도 않았다 (Eusebius, H. E., vi. 14).

본서의 베드로 의거설은 위와 같은 외증과 더불어 든든한 내증으로 입증된다. ① 본서의 문체는 사실적이다. 소박하고도 박진하며, 시간과 장소, 환경 등이 상세하게 묘사된 것은 저자가 목격자에게 직접 들은 것을 가리키는 것이다. ② 베드로의 기사일 경우 언제나 비난이나 불명예스런 말이 동반되고, 칭찬의 언사는 생략된다(8 : 32, 9 : 5-6, 10 : 28, 31 등). 이는 베드로의 겸손한 자세로 보아야 할 것이다. ③ 본서 전체의 구조는 베드로의 가이사랴 설교(행 10 : 34-43)에 준하다. ④ 본서의 사상은 원시적으로 어떤 특수한 경향(마태의 유대적, 요한의 보편적 같은)이 보이지 않는다. 이는 저자가 베드로에게 들은 그대로 기록한 초기적 작품인 것을 의미한다. ⑤ 아마 베드로후서 1 : 13~15("내가 이 장막에 있을 동안에 너희를 일깨워 생각하게 함이 옳은 줄로 여기노니…… 내가 힘써 너희로 하여금 나의 떠난 후에라도 필요할 때는 이런 것을 생각나게 하려 하노라.")의 내용이 베드로가 본서와 같은 복음서를 남길 수 있는 마음의 자세였던 것을 가리킬 것이다.

마가복음의 자료문제를 논하면서 "원마가복음설"(Ur-Markus Theory)에 대해서도 언급해야 할 것이다. 이는 현재의 마가복음 이전에 원마가복음이 있었고, 그것이 공관복음 3서의 자료가 되었다는 것이다(Schleiermacher). 또 마가복음 3판설도 있다. 즉, 초판 마가복음(Proto-Mark)은 가이사랴에서 기록되어 누가복음의 근거가 되고, 재판(Deuto-Mark)은 유대에서 기록되어 마태복음의 근거가 되었으며, 3판(Trito-Mark)은 로마에서 기록된 본서라는 것이다. 그러나 위와 같은 원복음설이나 3판설 등은 모두 추측에 머물고, 진지한 지지를 얻지 못하는 것들이다.

본서의 저술목적은 이미 충분히 반영된 것으로 생각된다. 본서의 저작시기는 베드로의 순교 때(주후 66-67년)와 예루살렘 함락(주후 70년) 사이로 보아야 할 것이다. 그 때는 그리스도께서 승천하신 지도 30년이나 지났고, 또 주의 행적의 목격자들도 차차 세상을 떠나며, 또 복음서의 자료가 될 구전이나 단편기록들도 많이 나타남으로써 이런 것을 종합하여 조직적인 복음서를 남길 필요성이 컸을 것이다. 이때 베드로와 바울 같은 대사도는 이미 순교하였고, 성도들은 로마의 카타콤에 갇혀 순교에 직면하고 있었으므로 저자는 정돈된 복음서를 기록하여 먼저 로마의 성도들의 믿음을 굳게 하여, 순교에 직면할 수 있는 용기를 주려 했을 것이다. 그리스도를 묘사함에 있어 마태는 유대인의 왕으로, 누가는 사람으로 각각 부각시킴에 대해 마가는 종으로 나타낸다. 본서의 기사의 태반은 예루살렘에서 보내신 수난주에 관한 기사에 집중되고 있다. 즉, 수난의 종을 묘사하는 것이다. 이와 같이 십자가에서 죽으신 그리스도를 제시함으로 당시 성도들에게 순교적 정신을 고취하려

했을 것이다.

4) 연대와 장소

본서의 저술연대와 장소는 이미 충분히 제시된 것으로 믿으나 역시 이는 다시 형식을 갖추어 밝혀야 할 문제일 듯하다.

본서의 저작연대를 밝힘에는 두 가지 전제조건이 있다. 하나는 베드로의 설교를 의거한 본서가 그의 생전에 기록된 것인지의 여부이고, 또 하나는 예루살렘 함락 전후의 문제다. 전자에 관해서는 이레니우스(Irenaeus, 130년경)의 결정적인 증언이 있다. "마태는 베드로와 바울이 로마에서 선교하며, 교회를 설립하고 있을 때 히브리인들 중에서 그들 자신의 방언으로 복음서를 썼다. 그들이 떠난(ἔξοδον) 후 베드로의 제자며 또 통역자였던 마가는 베드로의 전한 바를 기록하여 우리에게 전하여 주었다."(Irenaeus, Adv. Haer. iii. 1 : 2)라고 하였다. 여기 "떠난 후"를 단지 그들이 있던 곳(로마)에서 떠남으로 본다면 본서는 베드로 생전에 기록된 것이고(Jerome, Origen, Clement of Alex.), 그들의 죽음으로 본다면 베드로의 순교 이후가 되는 것이다. 다수는 이 후설을 취한다. 베드로의 순교연대는 네로 황제의 자살(68년) 이전이었으므로 66~67년경으로 잡을 수 있는 것이다.

그리고 본서와 예루살렘 멸망과의 관계는 "소계시록"이라 불리는 본서 13장의 해석에 달려 있다. 이를 예루살렘 멸망에 대한 예언으로 보고 본서는 그 이전에 기록하였다는 것이 일반적 견해다. 그렇다면 본서의 기록연대는 베드로가 순교한 주후 66~67년과 예루살렘이 함락된 70년 사이로 좁혀지는 것이다. 이 기간 내에 마가복음이 먼저 저술되고, 곧이어 마태복음과 누가복음이 연달아 기록되었다고 보면 될 것이다.

본서의 저술장소는 로마라는 것이 고래로 일관된 정설이었다. 본서에 관한 최초의 외증자로 지목되는 파피아스는 장소문제는 언급하지 않았고, 알렉산드리아의 클레멘트는 연대에는 이의를 달았으나(베드로의 생존 중으로), 장소는 로마로 명시하였다. 그후 고대의 증언은 로마설로 거의 일치하고 있다(Hermes, Hippolytus, Epiphanius, Tatian, Eusebius 등). 본서의 자료가 베드로에 의거되고, 저작의 시기를 베드로 순교 후로 보며, 또 그가 로마에서 순교하였다는 전승을 받아들인다면 본서의 저작장소 역시 로마로 보는 것이 자연스런 결론일 것이다.

또 신약의 내증도 로마저작설을 뒷받침한다. 디모데후서 4 : 11에는 바울이 마가를 로마로 초청하였고, 베드로전서 5 : 13에는 마가가 베드로와 같이 로마에 있었다. 이와 같은 여러 사실들로 본서의 로마저작설은 현대에서도 압도적 지지를 받고 있다(Bacou, Streeter, McNeill, Taylor, Thiessen 등). 그러나 타지방설이 전연 없는 것은 아니다. 가령 마가가 순교하였다고 전해지는 알렉산드리아(Chrysostom), 예루살렘(Wellhausen), 안디옥(Storr, Bartlet)설 등이 제기되나 별 문제가 되지 않는다.

5) 특 징

마가복음은 초기에는 무시를 당한 시기가 있었다. 또 현대에 와서는 마가복음 우선설과 더불어 그 중요성이 지나치게 강조되는 것 같기도 하다. 그러나 이런 역사적 고려를 초월하여 본서는 그 자체의 가치와 특징을 그대로 지니고 있다. 그 특징을 정리하면 다음과 같다.

첫째, 본서의 문체는 간결(簡潔)하고 직설적이다. 저자는 자신의 주해(요한복음에 현저한 것 같은) 없이 간단명료하게 사건을 전한다. 그 문체는 간접법보다 직접법을 많이 쓰고(4 : 39, 5 : 8-9, 12, 6 : 23, 31, 9 : 25, 12 : 16 등), 다른 복음서에 지배적인 과거형을 쓰지 않고 역사적 현재형을 쓰며, 이런 현재형은 무려 151회나 나타난다(1 : 40, 44, 2 : 3, 10, 17, 11 : 1, 14 : 43 등). 또 "곧, 또는 즉시"(εὐθύς)라는 부사가 무려 41회나 사용된다(1 : 10, 12, 18, 20, 21, 23, 28, 29, 30, 42, 43 등). 이 부

사는 마태에는 7회, 누가에는 한 번만 나타난다. 그리고 본서는 인명(2 : 25－26, 15 : 21), 때(저물어 해질 때/1 : 32, 예비일, 곧 안식일 전날이므로/15 : 42), 장소(2 : 1, 3 : 7) 등을 자세히 전한다.

둘째, 감정적 묘사가 사실적이다. 가령 그리스도의 표정을 진지하게 표현하고(5 : 30, 10 : 21 등), 군중의 반응(1 : 22, 27 등), 제자들의 표정(4 : 41, 10 : 32 등) 또한 여실하게 묘사한다.

셋째, 본서는 행위의 책이다. 즉, 본서는 설교를 간략하게 언급하고 이적담이 풍부하다. 복음에는 도합 36이적이 게재되나 그 중 4복음서에 공통되는 것은 5천 명을 먹이신 기사뿐이고, 3복음서에 공통되는 것이 11이적, 2복음서에 공통되는 것이 7이적, 한 책에만 보이는 것이 17이적이다. 본서에는 19이적이 기록되고, 그 중 둘은 본서의 독특한 것이다. 즉, 본서에는 전 이적의 과반이 취급되는 것이다.

넷째, 이적담과는 대조적으로 설교는 간략하게 언급된다. 마가가 예수의 교훈집(τὰ λόγια)을 사용하였는지는 논쟁되는 문제에 속한다. 가령 이를 긍정적으로 본다 해도 극히 미약한 참고자료로 취급되었을 것으로 보는 것이다. 그래서 "강론의 책"이라 하는 마태복음과 대조가 되는 것이다. 본서에는 그리스도의 비유가 다섯뿐이고, 그 둘은 본서만의 독특한 것이다.

다섯째, 본서는 이방인, 특히 로마인을 위한 복음이다("수신자"를 참조).

여섯째, 마태와 누가는 예수의 족보를 내걸고, 그 탄생담을 전하며, 요한은 이를 "말씀이 육신이 되어"(요 1 : 14)라는 영적 해석으로 끝내지만, 본서는 이런 배경을 일체 생략한다. 흔히 본서는 "종의 복음"이라 하고, 종에는 그 근원을 밝힐 필요가 없었는지 모른다.

일곱째, 본서는 "베드로 복음"이라 불리고, 그 구조는 베드로의 가이사랴 설교(행 10 : 34－43)와 통한다. 그러므로 베드로에 관한 기사들에는 독특한 풍치를 찾을 수 있다. 하여튼 대사도 베드로와 관련되어 "베드로 복음"으로 불리는 본서의 영광은 베드로의 영광과 더불어 영원불

멸일 것이다.

6) 내용 분해

I. 전도의 준비 1 : 1~13

1. 선구자 요한의 활동 (1 : 1 - 8)
2. 세례받으심 (1 : 9 - 11)
3. 시험받으심 (1 : 12 - 13)

II. 갈릴리 전도 전반기 1 : 14~5장

1. 전도의 개시 (1 : 14 - 20)
2. 이적의 개시 (1 : 21 - 45)
3. 반대의 개시 (2 : 1 - 3 : 12)
4. 12제자의 선정 (3 : 13 - 35)
5. 하나님 나라의 비유 (4 : 1 - 34)
6. 여러 이적들 (4 : 35 - 5 : 43)

III. 갈릴리 전도 후반기 6~9장

1. 갈릴리 전도의 전환기 (6 : 1 - 7 : 23)
2. 갈릴리를 떠나심 (7 : 24 - 37)
3. 갈릴리로 돌아오심 (8 : 1 - 26)
4. 다시 갈릴리를 떠나심 (8 : 27 - 9 : 50)

IV. 베뢰아 전도 10장

V. 예루살렘 전도 11~13장

1. 예루살렘 입성 (11 : 1 - 25)
2. 유다 교권자와의 충돌 (11 : 27 - 12 : 44)
3. 종말적 예언 (13 : 1 - 37)

VI. 수난과 부활 14~16장

1. 수난의 준비 (14 : 1 - 42)
2. 수 난 (14 : 43 - 15 : 47)
3. 부 활 (16 : 1 - 18)
4. 승 천 (16 : 19 - 20)

4. 누가복음

"누가복음은 복음서 중에서 가장 문학적이고, 세계에서 가장 아름다운 책이다"(Renan). 누가복음이 사도행전과 더불어 성누가의 저작이라는 것은 교회의 오래고도 보편적인 전승이었다. 누가는 신약성서의 저자들 중에서 유일의 비유대인 작가였고, 그 문장은 우아한 헬라어이며, 그 성격은 역사서적이었다. 실로 그의 두 책을 합하면 양적으로 다른 저작자의 추종을 허락하지 않는 최장편에 속하며, 그리스도의 탄생에서 사도들의 로마전도에 이르는 그리스도교의 생성과 그 발전사를 가장 조직적으로 밝혀 준 것으로 우리 그리스도교사에서 영원히 기억할 소중한 공헌이었던 것이다.

1) 저자와 정경성

누가복음의 최고최선(最古最善)의 시내산 사본(ℵ)이나 바티칸 사본(B)을 위시한 모든 대문자 사본(Uncials)에 간직되고, 또 소문자 사본(Cursives)의 다수에도 간직된다. 제3복음에 "누가복음"으로 명명한 이는 이레니우스(Irenaeus, ca. 170년경)였다. 본서의 누가저작권에 반대하는 소리가 있기는 하였으나(Hilgenfeld, Holtzmann, Jülicher), 본서와 사도행전이 누가의 저작이라는 것는 교회의 확고하고도 보편적인 견해였다(Harnack, Hawkin, Plummer, Ramsay, Lightfoot, Zahn, Godet, Westcott, Farrar, Thiessen 등). 저자의 이름이 밝혀져 있는 목회서신보다 무기명으로 기록된 본서가 오히려 널리 수락되는 것은 재미있는 대조라고 하겠다. 좀더 본서의 정경성과 거기에 따르는 누가의 저작권에 대한 외증과 내증을 살펴보자.

먼저 저작권에 대한 외증은 다음과 같다.

① 본서에 대한 최초의 외증자는 앞서 지적한 이레니우스이며, 그는 "바울의 동반자인 누가는 바울이 전한 복음을 한 책으로 저술하였다."

(Irenaeus, Heresies, iii)라고 하였다.

② 신약시대의 이단자인 그노시스의 교사였던 바실리데스(Basilides, 120년경), 바렌티누스(Valentinus, 160년경), 헤라크레(Heracleou, 160년경) 등도 모두 본서를 "누가의 복음서"라 하였다.

③ 초대의 이단자 말시온(Marcion, 140년)이 편집한 성경(Marcion Text)에 누가복음이 포함된 것은 유명한 사실이었다.

④ 순교자 저스틴(Justin Martyr, 150년경)과 그의 제자 타티안(Tatian, 160년경)도 본서를 인용하였다(Dialogue with Trypho, iii).

⑤ "무라토리 정경"(Muratorian Canon, 170년)은 본서에 관해 "셋째 복음은 누가에 의해 기록되었다. 이 누가는 의사였는데, 그리스도께서 승천하신 후 바울의 동반자로 동행하였다. 그는 의를 위해 열심이 많은 사람이었고, 그 자신의 이름으로 또 그의 판단을 따라(ex opinione) 썼다. 그러나 그는 육신으로는 주를 뵈옵지 못하였다. 그러므로 그는 가급적 확실한 정보에 의거하였고, 요한의 탄생에서 시작하였다."고 밝히고 있다.

⑥ 같은 시대의 폴리캅(Policarp, 167년), 켈서스(Celsus), 헤게시푸스(Hegesippus) 등도 본서에서 인용하였다.

⑦ 터툴리안(Tertullian, 167년경)은 그의 「말시온 반박론」(*Against Marcion iv*)에서 본서 4~24장을 인용하였다.

⑧ 알렉산드리아의 클레멘트(Clement of Alex., 220년경)는 본서를 빈번히 인용하였고, 이를 결정적으로 누가의 저작으로 돌렸다.

⑨ 오리겐(Origen, 250년경)은 본서의 주해를 썼고, 본서가 바울의 허락으로 누가가 기록하였다고 하였다(Eusebius, H. E. vi. 25).

⑩ 역사가 유세비우스(Eusebius, 263-340)는 성서를 분류하여 "수락된 책"(ὁμολογούμενα), "문제된 책"(ἀντιλεγόμενα), 및 "위작"(νόθα)으로 나누고 본서는 그 첫째에 두었다.

이상과 같은 외증들은 본서가 2세기 초에 벌써 성서로 인정되고, 인용된 것은 의심의 여지가 없으며(Robertson), 2세기 말에는 본서는 천하에 편만한 증언으로 모든 교회에 수락된 것을 말하는 것이다(Origen).

위와 같은 외증과 더불어 본서 자체의 내증도 충분하다. 본서의 내증은 사도행전과 더불어 병행하고, 후자의 저자를 규명함으로 저자문제도 따라서 해결되는 것이다.

① 양서의 서문의 공통성이다. 즉, 누가복음 1 : 1~3과 사도행전 1 : 1~2에 의하면 양서는 같은 수신자에게 같은 목적으로 보낸 전후편이다.

② 전자의 결문(눅 24 : 49)과 후자의 서문(행 1 : 4)은 연결되어 양서가 전후편인 것을 표시한다.

③ 양서 간에는 현저한 사상적 공통점이 있다. 유대인의 한계를 넘어선 우주적 복음의 범위(눅 2 : 32, 4 : 23-27 등과 행 10 : 34-35, 13 : 46-47 등), 성령의 역사의 강조(눅 1 : 15, 35, 2 : 25-27 등과 행 1 : 2, 2 : 1-4 등), 기도의 강조(눅 11 : 5-13, 18 : 1-5 등과 행 1 : 24-25, 2 : 42 등), 가난한 자에 대한 동정(눅 3 : 11, 4 : 18 등과 행 2 : 44-45, 4 : 34-35 등), 부자에 대한 경계(눅 1 : 53, 6 : 24 등과 행 4 : 36-37, 8 : 18-24 등), 부녀자의 봉사(눅 1 : 39-56, 2 : 36-38 등과 행 9 : 36-43, 12 : 12), 로마 관헌에 대한 호의(눅 20 : 20-26, 23 : 4 등과 행 13 : 7, 16 : 35-40) 등.

④ 양서 간에는 용어와 문체의 공통점이 현저하다. "은혜"(χάρις) "사죄"(ἄφεσις ἁμαρτιῶν) 등의 낱말의 공통점도 명백하고 가장 주목되는 것은 병자에 대한 동정과 의학용어가 현저한 것이다(Hobart, Harnack, Zahn, Bengel 등). 이는 본서의 저자가 "사랑을 받는 의원 누가"(골 4 : 14)였던 것을 표시한다.

⑤ 사도행전의 "우리 부분"(we-section, Wirquelle)의 연구와 사도행전에는 "우리"란 일인칭 복수형 기사가 사도행전 16 : 10~17(바울 일행의 드로아에서 빌립보까지의 여행기), 사도행전 20 : 5~21 : 18(빌립보

에서 밀레도를 거쳐 예루살렘까지), 사도행전 27 : 1~28 : 16(가이사랴에서 로마까지)로 세 번 나타나는 바, 이 부분에서 저자는 바울 일행 중에 있었던 것이다. 그 저자가 사도행전 20 : 4에 의하면 디모데, 두기고, 소바더, 아리스다고, 세군도, 가이오 등일 수는 없었다. 남은 바울의 동반자로는 디도가 있으나 그는 외증적이나 내증적으로 전연 가능성이 없고, 결국 "누가"가 "우리"의 주인공임을 단정하게 되는 것이다.

사도행전의 "우리 부분" 이외의 부분도 저자에 의한 것, 즉 사도행전의 통일성에 관해서도 결정적인 의심은 없음(Harnack)이 문학적으로 이를 증명하였다. 위와 같은 내증은 사도행전이 누가의 저작이고, 따라서 그가 누가복음의 저자인 것을 확정짓는 것이다.

누가-사도행전의 저자 누가에 대한 연구자료는 풍부한 편이다. 첫째, 그의 국적에 대해 유대인이란 견해가 있기는 하나(Lardner), 이방인 또는 헬라인이라는 것이 일반적 견해다.

다음으로 그의 고향에 대해 몇 가지 설이 있다. 교회사가 유세비우스(Eusebius)는 "출신으로는 안디옥인, 직업으로는 의사"(Eusebius H. E. iii. 4 : 7)라 하였고, 제롬(Jerome) 이하 많은 학자들이 동의하고 있다. 이 학설의 근거로는 사도행전에 안디옥에 대한 언급이 십수 회 나타나고, 또 상세한 점이다(특히, 행 11 : 19－26, 13 : 1 이하).

석학 램지(Ramsay)나 르낭(Renan)은 누가를 마게도냐의 빌립보인으로 보고, 바울이 드로아에서 본 환상의 마게도냐인이 바로 누가였다고 한다. 그 근거로는 역시 사도행전(16장)에 빌립보에 대한 기록이 상세한 것과 빌립보를 "마게도냐의 첫성"이라 한 점들이다. 또한 그를 비시디아 안디옥인(행 14 : 21)이라는 추측도 있고(Rackham), 그 근거로는 당시 의학의 중심지였던 라오디게아에서 가깝다는 것이다. 첫째 설이 가장 유력하나 둘째 설을 취하고 싶다.

그의 이름 "누가"(Λουκᾶς)는 바울서신에 세 번만 나타나고(골 4 : 14, 몬 24, 딤후 4 : 11), 신약성서에나 그외 문서에도 다시 보이지 않는다.

아마 당시 흔했던 라틴식 이름 Lucanus나 Lucius의 약칭으로 보인다. 그러나 사도행전 13 : 1, 로마서 16 : 21의 "루기오"(Lucius)는 다른 인물인 것이다. 만일 그의 이름이 약식인 것이 분명하다면 그는 해방된 노예였을지 모른다. 당시 노예들은 약식으로 불리는 풍속이 있었고, 노예들 중에는 의사도 많았기 때문이다(Clark). 그가 그의 이름이나 말을 일체 드러내지 않는데 그의 신분이 관련되어 있을런지도 모른다. 그의 이름에서 그를 "실라"(Silvanus)와 동인시하는 추측이 있다. 그것은 두 이름이 같은 뜻(silva는 나무, lucas는 수립)이기 때문이다. 그러나 추측에 불과하다.

누가가 의사였다는 것은 골로새서 4 : 14에서 밝혀졌고, 또 본서나 사도행전에 의학적 용어가 자주 등장하고, 병증을 서술하는 기교로도 뒷받침되고 있다. 아마 안디옥에서 의학공부를 했을 것이다.

누가의 회심시기와 경로는 명백하지 않다. 그는 이방인으로서 먼저 유대교로 개종했을 것이다. 그것은 그의 구약적(LXX) 지식으로 그 가능성을 추측할 수 있다. 혹은 그를 70인 제자(10 : 1)의 한 사람으로 추측하나 그가 이방인이었으므로 그 가능성은 희박하다. 혹은 엠마오 도상의 두 제자 중 하나였다고(또 하나는 글로바, 눅 24 : 18) 한다(Theophylact, George the Great). 그 기사의 생생한 묘사로 보아 이는 가능한 추측으로 본다. 하여튼 바울이 디모데나(딤전 1 : 2) 디도에게(딛 1 : 4) 하듯 누가를 믿음의 아들이라 부르지 않는 것으로 보아 그는 바울을 통해 회심하지는 않았을 것이다. 혹은 바울보다 앞서 회심하였을지도 모르는 것이다.

누가는 바울의 직제자는 아니었으나, 충실한 동역자요 조수였다. 앞서 지적한 "우리 부분"을 따르면 그는 바울의 제2차 전도여행 도중 드로아에서 바울을 따르게 되고(행 16 : 10), 빌립보까지 가서 거기서 몇 년 머물며 전도하다가(행 16 : 40), 바울의 제3차 전도여행의 귀로에 다시 그를 따라(행 20 : 6) 예루살렘으로 갔다(행 21 : 17). 그후 바울이 로마로 호송될 때 줄곧 동행하였고(행 27 : 1－28 : 16), 바울의 옥중생활에도 끝까지 같이 있었다(몬 24, 딤후 4 : 11).

바울이 유대주의적 엄격한 성격의 소유자라면, 누가는 헬라 경건주의적인 성격을 지녔다. 그의 두 책에는 특히 성령의 역사가 풍성하고, 기도생활이 강조된다. 그는 분명코 성령의 사람, 기도의 사람이며, 성격도 바울보다 폭넓은 관용성을 지닌 듯하다. 그는 헬라 문학에 풍부한 소양을 가졌으며, 역사에도 조예가 깊었던 것으로 보인다.

그의 후사에 대해서는 실로 번잡한 전설들이 있어 그 사실을 알 길이 없다. 그는 일생을 독신으로 살면서 알렉산드리아 또는 라오디게아의 감독이었다고 한다. 그의 최후에 대해서도 로마 또는 알렉산드리아에서 순교하였다 하고(Gregory the Great), 혹은 더베, 에베소, 또는 비두니아에서 74세(혹은 84세)를 살고 평안히 세상을 떠났다는 설 등이 있다. 마지막 설에 신빙도가 가장 높다. 참고로 「말시온론」(*Anti Mareionite*, 170년경)의 서문에서 일부를 인용하기로 한다.

> "누가는 시리아의 안디옥인으로서 직업은 의사였다. 그는 사도들의 제자이며, 후일에는 바울이 순교하기까지 그의 동반자였다. 그는 일심불란(一心不亂)하게 주님을 섬겼고, 아내도 자식도 없었으며, 84세 때 성령이 충만하여 보에오티아(Boeotia)에서 잠들었다. 그때 유다에서 기록된 마태, 이탈리아에서 기록된 마가 등 벌써 복음서가 있었으나, 누가는 성령에 감동되어 이 복음서(누가복음)의 전부를 편집하였다. 그 후에 같은 누가가 사도행전을 썼다(by F. F. Bruce).

또 6세기 이후의 전설에는 그가 화가였다고 하며, 그가 그린 성모 마리아상은 6세기에 여왕 유닥시아가 발견하여 콘스탄티노플에 보냈다는 말과 로마의 카타콤에서 그의 그림이 발견되었다는 말 등이 있다. 하여튼 그의 복음서에는 그림에 담았으면 좋을 아름다운 장면들이 많다. 그의 두 책은 그리스도의 탄생에서 시작하여 그리스도교가 로마에 전교되기까지의 사실을 가장 역사적 필치로 갖추어 준 것이었다.

이와 같이 성누가는 다재다능한 풍부한 인격자였다. 사랑을 받는 의사(골 4 : 14), 역사가, 문학자, 화가, 전도자, 여행가, 또 성령의 은사와 기도에 열중한 경건주의자! 그러면서도 누가는 말이 없는 사람이었다. 신약성서에서 최장편의 기록을 남기면서도 오직 그리스도와 사도들의 말씀을 전하기에 열중하고, 자신의 말은 한마디도 개입시키지 않으며, 심지어 자신의 이름도 밝히지 않은 것이다. 참으로 흠모할 아름다운 인격이다.

2) 누가복음의 자료와 목적

(1) 자료 : 공관복음서의 오랜 순서는 마태 · 마가 · 누가였고, 그것은 이 복음서들의 위치를 말해 주는 것이다. 즉, 초대에서 19세기에 이르기까지 "마태복음 우선설"의 지배하에 마태복음이 먼저 기록되고, 마가와 누가는 마태복음에 의거한 것으로 믿고 있었다. 그러나 19세기에 와서 치밀한 연구 끝에 "마가복음 우선설"이 대두하여 마가복음이 먼저 기록되고, 마태와 누가가 그것에 의거한 것으로 되고 있다. 그러나 누가복음이 먼저 나타나는 경우는 전연 없었다. 그렇다면 누가복음은 마가복음 외에 어떤 자료에 의거하였을까 하는 것이 문제가 된다.

먼저, 본서의 자료로 "원누가복음"(Proto-Luke)설이 있다(Streeter, McNeile 등). 이는 앞서 공관복음문제에서 소개한 Q와 L로 구성된 것이었으나 같은 저자가 원누가복음에 마가복음을 첨가하여 현행의 복음서가 완성되었다는 것이다. 역시 가설에 지나지 않아 큰 관심을 끌지 못하고 있다.

다음으로 누가복음의 바울적 배경이 광범위하게 수락된 사실이다. 즉, 마가가 베드로에 의거하여 마가복음을 기록한 것처럼, 누가는 바울에 의거하여 그의 복음서를 썼다는 것이다. 본서에 관한 최초의 외증자라는 이레니우스도 "바울의 동반자였던 누가는 바울이 전한 복음을 한 책으로 기록하였다."(Irenaeus, Against Heresies iii. 1 : 1) 하였고, 터툴리안도 "누가의 복음형태를 사람들은 일반적으로 바울에게 돌린다."(Tertullian, Storm. i. 21) 하였다. 「무라토리 단편」(*Muratorian Fragment*)에도 "바울은 누가를 동반자로 대동하였다. 그래서 누가는 비록 자의로 그 복음서를 기록하였지만 바울의 뜻을 참작하면서 저작하였다."고 전한다.

본서와 바울서신 간의 문장적 유사점을 연구한 학자들도 적지 않다. 가령 플러머(Plummer)의 다음과 같은 예증은 주목할 만한 것이다(전자가 본서, 후자가 바울서신). 4 : 32와 고린도전서 2 : 4, 6 : 36과 고린도후서 1 : 3, 6 : 39과 로마서 2 : 19, 6 : 48과 고린도전서 3 : 10, 7 : 8과 로마서 13 : 1, 8 : 12과 고린도전서 1 : 21 / 로마서 1 : 16, 8 : 13과 데살로니가전서 1 : 6, 10 : 7과 디모데전서 5 : 18, 10 : 8과 고린도전서 10 : 27, 10 : 16과 데살로니가전서 4 : 18, 10 : 20과 빌립보서 4 : 3, 11 : 7과 갈라디아서 6 : 17, 11 : 29과 고린도전서 1 : 22, 11 : 41과 디도서 1 : 15, 12 : 35과 에베소서 6 : 14, 12 : 42과 고린도전서 4 : 12, 13 : 27과 디모데후서 2 : 19, 18 : 1과 골로새서 1 : 3 / 데살로니가후서 1 : 11 / 갈라디아서 6 : 9, 20 : 16과 로마서 9 : 14, 11 : 11, 갈라디아서 3 : 21, 20 : 22 / 20 : 25과 로마서 13 : 7, 20 : 35과 데살로니가후서 1 : 5, 20 : 38과 로마서 6 : 11, 갈라디아서 2 : 19, 21 : 23과 데살로니가전서 2 : 16, 21 : 24과 로마서 11 : 25, 21 : 34과 데살로니가전서 5 : 3~5, 21 : 36과 에베소서 6 : 18, 22 : 53과 골로새서 1 : 13 등. 또 그는 양자 간에 공통된 특수한 낱말로 176개나 들고 있다.

이미 지적한 바처럼 사도행전의 "우리 부분"은 본서와 사도행전의 저자 누가가 바울의 충실한 수행자였던 것을 입증해 주고 있다. 이런 장구한 전도여행을 통해 누가가 바울에게 그리스도의 생애와 교설에 관해 들을 기회가 많았을 것이다. 더구나 가이사랴에서 2년 간의 구류기간(행 23 : 31 - 24 : 27, 27 : 1)은 별 활동을 하지 못하였으므로 바울은 조용한 가운데 본서의 자료가 될 수 있는 여러 가지 사실들을 이야기해 주었을 것이다. 물론 바울은 그리스도의 지상생애 기간에는 그의 제자는 아니었다. 그러나 후일 그는 사도들의 전승을 통해, 또 직접적 계시를 통해 그리스도의 생애와 교훈에 관해 많은 사실들을 알고 있었던 것이다(고전 10 : 23, 15 : 3). 그러므로 누가의 바울 의거설은 초대교회의 이레니우스에서 시작하여 현재에 이르기까지 널리 수락된 사실이고, 비판학자 사이에서도 적극적으로 지지하고 있다(Jülicher, Holtzmann 등).

이상과 같은 사정 아래 본서의 자료에 관해 다음과 같은 결론을 내릴 수 있다. 먼저 본서의 서문에서 밝힌 저자 자신의 증언을 명백히 해야 할 것이다. "우리 중에 이루어진 사실에 대하여 처음부터 말씀의 목격자되고 일꾼된 자들의 전하여 준 그대로 내력을 저술하려고 붓을 든 사람이 많은지라. 그 모든 일을 근원부터 자세히 미루어 살핀 나도 데오빌로 각하에게 차례대로 써 보내는 것이 좋은 줄 알았노니"(1 : 1 – 3)라 하는 것이다. 이 서문의 자료적 가치에 대해 이를 당시의 성문양식에 불과한 것으로 무시하는 수도 있으나(Scott), 본문과 사도행전의 서문(행 1 : 1 – 5)을 연결하여 본서의 자료문제에 관한 해결의 열쇠를 얻으며, 나아가 공관복음문제도 같이 해결하는 것으로 보는 것이 일반적 견해다.

이 서문은 본서의 자료에 두 가지가 있었던 것을 밝혀 준다. 첫째는 구전이요, 둘째는 문서이다. 구전(oral tradition)의 근원은 "말씀의 목격자 되는 일꾼된 자들"이었다. 즉, 그리스도의 사도들을 위시하여 주의 가족 등, 측근자들이 끝없이 이야기해 준 주의 행적이었다.

그리스도의 생애의 목격자들은 그들이 직접 목격한 그 놀라운 생애를 반복해서 이야기하여 불원간에 어떤 형식으로 화했을 것이다. 그들이 살아 있는 동안에는 기록한 문서란 오히려 주의를 끌지 못하였을 것이다. 이런 사실은 파피아스의 140년경의 기록으로 보이는 "만일 장로들의 수종자인 어떤 분이 오는 경우 우리들은 그에게 장로들의 한 말씀에 대하여 조회해 보는 것이 상례였다. 즉, 안드레나 베드로가 말한 것이나 ……의 말씀에 대해서도"(Eusebius, H. E. iii. 39)라는 구절에서도 분명하다.

유대인은 원래 구전의 민족이었다. 그들은 중요한 국민행사에 관하여 가정에서 여러 천년을 구전으로 전승한 민족이었으므로 그들의 구전은 상상 이상의 정확성을 지녔던 것이다. 또한 사도들이 지방에 나가 전도하였을 때 그들의 설교내용은 그들이 목격한 주님의 생애였을 것이고, 그 설교가 반복됨에 따라 그 이야기도 일정한 경로로 고정되었을 것이다. 그러므로 그리스도의 생애를 기록한 복음서의 자료로는 이런 구전이 가장 중요한 부분을 차지했을 것은 의심의 여지가 없다.

구전과 더불어 그 구전을 "저술하려고 붓을 든 사람들"의 문서가 존재한 것도 분명하다. 얼마 동안의 구전의 기간이 지난 후 그 소중한 그리스도의 생애와 교설을 문서화한 것은 극히 당연한 일이었을 것이다. 이런 여러 기록들이 이미 나타난 중에 학자인 누가는 그것들을 정리하고 또 자신이 가진 자료들을 토대로 하여 본서를 저술하였을 것이다.

Q(독일어 Quelle의 약자로 '자료'를 뜻함)설에 있어 이를 마가복음 우선설에 전제하고, 또 마태와 누가의 공통점에서 마가복음을 제외한 것으로 한정하기 때문에 반대를 받는 것이지 당시 성문된 자료가 존재했을 것은 아무도 반대할 수 없을 것이다. 더구나 Q를 로기아(τὰ λογία)와 동일시하는 견해(B. Weiss, Holtzmann, Scott 등)는 정중히 연구되어야 한다. 파피아스가 전한바 "마태는 히브리어로 로기아를 편집하였다."(Eusebius, H. E. iii. 39) 하였고, 이 말은 그대로 받아들여도 좋다고 믿는다. 즉, 마태가 헬라어로 현재의 복음서를 저술하기에 앞서 히브리어로 그리스도의 교훈집을 수록했다는 것은 당연히 있을 수 있는 일이고, 이 교훈집 로기아가 공관복음의 자료가 되었을 것도 당연하다고 보는 것이다.

또 마태가 원래 유대인을 위하여 히브리어로 복음을 썼고, 그것을 다시 헬라어로 번역하였다는 설도 초대의 이레니우스에서 시작하여 상당한 지지를 얻고 있다(Irenaeus, Eichhorn, Zahn 등). 그 외 "원마가복음설", 또 앞서 지적한 "원누가복음설"(Proto-Luke) 등도 있다. 그러나 원마태복음설을 제외하고는 명백한 외증이 없어 추측의 범위를 넘지 못한다.

(2) 목 적 : "누가는 그의 복음서에서 저작의 목적을 간략히 설명하기 위해 서문을 붙인 유일한 복음서 기자다"(Calvin). 본서의 목적 역시 본서 자체의 서문에 밝혀져 있다. "그 모든 일을 근원부터 자세히 미루어 살핀 나도 데오빌로 각하에게 차례대로 써 보내는 것이 좋은 줄 알았노니 이는 각하로 그 배운 바의 확실함을 알게 하려 함이로라"(1:3-4). 이 서문의 상반부가 본서의 자료문제에 회답을 주는 것처럼, 하반부는 그 목적을 밝히는 것이다.

본서의 저작목적을 알기 위해서는 먼저 수신자인 "데오빌로"(Θεόφιλος)에 대해 알아야 할 것이다. 이 이름이 '하나님의 사랑하시는 자' 또는 '하나님의 친구'를 뜻하므로 이를 실제 인물이 아닌 모든 신자의 대명사라는 견해가 초대에서 꾸준히 주장되어 왔다(Origen, Ambrose, Bruce 등). 그러나 다수는 일단 이를 고유명사로 취급하여 그를 실제의 인물로 본다(Zahn, Alford, Plummer, Westcott, Godet, Dods, Thiessen 등). 그러나 그의 신분에 대해서는 역시 설명이 구구하다. 혹은 누가의 이전 상전(누가를 해방된 노예로 보고) 또는 보호자, 혹은 바울의 재판을 맡은 로마의 법관으로 누가가 바울을 위한 변증으로 보낸 것(Bliss) 등의 논의가 있으나 분명한 해답을 찾기는 힘들다. "각하"(most excellent)라는 존칭으로 보아 그가 로마의 고관으로 이미 믿던 사람으로 짐작할 수 있다. 하여튼 본서와 사도행전의 연속적인 두 장편을 그에게 바친 것을 보면, 그가 사회에서 그런 것처럼 교회에서도 유력한 위치에 있었던 것으로 짐작되어진다.

데오빌로가 실제의 인물이라 할지라도 본서가 그 개인만을 위해 저술되었다고는 믿지 않는다. 그를 대표로 한 당시의 교회, 특히 헬라어를 구사한 이방인 신자들을 위해 기록한 것이었다. 본서의 수신자가 헬라인이란 것은 두 가지 면에서 분명하다. 첫째는 누가가 바울에게 수반되어 전도여행을 한 지역이 그랬다. 가령 안디옥이나(행 11 : 20 - 21) 이고니온에서나(행 14 : 1) 헬라인 군중이 바울의 복음을 받았고, 헬라 본토에서는 말할 것도 없었다(행 17 : 4, 18 : 4). 당시 세계는 정치적으로는 로마의 지배하에 있었으나 문화적으로는 헬라 문화가 지배하여 웬만한 사람은 헬라어로 일상생활을 했고, 글을 쓸 때에는 더구나 그랬다. 그러므로 본서는 바울과 누가가 선교한 지역에 살던, 직접 헬라인에게나 헬라어를 사용한 이방인 신자들을 상대하여 주어진 것을 알 수 있다.

이 사실은 본서 자체의 내증에서도 분명하다. 첫째, 히브리어 명칭은 헬라어식으로 고쳐 불렀다. 가령 "가나안인" 대신에 "셀롯"(6 : 15), "골고다" 대신에 "해골이라 하는 곳"(23 : 33), "랍비" 대신에 "선생"(5 : 5)이라 한 것 등이다. 그 외에도 표현과 낱말들은 헬라식이었고, 히브리식은 아니었다. 저자가 히브리어를 안 흔적은 보이지 않는다. 구약의 인용은 유대인 상대의 마태복음에 비해 현저히 적고, 그 인용은 언제나 70인역(LXX)에서였다.

그러면 로마의 고관인 데오빌로와 그를 통해 모든 헬라어 세계에 본서를 보낸 목적은 무엇일까? 저자는 당시 모든 자료를 수집정리하여 가능한 한 가장 완전한 그리스도의 전기를 저술하려는 의도가 역력하다. 그러므로 고대의 교부들은 본서는 이방인 개종자들에게 그리스도의 전기를 알려 주려는 목적이었다는 정설을 견지하였다. 혹은 본서는 데오빌로를 통해 로마의 고관들에게 그리스도가 민중의 선동자가 아니었다는 변증서로 저술되었다고 한다(Pleiderer). 결과적으로 후자의 효능이 없었던 것은 아니었으나 전자가 저자의 의도였던 것이 분명하다.

저자는 그리스도의 완전한 전기를 저술하기를 원하고, 이런 역사적 사실 위에 이방인 신자들의 신앙이 건설되기를 바라고 있다. 물론 이런 전기의 주제는 예수께서 인류의 구속자이심을 밝히려는 것이다. 실로 본서에는 신약에서 처음으로 "구속"(λύτρωσιν)이란 낱말이 나타나며(1 : 68), 구속자의 사상은 도처에 현저한 것이다(2 : 38, 21 : 28, 24 : 21).

역사를 통하여 그리스도의 구주성을 입증하고, 그 역사적 사실에 신앙의 기초를 두려는 것—여기 누가복음의 목적이 있다고 볼 것이다. 이런 사실은 "계시와 역사"(Revelation and History)의 관련성이 현대신학의 주제가 되고, 역사성을 떠난 "케리그마"(κήρυγμα)를 주장하는 불트만학파의 파문이 가시지 않는 현대교회가 새삼스런 관심으로 연구할 과제일 것이다.

3) 연대와 장소

(1) 연 대 : 본서의 저술연대와 장소문제 역시 사도행전의 그것과 밀접히 관련된다. 즉, 양서의 서문(눅 1 : 1-4, 행 1 : 1-2)에는 양서가 전후하여 기록되었고, 후자에 의하면(내가 먼저 쓴 글에는……) 본서가 먼저 기록된 것도 분명하다. 그리고 양서 간의 간격이 그리 크지도 않았던 것도 짐작할 수 있다.

본서의 연대에 대한 추측은 너무 많으나 대체로 세 가지(조기설, 중간설 및 말기설)로 삼분할 수 있다.

첫째는 63년 전후인 조기설로 예루살렘 함락(주후 70년) 이전으로 보는 것이며(Jerome, Alford, Farrar, Godet, Hofmann 등), 그 이유는 다음과 같다. ① 사도행전은 바울의 로마 도착으로 끝나고, 그의 순교(66-67년) 이전에 기록된 듯하며, 따라서 본서는 그 이전에 기록되었다. ② 사도행전은 네로의 박해(64년에 시작됨)에 관해 아는 바 없고, 오히려 로마 관헌의 호의적 태도가 강조되고 있으므로 이는 네로 박해 이전의 책인 것이다. ③ 본서에는 바울의 고린도전후서(55년경), 갈라디아서(역시 55년경)를 안 흔적이 보이지 않는다. 이 서신들은 63년경에는 일반적으로 알려졌을 것이므로 본서는 그 이전에 기록되었을 것이다.

둘째는 70~95년경에 기록된 것으로 보는 중간설로 그 근거로는 ① 예루살렘 멸망에 대한 예언(19 : 43 - 44, 21 : 10 - 24)은 마태나(마 24 : 15 - 22) 마가의(막 13 : 14 - 19) 그것과는 달라지고 있다. 즉, 이미 그 멸망이 지나간 듯이 표시되었다. ② 본서에는 두 번이나 사도 요한을 그 형 야고보보다 앞세웠다(8 : 51, 9 : 28). 마태나 마가에는 그런 일은 결코 없었다. 이는 본서가 요한이 이미 유명해진 후의 작품인 것을 뜻하는 것이다.

셋째는 95~105년 간의 기록으로 보는 말기설이며, 그 근거로는 ① 조기설과는 반대로 본서는 오히려 바울서신이 유포된 후의 기록인 듯하다. 즉, 바울의 조기 행적(행 9 : 20 - 30, 11 : 27 - 30, 15 : 1 - 21)은 바울의 갈라디아서의 바울자서전(갈 1 : 17 - 2 : 10)에 의한 듯하므로 본서는 그 이후에 기록된 것이다. ② 본서 2 : 2의 수리아 총독 구레뇨나 사도행전 5 : 36의 드다, 5 : 37의 갈릴리 유다의 기사 등은 요세푸스의 고대사(Josephus, Antiquities, 94년경 기록된)에 근거한 듯하다.

사도행전의 경우와 같이 본서의 저작연대도 조기설을 취해 둔다. 본서의 말세론이 마태 · 마가의 그것과는 풍치가 다르기는 하나 그것은 대상을 따른 변화였지 근본적 차이는 될 수 없는 것이다. 공관복음 3서는 다같이 "그 때에 유대에 있는 자들은 산으로 도망할지며"(눅 21 : 21, 마 24 : 16, 막 13 : 14) 하고 있으나 역사가 유세비우스의 기록에는 예루살렘 함락시 실제로 도망한 곳은 베뢰아 지방의 펠라(Pella)였다고 한다(Eusebius. H. E. iii. 5 : 3). 만일 유세비우스의 기록이 정확하다면 공관복음서는 다같이 예루살렘 함락 이전에 기록되었다고 보아야 할 것이다.

또 본서가 요세푸스의 고대사와 일치한다고 해서 본서가 후서를 복사했다고 볼 수는 없을 것이다. 같은 점이 있기도 하고, 다른 점도 있을 수 있기 때문이다. 이런 현상은 다른 책들에서도 얼마든지 볼 수 있다. 수리아 총독 구레뇨(2 : 2)에 관하여 램지(Ramsay)는 그가 두 번이나 같은 직에 임명되었다고 증명하였다.

본서가 바울에 의거하였다면 바울의 가이사랴 옥중생활 때(59-61년간) 대체의 초고를 갖추고, 그의 로마 옥중생활 때, 그리고 순교하기 이전에(63-67년) 완성하고, 계속하여 사도행전을 집필하였다고 볼 수 있을 것이다.

(2) 장 소 : 본서의 장소문제는 저자의 만년에 관한 명백한 기록이 없으므로 결정하기가 곤란하다. 한 가지 명백한 것은 팔레스틴에서 기록하지는 않았다는 것이며, 그것은 팔레스틴에 관한 주해적 설명으로 알 수 있다(1 : 26, 2 : 4, 4 : 31, 8 : 26, 23 : 51, 24 : 14 등). 그렇다면 본서는 이방인이 이방인을 위하여 이방의 땅에서 저술한 복음서인 것이다.

이방의 땅으로 본서의 저작지가 될 수 있는 곳은 너무 많다. 로마(Holtzmann, Zeller), 알렉산드리아(Syriac Version), 가이사랴(Michaelis), 소아시아(Hilgenfeld, Overback), 아가야(Jerome, Bodet) 등. 아마 팔레스틴, 즉 예루살렘과 가이사랴 등지에서 자료가 수집되고, 사도행전과 더불어 로마에서 집필되었다고 보면 대과 없을 것이다.

4) 본서의 특징

4복음서 중에 요한복음이 특이한 것처럼 공관복음서 중에서는 누가복음이 특이하다. 첫째, 본서는 그 아름다운 문학적 체제 때문에 주목된다. “복음서 중에 가장 문학적이고, 세계에서 가장 아름다운 책”이라는 르낭(Renan)의 말은 이미 소개되었거니와 마태복음은 의식체고, 마가복음은 간결한 전기이며, 누가복음은 아름다운 문장체인 것이다. 문학자 누가의 필치는 아름답다 못해 회화적 정서를 풍긴다. 가령 예수의 성탄 때 천사 가브리엘의 고지(1장), 목자들의 내방(3장), 성전에 선 소년 예수(2장), 나인성 과부의 외아들(7장), 시몬의 집에서의 죄 많은 여인(7장), 마르다와 마리아(10장), 돌아오는 탕자(15장), 엠마오 도상의 두 제자(24장) 등은 그대로 아름다운 화폭을 바라보는 정서를 준다. 성누가가 화가였다는 전설도 이런 문장에서 발전된 것으로 보인다.

또 누가의 복음은 그림일 뿐만 아니라 노래다. 실로 "성누가는 최초의 성가작가였던 것이다"(Farrar). 마리아의 노래(Magnificat, 1 : 46-55), 천군천사의 노래(The Benedictus, 1 : 68-79), 시므온의 노래(The Nunc Dimittis, 2 : 25-32) 등을 위시하여 아베마리아의 송가(The Ave Maria, 1 : 28), 천군천사의 노래(2 : 29-32) 등 전편이 아름다운 노랫가락으로 진행되고 있다. 이와 같은 성가에 미루어 본서는 성전에서의 경배에서 시작되고(1 : 9), 끝맺는 것이다(24 : 53).

둘째, 본서는 역사적 책이요, 완벽을 기한 역사의 책이다. 4복음서는 다같이 그리스도의 역사를 전하나 전기적 가치로서 본서를 따라올 책이 없다. 분명히 저자는 그의 손이 미치는 최대한의 자료를 수집하여 정성을 다하여 완전한 역사를 엮으려 했던 것이다. 본서의 내용은 분명히 역사적 순서로 배열되어 있다(1 : 5, 26, 36, 56, 2 : 42, 3 : 23, 9 : 28, 37, 51, 22 : 1, 7 등). 서론적으로 예수의 탄생과 유년기의 기사를 소개한(1-2장) 후, 드디어 본론적 부분을 전개시키면서 "디베료 가이사가 위에 있은 지 열다섯 해 곧 본디오 빌라도가 유대의 총독으로…… 있을 때에 하나님의 말씀이 빈 들에서 사가랴의 아들 요한에게 임한지라."(3 : 1-2)는 치밀한 필치는 누가의 역사가적 역량을 과시하는 듯하다.

셋째, 본서는 그리스도의 인성을 높이고, 그 인성의 완전성을 밝히는 것이다. 그리스도를 소개함에 있어 마태는 유대인의 왕으로, 마가는 종으로, 요한은 하나님의 아들로 나타냄에 대해 누가는 사람의 아들로 표시함은 이미 유명한 상식에 속한다. 그는 예수의 탄생에서 시작하여 소년기를 거쳐 성장한 "지혜와 키"가 완전한 사람이었고(2 : 52), 예수의 눈물(19 : 41), 간곡한 기도(22 : 44), 죽으심(23 : 46)에 진지한 인성을 표시하였다. 인성의 복음은 특히 예수의 식사에 여러 번 언급하였고(7 : 36-50, 10 : 38-42, 11 : 37-52, 24 : 41-43), 그의 족보는 첫 사람

아담에까지 소급시키고 있다(3 : 38).

이와 같이 사람이 되신 그리스도는 사람을 위한 대속물이 되셨다. 실로 "구속"(λύτρωσιν)이란 낱말이 신약에서 처음으로 나타나고(1 : 68), 탄생 때의 안나의 증언에서(2 : 38), 부활 후의 엠마오 도상의 제자에(24 : 21) 이르기까지 그리스도의 구속을 말하며, 그리스도 자신은 거기에 응답한다(21 : 28). 이런 구속자의 인간성은 온유하셨다. 즉, 본서에는 베드로에 대한 준엄한 책망도(마 16 : 23, 막 8 : 33), 야고보와 요한의 야망도(마 20 : 21, 막 10 : 37), 12제자의 장담이나(마 26 : 35, 막 14 : 31) 그 후에 도망간 실책에(마 26 : 56, 막 14 : 31) 대해서도 언급하지 않았다. 관대하고 겸손한 구속자인 인간 예수 — 이것이 누가의 그리스도상인 것이다.

넷째, 본서는 "우주적 복음"(The Universal Gospel)이라 불린다. 그리스도의 족보만 해도 아브라함과 다윗 등 유대인의 조상에 한한 마태에 비해 본서는 전인류의 조상인 아담까지 소급시킨다. 그리스도는 유대인만도 아니요, 이방인만도 아닌 전인류, 모든 계급을 위한 우주적 구주시다. 그는 이스라엘의 영광이신 동시에 이방을 비추는 빛이시다(2 : 32). 전형적 유대인은 이방인을 미워하고, 사마리아인을 미워하고, 세리를 미워했으며, 가난한 자와 여자를 멸시했다. 그러나 본서에는 이런 색채를 찾아볼 수 없다. 본서는 수신자부터 이방인 데오빌로였고, 이방인은 언제나 권고와(4 : 25－27) 칭찬의(7 : 9) 대상이었다. 또 사마리아인도 호의적으로 소개되어 선한 사마리아인의 비유(10 : 30－37), 감사하는 사마리아인 나환자의 기사(17 : 11－19)는 본서의 독특한 자료에 속한다. 그리하여 모든 인간적 차이가 없이 사람들은 동서남북으로부터 와서 하나님의 나라 잔치에 참여하는 것이다(13 : 29).

다섯째, 본서는 또한 "사회적 복음서"(The Social Gospel)이다. 즉 가난한 자, 멸시를 받는 자, 천한 자 등 사회적 문제에 특히 관심을 보이고 있다. 부자는 경계의 대상이 되고(18 : 22－25), 가난한 자에게는 축복이 베풀어졌다. 어리석은 부자(12 : 16 - 21), 부자와 나사로의 비유(16 : 19 - 31) 등은 본서에만 보이는 독특한 것들이다. 가난한 자는 복음의 대상자가 되고(7 : 22), 팔복에서도 마태가 "심령이 가난한 자는 복이 있나니"(마 5 : 3) 하는 것을 누가는 단순히 "가난한 자는 복이 있나니"(6 : 20) 하고 있다.

가난한 자 외에도 사마리아인 세리나 창기와 같은 사회에서 소외된 인종이나 계급에 미치는 구원이 강조되었다. 선한 사마리아인의 비유(17 : 11 - 19, 또 10 : 25 - 37), 세리장 삭개오의 일화(19 : 1 - 10)는 본서만이 간직하는 자료다. 죄 많은 여인(7 : 36 - 50), 혈루증 여인(8 : 43 - 48), 탕자(15 : 11 - 32), 십자가상의 강도(23 : 39 - 43) 등 사회에서 버린 바 되고 잃어버린 자를 구원하시는 그리스도를(19 : 10) 제시한다. "은혜"(χάρις)란 낱말만 해도 다른 복음서에는 보이지 않으나 본서에는 8회나 나타나 바울적 영향을 보이는 동시에 위와 같이 사회에서 소외된 세계에 대해 값없이 베풀어진 복음을 강조하는 것이다.

여섯째, 본서는 "여자의 복음"이라 불린다. 유대사회에서 여자는 남자의 부속물에 지나지 않았고, 여자와 아이들은 인구수에도 들지 않았다. 유대인 남자들은 그들의 아침기도에서 그들이 "이방인이나 노예나 여자가 되지 않았던 것"을 감사했다. 그러나 성누가는 여자의 위치를 올렸고, 그들에 대한 특별기사를 많이 소개한다. 성모 마리아를 위시하여 엘리사벳(1 : 13), 안나(2 : 36), 나인성 과부(7 : 11), 시몬의 집에 들어온 죄 많은 여인(7 : 37), 주님께 봉사한 여인들(8 : 1 - 3), 혈루증 여인(8 : 43), 꼬부라진 여인(13 : 11), 은전 잃은 여인(15 : 8), 불의한 재판장을 설득시킨 과부(18 : 3), 두 렙돈 바친 과부(21 : 2), 우는 예루살렘 여인들(23 : 28), 십자가 아래 여인들(23 : 55), 부활 아침의 여인들(24 : 1) 등, 실로 많은 여성들이 동원되고 있다.

본서는 여자와 더불어 어린이의 복음이기도 하다. 본서만이 세례 요한의 탄생을 전하고(1 : 8이하), 예수의 유년기(2 : 16, 27)와 소년기(2 :

42)의 기사도 본서만의 독특한 것이다. 그 외에도 나인성 과부의 독자(7 : 12), 야이로의 독녀(8 : 42), 예수께 축복받은 어린이(18 : 15)들의 기사 등도 현저하게 소개되고 있다.

일곱째, 본서는 사도행전처럼 "성령과 기도의 복음"이다. 예수께서는 성령의 충만하심으로 역사하셨고(4 : 1), 성령과 물로 세례를 베푸시며(3 : 16), 성령으로 기뻐하셨다(10 : 21). 기도의 응답으로 주시는 선물도 마태복음에는 "좋은 것"으로 된 것이(마 7 : 11), 본서에는 "성령"이라고 한다(11 : 13). 또 세례 요한(1 : 15), 성모 마리아(1 : 35), 엘리사벳(1 : 41), 사가랴(1 : 67), 시므온(2 : 27) 등도 모두 성령이 충만한 사람들로 소개되었다.

성령과 더불어 기도의 기사도 현저하다. 그것은 예수께서 친히 기도하신 것과 기도에 관해 교훈하신 것으로 나누어 생각할 수 있다. 예수께서 기도하신 경우가 15회 있었는데 그 중 11회까지가 본서에 나타나고, 마가와 요한에 4회씩, 마태에는 3회만 보인다. 실로 주께서는 중요한 사건을 맞이하실 때마다 기도하신 것이다. 즉, 세례받으실 때(3 : 21), 유대교권주의자와의 첫 번째 충돌 때(5 : 16), 12제자를 택하시기 전(6 : 12), 수난의 첫 예고 전(9 : 18), 변모하셨을 때(9 : 29), 주기도문을 가르치시기 전(11 : 1) 및 십자가(23 : 34 – 46) 등의 일곱 큰 사건 때 주님은 기도하신 것이다.

기도에 대한 그리스도의 교훈도 간곡하였다. 밤중에 찾아온 친구(11 : 5 – 13), 불의한 법관과 과부(18 : 1 – 8) 등 본서의 독특한 기사는 기도에 관한 교훈이며, 바리새인과 세리의 기도(18 : 11 – 13)에는 기도에 있어서의 참과 거짓을 대조시킨 교훈이다. 베드로의 시험만 해도 그를 위해 기도하신 것은 본서만의 착안이었다(22 : 32, 40). 그리고 "쉬지 않는 기도"를 강조한 점은 바울과 공통되는 것이다(11 : 8, 18 : 1, 21 : 36과 롬 12 : 12, 살전 5 : 17 – 18). 이와 같이 성령과 기도에 관한 강조는 저자 자신이 이런 영의 사람이었던 것을 가리키는 것이기도 할 것이다.

5) 내용 분해

Ⅰ. 어린이 복음 1~2장

1. 서문 (1 : 1 – 4)
2. 세례 요한의 탄생 (1 : 5 – 80)
3. 그리스도의 탄생 (2 : 1 – 20)
4. 그리스도의 유년기 (2 : 21 – 40)
5. 그리스도의 소년기 (2 : 41 – 52)

Ⅱ. 전도의 준비 3 : 1~4 : 13

1. 선구자 요한의 활동 (3 : 1 – 20)
2. 세례받으심 (3 : 21 – 22)
3. 족보 (3 : 23 – 38)
4. 시험받으심 (4 : 1 – 13)

Ⅲ. 갈릴리 전도 4 : 14~9 : 50

1. 전도의 개시 (4 : 14 – 44)
2. 제자들을 부르심 (5 : 1 – 6 : 11)
3. 12제자의 선택과 파송 (6 : 12 – 8 : 56)
4. 갈릴리 전도 말기 (9 : 1 – 50)

Ⅳ. 베뢰아 전도(대삽입, The Great Insertion) 9 : 51~19 : 27

1. 갈릴리를 떠나심 (9 : 51 – 62)
2. 70제자를 보내심 (10 : 1 – 42)
3. 바리새인과의 충돌 (11 : 1 – 54)
4. 탐욕을 경계하심 (12 : 1 – 59)
5. 회개를 재촉하심 (13 : 1 – 35)
6. 겸손의 교훈 (14 : 1 – 35)
7. 잃은 자의 비유 (15 : 1 – 32)
8. 불의한 자의 비유 (16 : 1 – 31)
9. 용서와 믿음의 교훈 (17 : 1 – 10)
10. 하나님의 나라의 교훈 (17 : 11 – 37)
11. 기도의 교훈 (18 : 1 – 34)
12. 여리고에서 (18 : 35 – 19 : 27)

Ⅴ. 예루살렘 전도 19 : 28~21 : 38
1. 예루살렘 입성 (19 : 28 - 48)
2. 유대교권자와의 논쟁 (20 : 1 - 21 : 4)
3. 종말의 예언 (21 : 5 - 38)

Ⅵ. 수난과 부활 22~24장
1. 수난의 준비 (22 : 1 - 38)
2. 수 난 (22 : 39 - 23 : 56)
3. 부 활 (24 : 1 - 49)
4. 승 천 (24 : 50 - 53)

5. 요한복음

신약성서의 초두에 자리잡은 4복음서는 공관복음서와 요한복음으로 나누어진다. 공관복음 3서 상호간의 유사점과 상이점은 "공관복음서의 문제들" 항목에서 이미 다루었고, 마지막 복음서인 요한복음은 모든 점에서 특이하다.

첫째, 저작의 시기에서 공관복음서가 예루살렘이 로마군에게 함락된 주후 70년 이전에 전후하여 기록되었으나, 요한복음은 그보다 약 30년 후에 전자들이 이미 세상에 유포된 후인 90~100년 어간에 기록된 것으로 본다. 둘째, 수신자가 마태는 유대인, 마가는 로마인, 누가는 헬라인 등으로 모두 특수한 대상자에게 주어졌으나 요한복음은 그런 한계가 없이 세계 모든 백성에게 준 만민의 복음으로 믿어지고 있다. 셋째, 내용에 있어 공관복음 3서는 그리스도의 행적과 교설을 본 대로 들은 대로 기록하고 있으나 요한복음은 거기에 주해를 단다. 그리고 그 주해란 대화를 통해 혹은 저자의 주해, 혹은 예수의 친히 하신 주해로 거기에 오히려 중점을 두는 것 같다.

1) 저자와 정경성

신약성서에서 “요한”의 이름을 지닌 성경은 모두 다섯 권이다(복음서, 3서신, 요한계시록). 이 책들은 “요한문서”(Johnninne Writings)라 분류되고, 그 신학은 “요한신학”(Johnninne Theology)이라 한다. 이것은 이 책들의 중요성을 말하는 것이고, 그 대표는 요한복음이다.

제4복음서에 최초로 “요한복음”이란 이름을 붙인 분은 역시 이레니우스(Irenaeus)였다. 그는 “주의 제자인 요한은 주님의 품에 의거한 자였으나 아시아의 에베소에 머무는 동안 복음서를 공개하였다.” 한 것이다. 여기 “주의 품에 의지한 제자”(요 21 : 20)는 곧 사도 요한이었다.

이와 같은 이레니우스의 학설은 17세기까지 움직이지 않는 교회의 정설이었다. 초창기에 “알로기”(Alogi)파의 요한저작권에의 반대설이 있기는 하였으나, 문제시할 정도는 아니었다. 18세기에 들어서 비판학의 발전과 더불어 본서의 “요한저작권”도 근본적 반대를 받게 되었다. 반대설은 요한의 간접적 저작, 즉 그의 제자의 저작, 2인 이상의 공동편집, 2세기 소아시아에 있던 장로 요한의 저작 등으로 요약할 수 있다. 이 중에서 가장 유력한 것은 마지막 “장로 요한설”이며, 그 유력한 근거는 이미 거론된 바 140년경의 다음과 같은 “파피아스 문서”다. “만일 장로들의 수종자인 어떤 분이 오는 경우 우리는 그에게 장로들이 한 말에 대하여 조회해 보는 것이 관례였다. 즉, 안드레나 베드로의 말한 것이나 빌립이나 도마나 야고보나 요한이나 마태 또는 다른 어느 주의 제자들의 한 말이다. 또는 주의 제자들의 한 말이다. 또는 주의 제자 아리스톤이나 장로 요한(πρεσβύτερος Ἰωάννης)의 말씀에 대해서도 ……”(Eusebius, H. E. iii. 39).

이 단편은 끝없는 논쟁을 일으켰고, 이 단편에서 당시 에베소에는 두 사람의 “요한”이 있었는데, 이 단편을 쓸 때에는 사도 요한은 벌써 소천하였고, 그때 살아 있던 것은 “장로 요한”이고, 그가 교회에서 존경을 받았고, 따라서 특수한 의미에서 “주의 제자”라 불렸으며, 그가 곧 제4복음의 저자였다는 것이 현대의 유력한 정설이다(Baur, Nicolas,

Keim, d' Veehtritz, Moffatt, Bruck 등). 이들의 논조를 좀더 드러내면 ① 요한 문서 5서 중에 계시록을 요한의 저작으로 가정한다면, 복음서는 그 문체가 너무 다르고, 따라서 다른 사람의 저작이다. ② 요한서신들과 복음서는 대체로 같은 저작자로 인정되나 요한2, 3서에서 저자는 자신을 "장로"라 호칭하는 것 ③ 요한은 그 형 야고보와 더불어 일찍 순교하고, 이런 복음서를 기록할 시기가 없었다는 것 등이다.

위와 같은 반대설에도 불구하고, 본서의 사도 요한 저작권을 지지하는 학설은 전통적으로 압도적 다수다(Meyer, Godet, Hengestenberg, Zahn, Westcott, Lightfoot, Feine, Dodds, Sanday, Plummer 등). 그리고 반대설이 각양한 데 비하여 지지설은 오랜 전통으로 거의 범주화되어 있다.

① 본서의 저자는 유대인이다. 그것은 본서에 구약의 인용이 많고(1 : 1, 3 : 13, 12 : 38, 40, 19 : 24 등), 그의 글은 헬라어나 그 문체는 히브리적이다.

② 본서의 저자는 팔레스틴에 거주한 유대인인 것, 그것은 성지의 지리에 익숙한 필치를 보아 알 수 있다. 가령 야곱의 우물이 깊은 것(4 : 11), 가나에서 가버나움 가는 길은 내려가는 길인 것(2 : 12), 벳새다가 그의 친구의 고향인 것(1 : 44), 베다니와 예루살렘 간의 정확한 거리(11 : 18), 요단강 동편에 또 하나의 베다니, 갈릴리 바다, 주위의 거리(6 : 22 - 25), 성전구조에 대한 세밀한 지식(2 : 14 - 16), 예수께서 잡히실 때 그를 따라 대제사장의 집 뜰에 들어간 것(18 : 15) 등이다.

③ 저자는 그의 기록한 내용의 목격자였던 것이다. 그것은 그의 목격자란 자증(1 : 15, 19 : 35, 21 : 24), 가령 처음 두 구도자가 주님을 따른 시간(1 : 39), 가나 혼가의 물항아리수(2 : 6), 예수께서 수가성 우물가에 앉으신 시간(4 : 6), 왕의 신하의 아들이 병 나은 시간(4 : 52), 마리아가 부은 향유의 무게와 가격(12 : 3, 5), 베드로에게 귀를 잘린 사람이 말고였던 것(18 : 10), 부활 후 갈릴리 바다에서 잡은 고기의 수가 153마리인 것

(21 : 11) 등의 기사들은 저자가 이 모든 사건의 목격자였던 것을 말한다.

④ 본서의 저자는 사도 요한이다. 이와 같은 논조를 따라 본서의 저자가 유대인이요, 팔레스틴에 살던 유대인이며, 또 예수의 행적의 목격자요, 그의 이름이 요한이라면 그는 사도 요한일 수밖에 없는 것이다.

첫째, 본서의 저자는 12제자 중에서 빌립에 관하여(6 : 7, 14 : 18), 안드레에 관하여(6 : 9), 도마에 관하여(11 : 16, 14 : 5, 20 : 24-28), 또는 유다에 대하여(14 : 22) 기록하고 있으므로 그들이 저자일 수 없는 것이다.

둘째, 그는 최후의 만찬석상에서 예수의 품에 의지하여 있던 제자(13 : 23)였고, 또 그는 제자 중의 하나였다. 그러나 세 제자 중 베드로는 저자와 구별되어서 나타나고(1 : 41-42, 13 : 6-8), 결국 야고보는 일찍 순교했으니(행 12 : 2), 결국 사도 요한만이 그 저자일 수 있는 것이다.

셋째, 다른 복음서에는 요한의 이름이 자주 나타나지만 이 복음서에는 요한 형제의 이름은 한 번도 나타나지 않으니, 자기의 이름을 드러내지 않는 요한을 그 저자로 볼 수 있는 것이다.

넷째, 비록 자기의 이름은 표시하지 않았으나, 저자는 자신에 관하여 짧은 소개를 하고 있다(13 : 23, 19 : 26, 20 : 2, 24, 21 : 7). 이 모든 자기소개의 구절들은 그가 사도 요한인 것을 표시하고도 남음이 있다.

이상과 같은 내증에 외증의 무게를 더할 때 제4복음서의 저자가 사도 요한이라는 것은 가장 정확한 판단이다. 이것이 역사적 신빙성을 지닌 전통적 학설이다.

본서의 외증은 신약성서의 다른 어떤 책의 그것보다도 더 뚜렷하다.

① 본서의 외증의 첫째로 본서의 정경성을 들 수 있다. 즉, 본서는 무라토리 정경, 카르타고 정경에 모두 포함되고 있다. "정경"의 조건의 하나가 그 저작자가 사도일 것이었다. 그러므로 본서의 정경성은 곧 사도 요한의 저작권을 뒷받침한다.

② 본서의 인용문 등이다. 즉, 외경 및 초대교부들의 서신들, 가령 바

나바의 서신, 이그나티우스의 에베소서, 로마서 등에 본서가 인용되고 있다.

③ 요한의 제자인 폴리캅(Polycarp)이나 또 그 제자 이레니우스(Irenaeus) 등도 요한의 복음서 저작에 증언되는 말을 하였다.

④ 파피아스(Papias)는 비록 "장로 요한설"의 근거가 될 문서를 남겼으나 그 자신은 폴리캅과 더불어 사도 요한의 저작권을 증언하였다.

⑤ 200년경의 무라토리 단편에는 다음과 같은 극적 사실을 전해 준다:

> 복음서의 넷째의 저자는 열두 제자의 하나인 요한이다. 그가 다른 제자들과 감독들에게서 이 복음서를 기록하기를 요청받았을 때, 그는 말하기를 "나와 같이 오늘부터 3일 간 금식하자. 그리고 누구든지 계시를 받게 되면 이것을 너희에게 알게 할 것이다." 하였다. 그날 밤 주의 계시는 사도 중 하나인 안드레에게 나타나서 "다른 모든 분들의 교정을 받으면서 요한의 이름으로 모든 것을 기록할 것이라." 하였다. 그러므로 4복음서에는 다른 원리가 나타나고 있으나, 그것은 신자들의 신앙에 차이를 가지고 오지 않는다. 그것은 모든 복음서에는 주님의 탄생에 대하여, 고난에 대하여, 부활과 그의 제자와의 대화와 재림에 대하여 한 성령으로 선포된 것이기 때문이다.

⑥ 알렉산드리아의 클레멘트(Clement of Alex., 150－212)는 복음서에 관하여 "베드로는 사실상 마가복음의 저자이며, 요한은 마지막으로 동료들의 간청과 성령의 감동으로 영적 복음서(πνευματικόν εὐαγγέλιον)를 기록하였다."(Eusebius. H. E. xi. 25)고 하였다.

사도 요한 : 제4복음서의 저자, 사도 요한에 관해서는 신약성서와 외경과 전설 등에서 비교적 많은 기록들이 남아 있다. 신약성서에는 우선 "요한"의 이름을 지닌 사람이 적어도 5명 있다. 즉 세례 요한, 베드로의 아버지(요 1 : 42, 21 : 15－17, 그는 또한 "요나"라고도 불린다. 마 16 : 17),

요한 마가(행 12 : 12, 25), 공회의원 요한(행 4 : 5 - 6), 그리고 사도 요한이다. 사도 요한의 생애는 대략 4기 — 가정생활, 제자시대, 예루살렘교회 지도자시대 및 에베소에서의 만년기 — 로 나눌 수 있을 것이다.

요한의 아버지 세베대는 많은 삯꾼을 거느린 비교적 부유한 사람으로 보며(막 1 : 20), 거주지는 벳새다 또는 그 부근으로 본다(요 1 : 44). 그의 어머니는 "살로메"이며, 그녀는 아마 성모 마리아의 자매였다고 믿는다. 그의 형제 "야고보"(형이 있다고 본다)와 더불어 부르심을 받기까지 그 아버지를 도와 어부 노릇을 하였다. 그는 처음은 세례 요한의 제자로 있다가 예수를 따른 두 사람(요 1 : 35 - 40) 중의 하나라고 믿는다. 그후 그는 일단 예루살렘으로 돌아갔다가(눅 5 : 10) 결정적으로 주님의 부르심을 받은 것으로 안다(마 4 : 21 - 22, 막 1 : 19 - 20).

예수의 부르심을 받은 요한은 가장 유명한 제자 중의 한 사람이 되었다. 그는 12사도의 반열에 참여하였고(마 10 : 2), 그의 형과 더불어 "우뢰의 아들"이란 별명을 받았다(막 3 : 17). 아마 그들의 열심과 정력적인 성격 때문이었을 것이다(눅 9 : 54). 요한 형제는 또한 베드로와 더불어 3제자라고 불리며, 주님의 행적의 비밀을 친히 체험하였다(막 5 : 37, 9 : 2, 14 : 32). 그는 최후의 만찬시 주님의 품에 의지하였고(13 : 23), 제사장의 집 뜰까지(18 : 15), 또 십자가의 언덕까지 주님을 따라갔다. 거기서 성모 마리아에 대한 주님의 의탁을 받았고(19 : 26 - 27), 예수께서 부활하셨을 때는 베드로와 더불어 무덤을 향해 달려갔다(20 : 3).

오순절 이후 요한은 베드로와 더불어 초대교회의 설립에 중심인물이었다(행 3 : 1, 4 : 19, 8 : 14). 예루살렘 총회시에도 그는 거기에 있었고(행 15 : 6), 바울은 그를 "교회의 기둥"이라고 불렀다(갈 2 : 9). 그의 예루살렘 활동에 관하여는 베드로-바울 중심으로 기록된 사도행전에는 제2인자 격으로 되어 있기는 하나, 그의 중요한 위치는 의심할 수 없다. 그가 예루살렘을 떠난 시기와 이유는 정확히 알 수 없다.

수많은 전설들은 사도 요한이 그의 만년을 에베소에서 보낸 것을 말하고 있다. 그러나 그의 에베소 이주의 시기는 바울의 마지막 에베소 방문(행 19장, 주후 65 - 66년) 이후였다고 본다.

그는 도미시안 황제 때(Domitian, 주후 95) 밧모 섬으로 정배갔다가(계 1 : 9) 넬바 황제 때(Nerva, 주후 96) 에베소로 돌아왔다. 파피아스(Papias)의 글에 그가 일찍이 유대인에 의해 순교하였다는 말은 예수께서 요한 형제에게 그들이 "그리스도의 잔"을 마실 것이라(마 20 : 23)는 말씀에 의한 전설로서 신빙성이 없는 것으로 본다.

2) 본서의 목적

본서처럼 그 목적이 선명히 드러난 책은 드물 것이다. 본서는 공관복음서처럼 그리스도의 생애를 연대적으로 기록하려는 것이 아니라, 한 선명한 목적을 위해 변증하려는 데 있다. 저자는 그리스도에 관한 무한한 자료(21 : 25) 중에서 엄선하여 그의 목적을 밝히는 데 집중하고 있다.

본서의 목적은 20 : 30~31에 밝힌 그대로다. 즉, 예수께서 하나님의 아들이심과, 그리스도이심을 믿게 하고, 그럼으로써 영생을 얻게 하려 함이었던 것이다. 이 중에 첫째는 주로 이방인 상대고, 둘째는 유대인을 상대하며, 그리고 셋째는 이방인과 유대인을 다같이 상대하는 것이다. 즉, 여기에서 본서의 수신자와 목적이 같이 밝혀지는 것이다. 당시 에베소는 동서문화가 교류하고, 유대인과 이방인이 잡거(雜居)하는 세계적 도시였다. 유대인에게는 나사렛 예수가 과연 구약에서 기대되었던 메시야냐는 것이 문제였고, 이방인에게는 십자가에서 죽은 예수가 하나님의 아들이냐는 것이 또한 문제였다(마 27 : 54).

이런 유대인과 이방인 간의 기본적인 차이점 이외에도 에베소는 그 지역과 시대성에서 오는 복잡한 문제들이 많았다. 혹은 사도 요한의 적수였던 케린투스(Cerintus)가 영도하던 "가현설"(假現設, Docetism - 요일 4 : 2)에 유혹되어 그리스도의 인성을 부정하였고, 혹은 그와 반대로 예수의 신성을 부정하는 "에비온"(Ebionism - 요일 2 : 22)에 기울였으며, 또 다른 이는 세례 요한을 그리스도로 아는 정도에 머물러 있었다(행 19 : 1-17). 이런 신앙적으로 혼란한 처지에서 예수의 신성과 구주성에 대한 정확한 신앙을 장려하며, 그럼으로써 영생의 길을 보이는 데 본서의 저술목적이 있는 것이다.

3) 연대와 장소

본서의 저작연대와 장소문제는 대체로 그 저자문제에 좌우된다. 즉, 사도 요한의 저작권을 부정하는 편에서는 저작연대를 훨씬 후대, 제2세기 중엽에서 말까지로 본다(Baur, 160-170 ; Volkmar, 155). 지금은 이런 설은 대체로 폐기되고 말았다. 본서 저작을 장로 요한에게 돌리는 편도 1세기 말에서 2세기 초로 본다(Sabatier, 110-125 ; Keim, 130-140 ; Zeller, 150 등).

사도 요한의 저작권을 지지하는 정통주의파에서는 몇 가지 전제조건을 내세운다.

① 많은 자료들은 요한이 그의 만년에 에베소에 거주한 것을 말하고, 그 때는 바울이 에베소를 떠난 후였다.

② 무라토리 정경(Muratorian Canon)은 "사도 요한이 소아시아에서 그의 동역자의 간청에 의하여 복음서를 기록하였다."고 전하고 있다.

③ 알렉산드리아의 클레멘트(150-213)는 "마지막으로 요한은 그의 동역자의 간청과 성령의 감동으로 영적 복음서를 기록하였다." 한다.

④ 교회사가 유세비우스(Eusebius, 263-340)는 "요한은 공관복음서를 보충하기 위해 이 복음을 기록하였다." 한다.

⑤ 이레니우스(Irenaeus, ca. 130년)는 "요한은 에베소에 있을 때 그 자신이 복음서를 썼다."고 확인하고 있다.

⑥ 본서를 최초로 인용한 교부는 115년경에 순교한 이그나티우스(Ignatius)였고, 근대에 발굴한 파피루스 단편도 이 복음서가 제2세기 초에 벌써 존재한 것을 말하고 있다.

⑦ 본서의 내증은 본서가 예루살렘 함락(70년) 훨씬 이후(적어도 20년 이후)인 것을 말하고 있다.

이 여러 전제를 참작할 때에 본서의 기록연대는 90년 이전이라는 학자도 있기는 하지만(Lange, Godet, Clarke, Thiessen), 90년에서 100년 사이에 에베소에서 기록되었다고 보는 것이 타당할 것이다. 당시 에베소는 인구 20만 명을 초과하였고, 정치적, 문화적, 또한 종교적으로 소아시아의 중심지였다. 바울이 순교하고, 요한이 이 곳으로 와서 거주한 후 교회의 중심지가 된 것이었다.

4) 특 징

요한복음은 다이즈만(Deissmann)이 지적한 것처럼 신약성서에서 그 유례를 볼 수 없을 정도로 단순한 문체로 된 역사이면서 교리적 목적을 지닌 책이다. 이는 그리스도의 전기이면서 전기적 체제를 갖추려 하지 않는다. 거기에는 다른 복음서에서 보는 바의 그리스도의 탄생담도, 소년기의 이야기도, 세례받으신 것, 40일 간의 시험, 산상수훈, 천국 비유, 변모하신 것, 겟세마네 동산의 고민 등 볼 수 없는 것이 많다. 그 반면에 가나의 혼인잔치, 니고데모의 내방, 사마리아 여인, 베데스다의 병자, 선한 목자, 나사로의 부활, 다락방 강화 등, 복음서만의 독특한 기사들도 많다.

이런 독특한 내용을 가진 요한복음은 첫째, 동적(動的) 복음서다. 거기에는 사도들, 성녀들, 세례 요한, 가야바, 안나스, 빌라도, 니고데모, 아리마데 요셉 등 인물들의 활약을 그리고 있다. 믿음을 강조하면서도 '신앙' 이란 명사는 보이지 않고, '믿는다' (πιστεύω)라는 동사는 98회나 나타나고 있다.

둘째, 이는 클레멘트(Clement)가 일찍이 지적한 바처럼 영적 복음서다. 그 시작의 말씀은 분명히 창세기의 시작과 연관되면서 창세기가 가현적 초생(初生)의 역사임에 대하여 이 복음은 불가현의 중생(重生)의

도리를 말하고 있다.

셋째, 이는 상징적 책이다. 요한복음은 그리스도를 빛이요(Light), 생명이요(Life), 사랑으로(Love) 표시하는 것으로 유명하다. 또한 이런 사실은 그의 이적을 통해서도 상징으로 표시되어 있다. 그리고 이 속성은 말씀(λόγος)으로 상징적으로 나타나고 있다. 또한 요한복음은 상징적 숫자라고 불리는 3과 7로 엮어져 있다. 7가지 기적이 선택되고, "나는 ~이다"(ἐγώ εἰμι)라는 표현이 7번 나타난다. 3은 더욱 현저하다. 갈릴리에 세 번 가셨고, 유월절을 세 번 지키시며, 그 외의 제사가 세 번 나타난다. 십자가상에서 세 번 말씀하셨고, 부활하신 후 세 번 나타나셨다. 그리고 전편은 3과 7을 곱한 수인 21장으로 구성되고 있다(이는 후대에 제정된 것이지만).

넷째, 본서는 대화 또는 변론으로 풍성하다. 니고데모의 대화, 사마리아 여인과의 대화, 그리고 이적 끝에 따라온 상세한 변론 등이 본서의 특색을 이루고 있다. 마태복음의 산상수훈과 좋은 대응이 되는 다락방 강화(14-16장)도 일방적인 설교라기보다 대화에서 시작되는데 전자와 그 모습을 달리하는 것이다(14 : 1-9 참조).

다섯째, 본서는 증거의 책이다. 여기에는 첫째 그리스도의 자증이 있고(5 : 31), 그의 하신 일의 증거, 성령의 증거(15 : 26), 구약성서의 증거(5 : 39), 그리고 세례 요한의 증거(1 : 7, 3 : 27, 5 : 33), 사마리아 여자(4 : 39), 눈뜬 사람(9 : 15), 나사로의 부활의 목격자(12 : 17), 열두 제자(3 : 11, 15 : 27)들이 앞을 다투어 이 복음의 초점인 하나님의 아들에 대하여 증거하고 있다.

여섯째, 본서의 용어와 표현도 독특하다. 그 현저한 예로 "나는 ~이다"(ἐγώ εἰμι)라는 용법이다. 이는 구약에서 "여호와"라는 이름의 뜻으로 풀이된다. "나는 스스로 있는 자"(I AM THAT I AM)로 신성의 대명사인 것이다. 즉, 이 표현이 나타나는 경우는(6 : 35, 8 : 12, 10 : 7, 11, 11 : 25, 14 : 6, 15 : 1) 그의 신성의 속성을 선포하는 것이다.

"내가 진실로 진실로 너희에게 이르노니"(ἀμὴν ἀμὴν λέγω ὑμῖν)도 본서의 특징구다. 예수께서 특히 중요한 사항을 강조하실 때의 어구로 공관복음서에는 "진실로"가 한 번뿐이다. 본서에 두 번 거듭 나타나 더욱 강조적이다. 이 표현은 본서에 25회 나타나고, 마태에 30회, 마가에 13회, 누가에 6회 보인다.

다음으로는 저자의 주해구다. 저자는 예수의 교설이나 세례 요한, 혹은 자신의 논설을 전개하다가도 독자들의 오해할 여지가 있다고 느낄 때면 서슴지 않고 거기에 개입해서 주해를 첨부한다(1 : 6, 12, 15, 45, 2 : 21, 24, 4 : 9, 44, 6 : 61, 64, 71, 7 : 5, 22, 39, 8 : 27, 11 : 13, 51, 12 : 6, 33, 36, 43, 17 : 32, 21 : 19 등). 이것은 세계적 모든 층을 상대로 하는 저자의 치밀성인 것이다.

일곱째, 예수의 많은 표적 중에 특히 7표적을 선택하여 소개한 데서도 저자의 분명한 의도를 읽을 수 있다. 본서에서 모든 표적은 예수의 신성과 구주성에의 신임장이요, 믿음의 보증이었던 것이다.

여덟째, 요한복음의 특징은 공관복음서와 대조해 볼 때 더욱 분명하다. 저술연대가 약 30년 늦은 것은 이미 지적되었다. 공관복음서의 주무대는 북방 갈릴리 지방이나 본서는 남방 유대지방에서의 행적이다. 예수께서 유월절을 지키신 것이 전자에는 한 번밖에 없으나 후자에는 세 번 나타나고, 그것이 그리스도의 공생애가 3년이란 근거가 되는 것 등이다.

아홉째, "나를 보내신 자"가 본서에 26회 나타나 특히 강조적이다.

위와 같이 우리는 다른 관점에서 본 4복음서를 가진 것은 큰 축복이라 할 것이다. 제4복음서는 앞선 공관복음서와 대립하거나(to contradict) 시정하려는 것이 아니라 보충(to supplement)하려는 것이다. 이것은 교회사가 유세비우스(Eusebius. H.E. iii. 24 : 11) 이래 교회의 오랜 주장이었다. 4복음서가 외견상 상기가 있는 것처럼 보이는 것은 오히려 이 땅 위에 오신 하나님의 아들의 풍부하신 생애를 말하고 있는 것이다.

5) 내용 분해

Ⅰ. 서 론 1 : 1~18

1. 영원하신 말씀 (1 : 1 - 5)
2. 역사적 말씀 (1 : 6 - 18)

Ⅱ. 성역의 초기 - 전도의 시작 1 : 19~4장

1. 처음된 일들 (1 : 19 - 2 : 11)
2. 유다에서 하신 일 (2 : 12 - 3 : 36)
3. 사마리아에서 하신 일 (4 : 1 - 42)
4. 갈릴리에서 하신 일 (4 : 43 - 54)

Ⅲ. 성역의 중기 - 유대주의자와의 충돌 5~12장

1. 충돌의 시작 (5 : 1 - 6 : 71)
2. 충돌의 격화 (7 : 1 - 10 : 42)
3. 충돌의 계속 - 유랑하심 (11 : 1 - 12 : 50)

Ⅳ. 성역의 말기 - 수난을 통한 완성 13~19장

1. 제자에 대한 자기 계시 (13 : 1 - 17 : 26)
2. 수난을 통한 완성 (18 : 1 - 19 : 42)

Ⅴ. 성역의 완성 - 부활을 통한 승리 20~21장

1. 유다에서 나타나심 (20 : 1 - 31)
2. 갈릴리에서 나타나심 (21 : 1 - 25)

제 3 부
사도들의 행전과 서신들

I. 사도들의 활동

예수 그리스도의 복음선교는 그가 부활승천하신 이후에는 그의 사도들과 제자들에 의해 계승되었다. 그리스도의 직계 사도들의 활동시기는 주후 30~100년 간으로 보고, 그것은 기본적으로 신약성서 사도행전에 기록되며, 신약 외경 사도행전에서도 많은 자료를 얻을 수 있다.

오순절 때 성령이 강림하시고, 마가의 다락방에 모인 사도와 성도들을 중심하여 신약시대의 교회가 설립되었으며, 그러므로 예루살렘교회는 신약교회의 모교회가 되었다. 그러나 바울과 바나바가 안디옥교회를 근거지로 하여 전도여행에 나선 이후 안디옥은 이방인 교회의 중심지가 되고, 예루살렘교회는 유대인 교회의 중심으로 나타나게 되었다. 그후 아시아의 에베소에서 바울, 요한, 디모데 등이 많은 활동을 함으로 에베소가 또 하나의 교회의 중심지가 되고, 마지막으로 당시 대로마제국의 수도 로마로 사도들과 성도들이 모여듦으로 로마교회가 설립되고, 세계교회의 중심지 역할을 하게 된 것이었다. 이제 사도들의 약력을 소개하면 다음과 같다(마 10 : 2-4의 순).

1. 사도들의 약력

1) 베드로(Πέτρος)

수사도 베드로에 관한 기사는 4복음서와 신약성서, 또 외경 등에 풍성하다. 그의 본명은 유대인에게 흔한 시몬으로(요 1 : 41, 행 15 : 4), 벳새다 태생이었다(요 1 : 44). 그의 아버지의 이름은 "요나"(마 16 : 17) 또는 "요한"(요 1 : 42)이었으며, 그 아우는 "안드레"였다(마 4 : 18). 그들 형제는 후일 가버나움으로 이거하여(마 8 : 14) 갈릴리 바다에서 어부생활을 하였다. 그는 결혼하였고, 그의 장모도 그와 동거한 듯하다.

그는 처음에 그의 아우 안드레의 인도로 주님을 만났고(요 1 : 40－42), 그후 갈릴리 바다에서 다시 주님의 부르심을 받아 주님을 따랐으며(눅 5 : 10, 마 4 : 19), 다시 택함을 받아 12사도가 되고(마 10 : 2), 그 중에서도 중요한 내적인 3제자의 하나가 되었다(막 5 : 37, 마 17 : 1－5, 26 : 56－76).

그의 천성은 소박하고 정직하며, 그 성정은 직행적이어서 모든 일에 선두에 섰으나, 동시에 수다한 실수도 저질렀다. "주는 그리스도시요 살아 계신 하나님의 아들"이란 위대한 신앙고백을 하여 주님의 칭찬을 받았으나, 그 다음 순간 주님의 십자가의 죽으심을 만류하다가 "사단아 물러가라." 하신 호된 경책을 받기도 했다(마 16 : 13－23). 그는 겟세마네 동산에서 말고의 귀를 자르고(요 18 : 10－12), 주님을 세 번 부정하는 큰 실수를 범하였다(마 26 : 56－75). 주님의 부활 때에는 요한과 더불어 먼저 무덤으로 달려갔고(요 20 : 1－10), 주님의 특별하신 위임을 받아 그의 수사도적 지위를 회복하였다.

그는 오순절교회를 창립 지도하며(행 2 : 14－41, 3 : 1－10), 사마리아 지방을 순행하고 욥바, 가이사랴, 안디옥까지 미쳤다(행 9 : 32－10 : 48, 11 : 1－8, 갈 2 : 11). 사도행전의 전반부(1－12장)는 베드로 중심의 역사가 기록되어 있으나, 바울의 복음전도가 각광을 받게 되는 후반부

(13 - 28장)에서는 점차적으로 그 모습은 사라져 버렸다.

베드로의 후사에 관해서는 많은 전설이 있으나 대부분은 제롬(Jerome)이 완성한 가톨릭의 교황권을 세우기 위한 것으로 신빙성이 적다. 한 전설은 그가 안디옥교회의 창설자며, 그 감독을 지냈다고 한다(Eusebius). 그가 베드로전후서의 수신자인 소아시아교회들을 위해 심방하고 노력하였으리라고는 쉽사리 추측할 수 있다. 그가 25년 간 로마교회의 감독으로 있다가 순교하였다는 가톨릭의 전설에는 신실한 근거가 없고, 아마 그가 로마에 입성한 것은 바울 사도의 로마 도착(60년 6월경) 이후였다고 본다. 그가 66～67년경 네로(Nero, 54 - 68년 재위)에 의해 바티칸 언덕 위에서 십자가에 거꾸로 못박혀 순교하였다는 센키윗츠(Sienkiewicz)의 "쿠오 바디스"(Quo Vadis)가 전하는 전설은 믿어도 좋다고 본다.

2) 안드레(Ἀνδρέας)

베드로의 동생이며 헬라명으로 '남자'를 뜻한다. 원래 세례 요한의 제자였으나 주님을 따르게 되었고, 그의 형 베드로를 주님께 인도하였다(요 1 : 36 - 42). 주님께서 승천하신 후 제자들이 그의 전도지를 분담할 때에 안드레는 아가야(헬라) 지방을 선택하여 본도의 멜미도나(Mermidona)에서 출발하여 시노페(Sinophe), 니가이아(Nicaea), 니고메디아(Nicomedia), 비잔티움(Byzantium), 페린투스(Perintus), 마게도냐 빌립보(Macedonia Philippi) 등을 거쳐 아가야의 파트라스(Patras)에 도착하여 선교하였다. 아가야 총독은 안드레를 투옥하였으나, 그는 옥중에서도 계속 설교하였다. 그의 최후에 대하여 그는 죽음을 예기하고 밤을 세워 설교하였고, 주후 70년 파트라스에서 자진하여 X형 십자가에 못박혔으나, 십자가상에서도 3일 3야를 설교하였고, 거기에 감동된 군중이 총독에게 그를 석방할 것을 요구하였고 총독도 이를 허락하였으나, 이번에는 안드레 자신이 십자가에서 내려오기를 거부하고 그대로 순교하고 말았다고 한다.

3) 야고보(Ἰάκωβος)

'발꿈치를 잡음' 이란 뜻으로(창 25 : 20), 세베대의 아들이며 베드로와 같이 갈릴리 바다에서 어부생활을 하다가 주님의 부르심을 받았고, 베드로와 그의 아우 요한과 더불어 3제자가 되었다. "알패오의 아들 야고보"와 구별하기 위해 "대야고보"라 불린다. 44년 헤롯 아그립바에 의해 목베임을 당해 최초의 순교자가 되었고(행 12 : 1-2), 그의 아우 요한은 100세를 넘는 천수를 누리고 자연사를 한 것과 대조가 된다.

4) 요한(Ἰωάννης)

요한복음 "저자"란 참조

5) 빌립(Φίλιππος)

이하 12제자의 둘째 그룹으로 빌립은 언제나 그 선두에 나타난다. 역시 헬라명으로 '말(馬)을 사랑하는 자' 를 뜻한다. 공관복음서는 그에 대하여 침묵을 지키나 요한복음에는 현저한 인물로 소개된다. 그는 베드로 형제와 동향인이었고(요 1 : 44), 나다나엘을 인도했으며(요 1 : 45), 5천 명 먹이실 때나(요 6 : 5-7) 다락방 강화시(요 14 : 8) 그리스도의 대화역을 하였다. 그와 안드레가 헬라인을 인도한 것과(요 12 : 20-22), 또 그들의 이름이 헬라명인 것으로 보아 제자들 중에 최고의 헬라통으로 본다. 전설은 그가 부루기야에서 전도하다가 히에라볼리에서 순교하였다고 한다.

6) 바돌로매(Βαρθολομαῖος)

히브리명으로 '돌로매의 아들' 을 뜻한다. 그가 요한복음 1 : 46의 "나다나엘"과 동인이라는 것이 일반적 견해다(Euald, Meyer,

Westcott, Carr 등). 그는 인도, 알메니아, 팔티아 등지에서 전도하다가 순교하였다고 한다.

7) 도마(Θωμᾶς)

역시 히브리명으로 '쌍둥이' 를 뜻한다. 그도 요한복음에서 대활약을 한다(요 11 : 16, 14 : 5, 20 : 25 - 29). 신약 외경에는 그의 활약을 전하는 "도마행전"이란 큰 기록이 있다. 그는 '회의자' 란 별명을 받았으나 후일에 인도 및 팔티아에서 전도하다가 순교하였으며, 현재 인도의 가장 오랜 교회인 "성도마교회"(Mar Thomas Church)의 설립자란 전설은 신빙성이 있는 것으로 본다.

8) 세리 마태(Μαθθαῖος)

'하나님의 선물' 이란 뜻이고, 가버나움의 세리였다. 마태복음 "저자"란 참조

9) 알패오의 아들 야고보(Ἰάκωβος ὁ τοῦ Ἀλφαίου)

이하 셋째 그룹으로 그 활약상은 아주 미미하였다. 그는 세베대의 아들 야고보와 구별하기 위해 "작은 야고보"로 불린다(요 19 : 25, 막 15 : 40). 그의 아내 마리아는 성모 마리아, 살로메(사도 요한의 어머니)와 자매간으로 믿어진다. 유세비우스의 역사에는 알패오가 요셉(예수의 육적 아버지)과 형제간이란 기록이 있다(Eusebius. H. E. iii. 11 : 2). 그의 사적은 별로 알려진 바가 없다.

10) 다대오(Θαδδαῖος)

D에는 "레바이스"(Λεββαῖος) 누가복음 6 : 16과 사도행전 1 : 13에는 "야고보의 아들 유다"(Ἰούδας Ἰακώβου)(이는 야고보의 아들로도 - Carr, 형제로도 - Bengel 볼 수 있다). 요한복음 14 : 22에는 "가룟이 아닌 유

다"라 한다. 모두 다대오의 별명들로 본다. 신약 외경 다대오전에는 그가 수리아와 알메니아에 전도한 것으로 되어 있다.

11) 가나안인 시몬(Σίμων ὁ Καναναῖος)

누가복음 6 : 15, 사도행전 1 : 13에는 "셀롯이라 하는 시몬"으로 되어 있다. 두 이름은 다같이 '열심가'를 뜻하고, 가마라의 유다가 주후 6년 구레뇨 총독의 국세조사에 반항하기 위해 조직한 국수주의적 단체이며, 폭력으로 로마에 대항했던 것이다. 여기 시몬의 전기는 잘 알 수 없다.

12) 가룟 유다(Ἰούδας Ισκαριώτης)

유다는 '찬송함'이란 뜻(창 29 : 35)이었으나 가룟 유다 이후 악인의 대명사로 떨어졌다. 가룟에 대해서는 ① 히브리어 "이슈 케리온"(Ishu Kerioth)으로 '케리온 사람'이란 뜻(Meyer, Alford, Dalmann, Carr, Bruce), ② 잇사갈 지파의 사람(Grotius) ③ 주머니 가진 사람(Bengel) 등으로 해석되나, 첫째가 가장 유력하다. "케리온"은 유다 지방의 지명으로(수 15 : 25), 따라서 그는 12제자 중에 유일한 남방인이었다. 이와 같은 지방적인 고독감과 재무를 맡음에서 오는 물욕(요 12 : 6, 13 : 29)이 그를 반역자로 만든 중요한 원인이 된 듯하다. 그는 주님의 신임도 받았고, 이적을 행하는 권능도 받았으나(마 10 : 1, 눅 9 : 1), 결국은 주님을 은 30냥에 팔고 자살하였다(마 27 : 5). 그는 언제나 12제자의 말석을 점하며, 단테(Dante)는 그를 시이저를 반역한 부루터스와 더불어 지옥의 최하단에 두고 있다.

2. 사도행전

"어떤 의미에서 사도행전은 신약성서에서 가장 중요한 책이다"(Barclay). "이는 이상적 교회사다"(Jülicher). 오히려 본서는 일대 전환의 책이다. 즉, 그리스도의 행적과 교설을 간직한 4복음서와 그 교설을 조직하고 발전시킨 사도들의 서신 중간에 위치하여, 또 구약적 유대교 신앙과 신약적 그리스도교 신앙 중간에 서서 그 전환적 역할을 하는 대전환의 책이다.

신약성서에는 장편을 기록한 대저술가가 세 사람 있다. 서신 13편을 제공하여 책수로는 신약의 절반을 차지한 바울, 복음서와 서신들과 계시록 등 "요한 문서"라 불리는 다섯 권을 저술한 사도 요한, 그리고 누가복음과 사도행전을 기록한 누가이다. 이 대저술가들 중에서도 책의 길이로는 누가의 저작이 최장편이다.

그러나 누가의 저작의 중요성은 그 길이에만 있는 것이 아니라 그 내용에 있다. 실로 누가복음과 사도행전은 하나의 연속되는 전후편으로 그리스도교의 기원과 발전의 자취를 밝혀 주는 가장 아름다운 기독교 초대교회사인 것이다.

1) 저자와 정경성

누가복음과 사도행전이 성누가의 저작인 것은 이미 밝혔다(누가복음 "저자"란 참조).

본서는 시내산 사본(א), 바티칸 사본(B) 등을 위시하여 거의 모든 대문자 사본에 수록되고, 또 로마의 클레멘트(Clement of Rome, 100년경)를 위시하여 폴리캅(Polycarp, 150년경), 12사도의 교훈집(Didache), 저스틴(Justine Martyr), 이레니우스(Irenaeus, 190년) 등 고대의 저명한 교부들이 거의 인용하였다.

신약성서에서의 본서의 위치는 공동서신과 관여되는 것이 고대사본들의 관계였다. 즉 "복음서, 사도행전, 공동서신, 바울서신"의 순서거나(A B C, Athanasius, Tischendorf, WH) "복음서, 바울서신, 사도행전, 공동서신"의 순서였다(א, Jerome). 현재의 "복음서, 사도행전, 바울서신, 공동서신"의 순서는 고대사본에서는 찾아볼 수 없는 후대의 순서였다(Muratorian Canon, Vulgate, Eusebius, Erasmus, Beza).

본서는 사도행전이라 하지만 내용은 베드로의 행전(1-12장)과 바울 행전이고(13-28장), 그외 사도들은 거의 나타나지 않는다. 즉, 본서의 전반부는 베드로의 영도하에 성령께서 강림하사 예루살렘교회가 설립되고, 주로 유대인들의 성도 확장에 힘썼고, 후반부는 안디옥에서 모인 선교회는 바울과 바나바의 인도하에 기도회로 모이고, 이들 두 사도를 최초의 선교사로 이방인의 땅에 파송하며, 두 사도는 구브로와 소아시아 일대를 순회전도한다. 제2차 여행부터 두 사도는 분리하여 바울은 소아시아와 마게도냐와 아가야 지방까지 선교지역을 넓힌다. 이렇게 본서의 후반부는 안디옥 중심으로 하여 바울 중심의 선교사업으로 보다 화려하게 펼쳐 교세는 이방인세계까지 침투하여 로마에까지 이른다.

2) 수신자

본서의 수신자는 누가복음과 더불어 "데오빌로"(Θεόφιλος)다. 그러나 이 이름은 두 가지로 풀이된다. 이 사람을 상징적으로 보아 그 뜻이 '하나님의 사랑' 또는 '하나님의 친구' 이므로 이는 성도들을 가리킨다는 것과 이는 실제의 인물이며, 그는 로마의 고관이었다는 것이다. 그러나 후자의 경우도 이는 데오빌로 개인을 위한 것이 아니라 그를 통해 모든 헬라세계에 보내진 글로 보는 것이다.

여기 흥미로운 설이 전해진다. 즉, 누가는 원래 데오빌로의 종이며 의사였다(고대의 의사는 흔히 노예였다). 한번은 데오빌로가 병들어 죽게 된 것을 누가는 그의 의술과 정성으로 그를 다시 살게 하였다. 데오빌로는 감사의 표시로 누가를 석방시켜 주었고, 누가는 또한 자유를 얻은 것을 감사하여 누가복음과 본서를 기록하여 그에게 바쳤다는 것이다. 흥미로운 이야기이지만 어떤 확실한 근거가 있는 이야기는 아니다. 그러나 데오빌로가 실제의 인물이란 것은 일반적인 견해였다.

3) 자 료

본서의 자료문제 역시 단순하지 않다. 누가복음을 본서와 전후편으로 취급할 때 누가복음 1 : 1~3의 서문은 그 전체의 서문이 되고, 따라서 본서에도 여러 자료가 사용된 것을 말하는 것이다.

본서는 1~12장(베드로 중심)과 13~28장(바울 중심)으로 나누어지나, 자료적으로는 1~15장(저자가 관여하지 않는)과 16~28장(저자가 관여한) 부분으로 나누어진다. 하르낙(Harnack)은 전자를 예루살렘 A자료(Ja. 3 : 1-5 : 16), 예루살렘 B자료(Jb. 2 : 1-47, 5 : 17-42), 예루살렘-가이사랴 자료(Jc. 8 : 5-40, 9 : 31-11 : 18, 12 : 1-24), 바울 자료(P. 9 : 1-30) 및 안디옥 자료(A. 6 : 1-8, 11 : 19-30, 12 : 25-15 : 35)의 다섯으로 나눈다. 바클레이(Barclay)는 예루살렘교회의 기록(1-5장, 15-16장), 가이사랴교회의 기록(8 : 26-40, 9 : 31-16 : 48) 및 안디옥교회의 기록(11 : 19-30, 12 : 25-14 : 28) 세 부분으로 나눈다. 터너(C. H. Turner)는 전체를 6부분으로 나눈다. ① 예루살렘 전도(요 6 : 7) ② 팔레스틴 전도(9 : 31) ③ 안디옥 전도(12 : 24) ④ 소아시아와 갈라디아 전도(16 : 15) ⑤ 유럽 전도(19 : 20) ⑥ 로마 전도(28 : 31) 등.

본서의 전반부(1-15장)는 저자가 직접 관여하지 않는 기록으로 그 자료는 다른 곳에서 얻어진 것이 분명하다. 대체로 마가(베드로의 설교나 행적), 바나바(예루살렘교회 전반에 관하여), 빌립(사마리아 전도에 관하여), 바울(그의 회심담인 9장과 스데반의 설교인 7장) 등에 의지한 것으로 믿어진다.

이런 내용적 이론을 떠나 여러 외증적 추측들도 가해진다. ① 토리(Torrey)는 원래 아람어로 기록된 것을 누가가 헬라어로 번역한 것 ② 당시의 요세푸스(Josephus)의 역사에 의지한 것(Krenkel, McGiffert) ③ 마가는 복음서에 이어 초대교회사를 썼고, 누가는 마가의 복음서에서 그의 복음을, 교회사에서 그의 사도행전을 기록하였다는 것(Briggs, Blass) 등이다.

본서의 후반부는 저자가 직접 관여하였으므로 그 자료문제는 쉽게 해결될 수 있을 것이다. 즉, "우리 부분"(we-sections ; 16 : 10-17, 20 : 5-21 : 18, 27 : 1-28 : 16) 등은 저자가 직접 체험한 것이니, 그 자신이 이를 기록했을 것이고, "저희 부분"(They-sections)은 누가는 바울의 충실한 동반자였으므로 바울에게서 듣고 기록하고, 그 외의 동반자인 디모데, 실라, 아굴라, 브리스길라, 가이오(19 : 29) 등도 자료를 제공했을 것이다. 이런 자료들은 대부분 구전으로 전해졌을 것이고, 간혹 짧은 메모 같은 것도 있었을 것이다.

4) 연대와 장소

본서의 저작연대를 정확히 규명하기란 불가능할 것이지만 대체의 윤곽을 잡기는 어렵지 않다. 대체로 조기설(61-63년, 바울의 순교 이전 ; Jerome, Lange, Harnack, Thiessen 등)과 후기설(70-80년, 바울이 순교하고 예루살렘 함락 이후 ; Sanday, Plummer, Keim, Hilgenfeld 등), 100년(Jülicher, Reuke), 100~130년(Schmiedel, Overback) 등의 의견으로 나누어진다. 근래에 와서는 80~90년설이 가장 유력시되고 있다.

초기설의 근거로는 ① 본서는 바울의 로마 도착과 2년 간의 옥중생활로 끝맺고 있으니(28 : 30~31), 그의 순교 이전에 저술했을 것 ② 예루살렘 함락(70년)에 대한 암시가 일체 없으므로 그 이전의 저작일 것 ③ 네로의 박해(64년 시작)의 흔적이 없고, 로마에 대한 필치도 호의적인 것 ④ 본서의 교리나 교회생활이 원시적인 것 ⑤ 본서의 마지막 부분(바울의 로마행)의 기사는 생생하여 그 사건 후 오랜 세월이 흐르지 않았을 것 등이다.

후기설의 근거로는 ① 본서는 누가복음의 후편이므로 자연히 그 후의 기록일 것 ② 누가복음 19 : 43~44, 21 : 20~24 등은 예루살렘 함락 이후의 기사로 볼 수 있고, 그렇다면 본서는 그 이후라면 더욱 후기다. ③ 바울서신이 유포된 후일 것이고, 본서 중 바울의 초기 행적(9 : 20-30, 11 : 27-30, 15 : 1-21)은 갈라디아서 1 : 17~2 : 10을 근거한 듯한 것 ④ 20 : 29("내가 떠난 후에 흉악한 이리가")는 1세기 말의 이단사상을 가리키는 듯한 것 ⑤ 5 : 36(드다), 5 : 37(갈릴리 유다)의 기사는 요세푸스의 역사(Jesephus, 93년)에 근거했을 것 등이다.

후기설 학자들 중에는 본서가 돌연히 끝남으로 저자는 사도행전 후편을 기록할 계획이었다는 가설을 내세우는 수가 있지만(Ramsay, Edwald, Zahn, Bleek 등) 충분한 근거는 없다.

누가복음(눅 1 : 1-4)과 본서(행 1 : 1-3)는 서문을 보아 양서 간의 기록연대의 간격은 크지 않는 듯하다. 그러므로 본서는 양서의 저작연대를 다같이 예루살렘 함락 이전인 조기설을 취해 둔다.

본서의 저술 장소는 로마라는 것이 제롬(Jerome) 이후 거의 교회의 정설로 전해진다. 그 근거로는 ① 본서는 바울일행의 로마 도착으로 끝맺고, 그 기사도 생생하다. 그러므로 본서는 저자가 바울을 따라 로마에 도착한 후 얼마되지 않아 기록했을 것이다. ② 저자는 로마 관헌에 대해 호의적이다(10 : 11, 13 : 1-7, 24 : 24, 25 : 1). 그것은 저자가 로마와 교회 간의 조화에 노력한 길을 말한다. ③ 위의 두 가지 사실은 저자가 복음이 로마에 이르는 역사를 기록하고, 그러므로 로마를 복음화하려는 의도인 것을 밝혀 주는 것이다. 그러므로 그 저술장소를 로마로 보는 것이 자연스럽다.

로마설 이외에는 안디옥설(누가의 고향으로 봄-Hilgenfeld), 에베소설(에베소에서 가장 긴 세월을 보냈기 때문에), 고린도설(Marcion정경 서문-Streeter), 알렉산드리아설(Mill) 등이 있으나, 로마설에 비할 바는 못된다.

5) 저작목적

본서의 목적을 논하기 전에 당시 세계에 대해 한번 살펴볼 필요가 있을 것이다. 당시 세계는 정치적으로는 로마가 지배하고, 문화적으로는 헬라가 지배하고 있었다. 그 강대한 대로마제국 내의 식민지들에는 총독이 통치하였고, 무수한 노예들은 사회 각 분야에서 일하고 있었으며, 그 넓은 영토를 지배하기 위하여 "모든 길은 로마로 가는" 공도가 사통팔달(四通八達)되었다. 각 지방에서는 자기들의 말을 하였으나 헬라어는 공통의 세계어로 지식층은 누구나 자유로이 구사하고 있었다.

로마의 외적 번영에 비해 내적 정신면은 극히 혼돈하였다. 로마는 각 지방의 종교에는 극히 관대한 정책을 취하였으므로 잡다한 종교가 전 영토 내에 범람해 있었다. 우선 각 지방에는 조잡한 원시종교들이 있었고, 헬라에는 다신교 숭배에다 음탕한 종교의식이 유행되고 있었으며, 그리고 알렉산드리아를 중심한 애굽에는 조상숭배적 조직적 우상숭배가 있었다.

이와 같이 복잡하고 불리한 여건에서 선교한 그리스도교에게는 직접적인 2대 강적이 있었으니 하나는 동방의 신비종교요, 하나는 유대교였다. 전자는 동양과 헬라사상의 결합에서 낳은 아들이며, 신과 영혼불멸의 관념을 가지면서도 그것이 막연하여 범신적이며, 현세적이었다. 그들은 오직 현재에서의 신과의 교제라는 신비에만 치중하였다. 후자는 유대인 율법주의로서 그들은 율법의 준수와 도덕생활을 강조하였다. 그들은 그리스도를 십자가에 못박은 주동세력이었고, 따라서 초대교회 박해에 선두에 선 단체였다.

이런 정세에서 본서는 기록되었다. 저작의 목적은 본서의 전편인 누가복음에 밝혀져 있다. "그 모든 일을 근원부터 자세히 미루어 살핀 나도 데오빌로 각하에게 차례대로 써 보내는 것이 좋은 줄 알았노니"(눅 1 : 3). 그러므로 본서는 복음서에 계속되는 사건들을 "차례대로 써 보내고자" 하였을 것이다. 즉, 본서는 역사이다. 여기에는 베드로와 바울을 중심한 인물들의 전기를 볼 수 있으나 이는 '전기'(biography)가 아니라 '역사'(history)인 것이다. 이는 초대교회의 발전사이며, 사도들의 활동사이며, 성령의 역사인 것이다.

그러나 본서는 단순한 역사만은 아니다. 역사의 형태로 엮어진 변증론(apologia)인 것이다. 첫째, 본서는 로마에 대한 변증론이다. 본서에는 사도들의 활동과 로마 관헌과의 조화에 강조점을 두고 있다. 교회에 대한 박해자는 유대인이었고, 로마 관헌은 아니었다. 로마 관헌들은 늘 관대한 태도로 사도들을 대하였고(갈리오/18 : 12 - 17, 천부장/23 : 18 이하, 벨릭스/24 : 24 - 27, 베스도/25 : 1 - 12, 28 : 30 - 31 등), 사도들은 로마의 정책에 언제나 순종적이었다. 그리스도교의 왕국은 신령한 나라이므로 세상의 제국과 모순될 리가 없었던 것이다.

둘째, 본서는 유대인에 대한 변증론이다. 그리스도가 구약에서 예언된 메시야이심을 밝히는 것이 사도들의 교설의 주지였다. 사도들은 결코 율법을 파괴한 것이 아니고, 이를 옹호하는 것이었다. 즉, 구약은 부단히 인용되어 교회는 구약에 근거한 것을 강조했고, 더구나 그리스도는 구약에서 예언된 바로 그 그리스도임을 밝힌다(2 : 35 - 36, 3 : 18, 4 : 26, 7장, 8 : 32 - 35, 13 : 27 - 29, 28 : 23 - 28 등). 또 바울은 디모데에게 할례를 행하였고(16 : 3), 겐그레아에서는 유대인의 관습을 따라 머리를 깎았다(18 : 18).

셋째, 본서는 헬라인에 대한 변증서다. 바울의 아덴에서의 긴 철학적 설교(17 : 16 - 32)는 그 대표라 보겠다. 또 헬라주의적 신비사상에 대해 성령이 충만한 교회생활이 진정한 신비생활임을 보인 것이기도 하였다.

이와 같이 본서는 당시의 각계와 각 사상을 상대하여 그리스도교를 변증하고, 그리스도교가 보편적 종교임을 밝히는 것을 목적으로 하는 것이다.

6) 특 징

사도행전은 여러 면에서 특징을 지닌 책이다. 첫째, 본서는 역사의 책이다. 본서는 "전기가 아니라 역사"라는 평을 받는다. 복음서는 그리스도의 전기이나 본서는 초대교회의 역사이다. 본서에 나타나는 인물들의 전기가 미비하다는 지적을 흔히 받으나 본서의 목적이 그런 개인적 전기를 소개함에 있지 않고, 초대의 교회사를 제공하려는 데 있음을 생각할 때 오히려 당연한 일일 것이다. 그런 의미에서 구약에는 역사의 책이 많지만(수, 삿, 룻, 삼상 · 하, 왕상 · 하, 대상 · 하, 스, 느, 에 등), 신약에서는 본서가 유일한 역사서이다. 석학 램지(Ramsay)는 소아시아 지방을 탐험한 결과 본서의 사적 가치를 새롭게 인정하게 되었다고 한다. 본서의 역사는 1 : 8에 따라 복음이 예루살렘, 유다, 사마리아를 거쳐 로마에 이르는 발전사이다. 그러므로 이것은 "로마에의 길"(The Road to Rome)이라 불린다(Streeter).

둘째, 본서는 성령의 행전이다. 복음의 발전사란 본서의 외적 양상이고, 내적 사실은 성령의 역사를 기록한 것이다. 즉, 오순절 때 성령의 강림에서 본서는 시작하고(그것은 교회의 시작이기도 했다. 2장), 사도들에게 충만히 임하시고(4 : 23 – 31), 성령을 속이는 자를 징계하시며(5 : 1 – 11), 사마리아인에게 임하시고(8 : 14 – 17), 빌립을 인도하시며(8 : 29), 고넬료의 가족에게도 임하시고(10 : 44 – 48), 바나바와 바울을 부르셨다(13 : 1 – 4). 성령은 예루살렘 총회를 인도하시고(15 : 28), 바울의 역사를 인도하시며(16 : 6 – 7), 에베소의 제자들에게도 임하시고(19 : 1 – 6), 바울의 장래를 예언하기도 하시며(20 : 22 – 23, 21 : 11), 교회의 감독을 세우기도 하신다(20 : 28). 그러므로 본서는 "성령의 행전"(The Acts of the Holy Spirit – Thiessen) 또는 "성령의 복음"(The Gospel of the Holy Spirit – Oecumenius)이라는 별명으로 불린다.

셋째, 본서는 일대 전환(轉換)의 책이다. 즉, 본서는 구약적 신앙에서 신약적 신앙으로의 전환을 보여 준다. 또한 본서는 복음서와 사도들의 서신들 중간에 위치하여 그 전환적 역할을 하는 것이다. 그것은 그리스도에서 바울로, 또는 그리스도에서 그리스도교에의 추이를 보이는 것이었다. 혹은 "머리에서 그 몸으로의(엡 1 : 20, 22) 추이"라고도 한 것이다(Bengel).

넷째, 본서는 일대 변증서(apologia)이다. 본서가 당시 로마정권과 유대인 율법주의와 헬라인 신비주의에 대한 변증론인 것은 이미 밝혀졌다("저작목적"란 참조).

다섯째, 본서는 강화(講話)의 책이다. 브루스(F. F. Bruce)는 본서의 강화를 전도적(evangelistic, 베드로의 설교 같은), 토론적(deliverative, 15장의 것 같은), 변증적(apologetic, 스데반의 설교 같은)의 세 가지로 나누었다. 본서에는 전부 24강화가 있고, 그 중에는 베드로(1 : 16 - 22, 2 : 14 - 36, 3 : 15 - 26, 4 : 8 - 12, 5 : 29 - 32, 8 : 20 - 25, 10 : 34 - 43, 11 : 5 - 17, 15 : 7 - 11)와 바울(13 : 16 - 41, 14 : 15 - 17, 17 : 22 - 31, 20 : 18 - 35, 22 : 1 - 21, 24 : 10 - 21, 26 : 2 - 23, 27 : 21 - 26, 28 : 17 - 20)의 것이 아홉씩으로 대부분이고, 그외 가말리엘(5 : 35 - 39), 스데반(7 : 2 - 52), 야고보(15 : 15 - 21), 데메드리오(19 : 25 - 27), 에베소의 서기장(19 : 35 - 40) 및 베스도(25 : 24 - 27)의 것이 하나씩 있다.

여섯째, 본서는 바울연구에 불가결의 자료를 준다. 그의 회심에서 3차의 전도여행, 예루살렘에서 체포된 때에서 로마에 이르는 상세한 기록들이 본서의 중심이 되어 있는 것이다. 또한 예루살렘에 다섯 번 올라간 것을 밝히고(9 : 26 - 30, 11 : 28 - 30, 15 : 1 - 29, 18 : 21, 21 : 15 - 23 : 30), 그의 서신들 특히 초기의 여섯 권(살전 · 후, 갈, 고전 · 후, 롬)의 배경을 분명하게 계시해 준다.

일곱째, 본서는 그 성격상 많은 인물을 소개하고 있다. 본서는 베드로(1 - 12장)와 바울(13 - 28장) 중심의 역사인 것은 사실이나, 그 외에도 이류, 삼류의 인물들이 얼마든지 등장한다. 가령 요한, 야고보, 주의 형제 야고보, 스데반, 빌립, 바나바, 아볼로 등은 이류급으로 보겠고, 요셉, 맛디아, 주의 형제들, 아나니아와 삽비라, 스데반과 빌립 외의 5집사, 마가, 실라, 유다, 바사바, 고넬료, 디모데, 헤롯 아그립바, 서기오 바울, 아굴라와 브리스길라, 갈리오, 에라스도, 가이오, 아리스다고, 소바더, 세군도, 두기고, 드로비모, 글라우디오 루시아, 벨릭스, 베스도, 헤롯 아그립바 2세 율리오 등은 삼류나 사류급으로 보겠다.

7) 내용 분해 (1 : 8의 빛 아래서)

Ⅰ. 성령의 강림(교회의 탄생) 1~2장

1. 서 언 (1 : 1 - 5)
2. 성령강림의 준비 (1 : 6 - 26)
3. 성령의 강림 (2 : 1 - 36)
4. 예루살렘교회의 탄생 (2 : 37 - 47)

Ⅱ. 예루살렘 전도 3~7장

1. 베드로의 활동 (3 : 1 - 26)
2. 유대주의자와의 충돌의 시작 (4 : 1 - 31)
3. 성도들의 공동생활 (4 : 32 - 5 : 16)
4. 유대주의자와의 충돌 (5 : 17 - 42)
5. 스데반의 활동 (6 : 1 - 7 : 60)

Ⅲ. 유다와 사마리아 전도 8장

1. 예루살렘교회의 수난 (8 : 1 - 3)
2. 사마리아 전도 (8 : 4 - 40)

Ⅳ. 이방(땅 끝까지) 전도의 준비 9~12장

1. 사울의 회개 (9 : 1 - 31)
2. 베드로의 이방 방문 (9 : 32 - 11 : 18)
3. 안디옥교회의 설립 (11 : 19 - 30)
4. 야고보의 순교와 베드로의 탈옥 (12 : 1 - 25)

Ⅴ. 이방(땅 끝까지) 전도 13 : 1~21 : 26

1. 바울의 제1차 전도여행 (13 : 1 - 14 : 28)
2. 예루살렘 총회 (15 : 1 - 35)
3. 바울의 제2차 전도여행 (15 : 36 - 18 : 22)
4. 바울의 제3차 전도여행 (18 : 23 - 21 : 26)

Ⅵ. 옥중의 바울 21 : 27~28 : 31

1. 예루살렘에서 (21 : 27 - 23 : 35)
2. 가이사랴에서 (24 : 1 - 26 : 32)
3. 로마에서 (27 : 1 - 28 : 31)

Ⅱ. 바울의 생애와 서신들

1. 바울의 생애와 연표

사도 바울이 다메섹 도상에서 하늘의 빛에 접하여 회개하던 날, 그 날은 실로 그리스도교 역사에서 새 기원을 여는 날이었다. 하나님은 때를 따라 특별한 일을 위해 특별한 사람을 부르시고, 그를 통해 특별한 일을 진전시키신다. 바울은 신약교회의 특별한 일을 위해 특별히 준비하시고 불러내신 특별하신 사역자요, 만일 그와 비견될 인물을 찾는다면 구약의 모세가 바로 그런 인물일 것이다.

바울은 순수한 유대인이요, 베냐민 지파인이었으며, 어릴 때 이름은 사울로 이스라엘의 초대왕 사울에게서 딴 이름인 듯하다(빌 3 : 5). 그의 탄생지는 팔레스틴을 벗어난 당시의 로마의 속국이었던 길리기아 주의 수도 다소였고, 그 탄생시기는 기원 원년 전후였을 것으로 추측된다(행 22 : 2).

바울의 유년기는 정당한 유대인이 모두 그랬던 것처럼 6세 때에 "혼에 새기는 율법의 아들"이 된 것으로 추측한다. 그래서 철저하게 율법을 학습하였고, 아마 12세가 될 때에 예루살렘으로 유학가서 당시 율법의 석학이며 권위자였던 가말리엘의 문하에서 율법대학을 연마하여 율법에 통효한 사람이 된 것이었다. 그는 이와 같이 율법에 정통하였기 때문에 후일 하나님의 의는 율법을 행함에서가 아니라 예수 그리스도를 믿는 믿음에서 얻어진다(롬 3 : 22, 28, 갈 3 : 3)고 자신있게 말할 수 있었던 것이다.

다음으로 다소는 당시 아덴과 알렉산드리아와 더불어 헬레니즘의 중심지였으므로, 그는 소시 때부터 그의 고향에서 헬라철학과 접하는 기회가 있었던 것으로 본다. 그가 후일 아덴에서 에피큐리오(Epicurean)와 스토아(Stoic) 철학자들과 변론한 것을 보아(행 17 : 18) 헬라철학에도 일가견의 지식을 가졌던 것으로 추측한다. 그리고 그는 나면서부터 로마의 시민권을 가졌고(행 22 : 28), 이 시민권도 훗날 그의 선교여행에 적지 않은 혜택을 주었던 것이다(행 16 : 37, 22 : 29). 현대 세계문화의 삼대 근거는 히브리인의 종교, 헬라의 문화 및 로마의 법전이라고 한다. 그렇다면 바울은 이 세 가지를 다메섹 이전에 모두 갖추었던 것이다. 하나님이 그를 크게 쓰시기 위해 예비하신 준비였던 것이다. 바울은 이 모든 것을 갖춘 결과로, 또 아마 율법에 대한 비상한 열심 때문에 신흥의 그리스도교를 탄압하는 것이 하나님께 충성이라는 신념으로(행 26 : 9) 그리스도교 박해자의 선두에 섰던 것이다. 그러나 다메섹의 부르심이 모든 것을 바꾸어 놓았다. "다메섹을 떠나 바울을 논하지 말라."는 말이 있다. 실로 바울연구에서 그의 다메섹의 회개를 이해하지 못하고는 그의 신앙도, 신학도, 선교도 이해할 수 없을 것이다. 이 바울의 획기적인 다메섹 체험은 주후 35년경의 일로 추측된다.

첫째, 다메섹에서 바울은 그리스도를 얻었다. 다메섹에서 그리스도는 바울을 얻으셨고, 바울은 그리스도를 얻은 것이다. 이와 같이 다메섹에서 두 분은 서로 잡고, 잡힌바 된 것이다. 그것이 바울 신학의 기초요, 그의 신비주의였던 것이다. 바울서신에는 "그리스도 안에서"(ἐν Χριστῷ)란 구가 그 유사구와 함께 무려 164회나 나타난다고 한다. 그리고 이 어구가 그의 전서신과 신학을 엮어 매고 있는 것이다.

'회개'란 신약적 낱말은 μετανοία이며, '마음을 고침'을 뜻한다. 즉, 그리스도인에 대한 마음을 고친다는 것이다. 그러므로 바울은 다메섹에서 그의 그리스도관을 고친 것이었다. 핍박의 대상에서 같이 죽고, 같이 사는 신비로운 결합의 대상으로(갈 2 : 20) 고친 것이었다. 바울 신학이란 "그리스도 안에서" 재건된 신학이다. 그의 신관, 교회관, 구원관, 내세관 모두 그런 것이다. '회개'의 구약적 낱말은 "슈우브"(שׁוּב)라 하며, 그것은 길을 가다가 되돌아서는 것, 요즘 말로 "U-turn"하는 것이다. 실로 바울은 다메섹에서 U-turn한 것이다. 그리스도교의 박해자로 그 곳에 갔는데 일단 가서는 그리스도교의 전도자가 되고, 그러다가 박해를 받은 자가(행 9 : 25) 되었기 때문이다. 실로 신약적이나 구약적 낱말의 뜻으로 풀이할 때 다메섹 도상의 바울에게서 우리는 '회개'의 정확한 표본을 보는 것이다. 이런 다메섹의 회개가 바울 신학의 기초라면 이런 회개의 체험 없이는 바울 신학을 이해할 수 없는 것이다.

다메섹 이후의 바울의 행적에는 부정확한 부분이 있기는 하나 대체로 그는 바나바의 인도로 예루살렘에 갔으나 선배 사도들의 환영을 받지 못하고(행 9 : 26), 근 10년 간을 아라비아(갈 1 : 17)와 그의 고향 다소(행 9 : 30, 갈 1 : 21)에 은거하면서 그의 신학을 재수립한 것으로 본다.

그후 이방인 교회의 중심으로 안디옥(시리아)교회가 설립되고, 또 여기서 5인의 선교회가 구성되어 기도하는 중에 바울과 바나바가 초대선교사로 파송을 받는다(행 13 : 1-3). 그 때는 주후 45년경으로 바울의 회개 후 약 10년 뒤였다. 그것은 바울의 생애에서나 우리 그리스도교 역사에서 실로 획기적 사건이었던 것이다. 즉, 팔레스틴에서 발생한 그리스도교가 팔레스틴의 기반을 떠나 세계적 종교로 웅비하는 사건이었기 때문이다.

바울과 바나바의 제1차 전도여행의 지역은 바나바의 고향인 구브로(Cyprus) 섬을 거쳐 소아시아 지방을 역방한 것이었다. 바울은 이 때부터 "사울"이란 유명을 버리고 "바울"('일꾼'이라는 뜻)이란 로마식 이름을 사용하였다. 아마 그가 개종시킨 총독 "서기오 바울"(행 13 : 7)에게서 영향을 받았는지 모른다. 당시 이방지역을 여행하는 유대인들은 로마식 또는 헬라식 이름으로 개명하는 것이 통례였다고 한다.

바울과 바나바의 제1차 전도여행 후에 예루살렘 총회가 소집되었다. 그 의제는 개종은 이방인에게 구약적인 할례를 시행할 것이냐는 것이었고, 바울의 전도여행의 결과 조성된 문제일 듯하다. 총회의 결의는 "돌아오는 이방인을 괴롭게 하지 말라."는 것으로 바울의 "오직 그리스도를 믿음으로"라는 구원론이 일보 전진한 셈이 된다.

제2차 전도여행은 마가의 수행문제로 바울과 바나바는 결별한다(15 : 36 - 41). 바나바는 마가를 데리고 그의 고향 구브로를 향하고, 바울은 실라, 디모데, 누가 등을 대동하여 육로로 역시 그의 고향 다소를 경과하여 소아시아 지방, 앞서 전도한 지역을 심방하였다. 제2차 여행에서 특기할 것은 전도지역이 유럽으로 확대된 것과 바울의 서신이 기록되기 시작한 일이었을 것이다.

바울은 계속 아시아에서 선교하기를 원하였으나 성령이 허락하지 않으시고, 드로아에서 환상을 본 후 바다를 건너 마게도냐 지방으로 여행하여 선교의 큰 결실을 거두었다. 만일 이때 바울의 계획대로 복음이 아시아에서 계속 전파되고, 바벨론과 바사 지역을 거쳐 인도로 확대되었다면 어떻게 되었겠느냐는 것도 한 번쯤은 생각해 볼 거리가 된다. 확실히 그리스도 교회사적으로나 세계사에 큰 변동이 있었을 것이다.

유럽으로 건너간 바울 일행은 빌립보, 데살로니가, 베뢰아, 아덴을 거쳐 고린도까지 성공적으로 유럽 전도를 개시하였다. 그리고 고린도에서 그의 첫 서신인 데살로니가전후서를 계속하여 보냈다. 그 시기는 주후 53년경으로 본다.

바울의 제3차 전도여행은 2차 여행에서 중단 없이 계속되었고(행 18 : 23), 그 지역은 제2차 때의 그것과 같았다. 바울은 이 때까지 안식일에 유대인 회당에서 율법을 토대로 유대인 상대로 전도를 개시하였으나, 제3차 때 에베소의 두란노서원 전도 이후(행 19 : 10) 그 방법을 버리고, 이방인 상대의 전도로 전환하였다. 하여튼 에베소는 당시 아시아의 중심적 도시로 이 곳에서의 3년 간 전도(행 19 : 10, 20 : 31)는 바울의 선교활동의 절정기라 할 것이다. 이곳 전도는 에베소뿐 아니라 인근 지역까지 간접으로 전도하는 기회였던 것이다. 또 바울은 에베소에서 고린도전서를, 이 곳을 떠나 마게도냐에서 고린도후서를 기록하였고, 3차 여행의 종점인 고린도에서 로마서를 썼다. 그것은 제3차 여행

이 끝난 후 로마 전도를 꿈꾸면서 그 준비서로 이를 보낸 것이었다.

제3차 여행 후 예루살렘으로 돌아온 바울은 주님의 수난경로를 그대로 따라 본토인에게 박해를 받아 체포되어 2년 간을 가이사랴 옥에서 보내고, 가이사에게 상소하여 로마로 호송되며, 거기에서 다시 2년 간의 옥중생활을 보낸다. 이때 "옥중서신"이라 불리는 에베소, 빌립보, 골로새, 빌레몬서 등을 기록하였다. 하여튼 사도행전은 바울의 로마 도착으로 끝나고, 그 후사에 대해서는 전하지 않는다.

바울의 후사에 대해서는 두 가지 견해가 있다. 62~64년경을 로마 옥에서 보낸 후 그대로 순교하였다는 설(Moffatt, Scott)과 일단 석방되어 그의 소원대로 소아시아를 방문하고(빌 1 : 25 - 26, 몬 22), 서바나 전도(롬 15 : 28)까지 한 후 두 번째로 체포되고, 이 제2차 옥중기에 디모데전후서와 디도서 등 목회서신을 기록한 후 순교하였다는 설이다(Clement fo Rome, Eusebius, Jerome, Ramsay, Meyer, Zahn, Godet 등). 본서는 후설을 따르기로 한다. 만일 목회서신을 바울의 저작으로 돌린다면 이를 그의 제1차 투옥기에 둘 시기를 찾지 못하는 것이다.

그러나 그의 석방기간은 길지 못했을 것이다. 바울의 순교는 네로 황제에 비해, 그의 로마시민권의 혜택으로 십자가형은 면하고(베드로처럼), 참형으로 순교한 것으로 안다. 때는 네로 황제의 자살(68년) 직전이었을 것이다. 쿠오 바디스(Quo Vadis)는 사형장으로 끌려 가는 바울의 모습은 이웃놀이에 가는 사람처럼 심상하였다고 전하고, 네로는 직접 바울의 순교의 모습을 보았다 하며, 전설은 그의 머리가 떨어진 곳에 세 줄기의 샘이 솟았다고 한다. 그 장소에 지금 "세 우물"(Tre Fontane)의 사원이 서 있고, 그의 시체를 장례한 곳에 역시 기념교회(St. Paolo Fuori le Mura)가 서 있다. 베드로 역시 네로에 의해 지금 바티칸의 언덕에서 자원하여 십자가에 거꾸로 못박혀 순교하였다고 한다.

"로마에서의 바울은 복음서의 정상이요, 사도행전의 종말이다. 누가는 쉽사리 전할 수 없는 바울의 죽음을 생략하고 여기에서 막을 내린다.

그는 예루살렘에서 시작하여 로마에서 끝맺는 것이다. 구약에 있어서 이사야서나 12소예언서나 전도서나 애가 등은 모든 위협과 엄벌에서 끝난다. 그러나 신약의 책들은 모두 기쁨으로 끝맺고 있다"(Bengel).

바울의 연표는 저명한 신약교수들 중에 바울의 연표(年表)를 시도한 분들이 많아 어지러울 정도다. 이제 그 중에서 영국의 라이트푸트(J. B. Lightfoot), 스위스의 고데(F. Godet) 및 미국 프린스턴의 메츠거(B. Metzger)의 연표를 참고로 대조하여 게재하고자 한다.

사 건	J. B. Lightfoot	F. Godet	B. Metzger
예수의 십자가	30년		
오순절 성령강림(행 2장)			30년5월28일
스데반 순교(행 7장)			33－34년
바울의 다메섹 회개(행 9장)	34년	37년, 약30세	34－35년
바울의 제1차 전도여행 (행 13－14장)	48년-	44-51년	46-48년
예루살렘 총회(행 15 : 1－29)	51년	51년	48－49년
제2차 여행(행 15 : 36－18 : 23)	51－54년	52－54년	49－53년
제3차 여행(행 18 : 24－21 : 17)	54－58년	54－59년	54－58년
바울의 체포(행 21 : 27－36)	58년	59－61년가을	58년
바울의 가이사랴 옥중(행 24 : 27)	－60년		58－60년
로마 호송(27장)	60년－	61년 가을－62년 봄	60년 가을－61년 봄
로마 옥중(28 : 20)	61－63년	62－64년	61－63년
바울의 석방(서바나 전도)			64－67년
재차 투옥	63년	67년	67－68년
바울의 순교	67년	67년	68년
요한의 죽음			98년 이후

2. 데살로니가전서

1) 수신자

“데살로니가전서는 그 저작 연대가 이렇게 이르기 때문에, 그리스도의 재림에 관하여 그렇게 많이 말하기 때문에, 그리고 초대교회의 사정과 바울의 활동을 그렇게 밝히 보여 주기 때문에 중요시되고 있다” (Thiessen).

데살로니가는 살로니가 만 머리에 있어 정치, 교통, 무역의 중심지였다. 온천지대였고 옛날에는 “델마”(Therma-‘온천’ 이란 뜻)라 불렸으나 빌립 왕의 양자인 카산더(Cassander)가 주전 315년에 이 곳을 건축하고, 알렉산더의 누이이며, 그의 아내의 이름을 본따 데살로니가로 명명하였다. 마게도냐가 로마의 영토가 되었을 때 4행정구역으로 나누었고, 데살로니가는 그 둘째 구역의 수도였고, 주전 146년 전체가 통합되면서 데살로니가는 전 마게도냐의 수도가 되었다. 영웅 시이저(Caesar)가 암살되고, 로마가 내란상태에 빠졌을 때, 데살로니가는 시이저의 양자 옥타비우스(Octavius)편에 가담한 공으로 주전 42년에는 자유도시가 되었다. 904년에는 사라센에게 점령되고, 1184년에는 십자군이 점령했다가 1430년에 터어키의 영토가 되었다. 제1차 세계대전 때는 영국 해병대가 점령하고, 제2차 세계대전 때는 독일의 공정 부대의 점령을 받았다. 현재는 “살로니카”라 불린다.

데살로니가는 교통의 요충으로 육로로는 에그나티아 도로(Via Egnatia)에 있고, 해로로는 좋은 지형을 낀 양항이다. 이래서 고대로 번창한 도시였고, 한 때에 인구 20만을 헤아려 “전 마게도냐의 어머니”(μήιηρ ή πάση μακηδονίης)라 불렸다. 바울 당시 이 곳은 7인의 행정관(행 17 : 6)에 의해 통치되었다. 유대인이 있었고, 그들의 회당도 있었다(행 17 : 1). 현재의 인구는 약 7만 명이고 그 중 절반이 유대인이다.

데살로니가교회의 기원에 관해서는 사도행전과 본서 자체에 비교적 상세히 밝혀져 있다. 주후 52~53년경, 바울의 제2차 전도여행시 바울은 빌립보를 떠나 실라와 디모데를 동반하고 암비볼리(Amphipolis), 아볼로니아(Apollonia)를 거쳐 데살로니가에 도착하였다(1 : 1, 2 : 1-2, 3 : 1-2, 행 17 : 1-10). 데살로니가에서 바울은 그의 관례를 따라 먼저 회당에 들어가 유대인을 상대로 한 전도를 개시하여 3주간을 보냈다(행 17 : 2). 그는 밤낮으로 일하면서 전도한 것이다(2 : 9). 바울이 데살로니가에서 보낸 세월은 3주간 이상 혹은 2개월(Moffatt), 혹은 7~8개월이나 된다고 추측한다.

이와 같이 시작된 데살로니가교회는 야손의 집에서 모였고(행 17 : 5), 교인의 대부분은 이방인이었다(행 17 : 4). 교인 중에는 위의 야손을 위시하여 바울의 충실한 동역자가 된 아리스다고(행 27 : 2, 골 4 : 10), 세군도(행 20 : 4) 등이 있었고, 데마도 아마 데살로니가인으로 믿어진다(딤후 4 : 10). 바울의 설교는 종말적 견지에서 예수의 구주성을 고조한 것이며(2 : 7, 11), 교인들은 이를 잘 받아들여 단시일 내에 훌륭한 신앙으로 성장한 것이다(1 : 2-10, 2 : 13, 3 : 6-10).

바울의 전도가 성공적으로 진행될 때 유대인들이 폭동을 일으켜 바울을 잡으러 왔고, 바울이 없으므로 집주인 야손을 끌고 갔다. 야손은 보(保)를 주고 놓였으나, 제자들은 바울의 신변을 염려하여 베뢰아로 보냈다. 원래 바울은 이 곳을 중심하여 인근 도시에 전도할 계획이었으나 유대인의 박해로 부득이 베뢰아로 갔고, 유대인들은 이 곳까지 추격해 왔으므로 바울은 이 곳도 떠나 아덴으로 향한 것이었다(행 17 : 5-15).

2) 저작동기와 목적

본서의 내용을 사도행전의 기록에 비추어 검토하면 본서 저작의 동기와 목적을 쉽게 알 수 있다. 바울이 유대인의 박해로 데살로니가와 베뢰아를 떠나 아덴까지 갔을 때, 디모데는 데살로니가(행 17 : 10)에, 실라는 베뢰아(행 17 : 14)에 떨어져 있었고, 바울은 두 사람이 아덴으로 합류하기를 명하였다(행 17 : 15).

두 사람은 아덴까지 와서 데살로니가교회가 겪는 박해에 대해 전하였으므로 바울은 직접 그 곳에 다시 가려 했으나 뜻을 이루지 못하고(2 : 17-18), 다시 그들을 마게도냐로 보냈다. 그때 디모데는 데살로니가로 갔으나(3 : 2), 실라는 다른 지방(빌립보나 베뢰아)으로 보내진 듯하다. 바울은 아덴에서 그들의 복명을 초조하게 기다렸으나 빨리 오지 않으므로 홀로 고린도로 향하였고, 거기서 두 사람은 돌아와 복명하였다(행 18 : 5).

데살로니가교회에 관한 디모데의 보고를 받고 바울은 우선 크게 안도를 느껴 감사했고, 동시에 몇 가지 주의를 주어야 하겠다고 느껴 붓을 들어 그의 첫 서신인 본서를 기록한 것이다. 기쁜 소식이란 그들이 여전히 바울을 사모하고(3 : 6-10), 그가 전한 말씀을 잘 준행하여(2 : 13), 믿음과 사랑과 소망이 건전히 성장하여 다른 지방에까지 본이 되었다는 것이다(1 : 2-10).

데살로니가교회에 대해 우려할 점이란 첫째, 바울의 전도를 듣고, 주의 재림이 임박한 것으로 단정하여 일도 하지 않고, 무위도식하는 자가 있었다(4 : 11-12, 살후 3 : 8). 둘째, 어떤 자는 과거의 부도덕한 생활을 버리지 못하고 있었다(4 : 1-6). 셋째, 어떤 자들은 죽은 가족을 위해 너무 비탄에 빠져 있었다(4 : 13-18). 이런 상황에서 바울은 한편 그들의 좋은 믿음에 감사하고, 또 한편 그릇된 점들을 시정하기 위해 그의 최초의 서신을 보낸 것이다.

3) 연대와 장소

위의 사정과 같이 본서는 바울이 제2차 전도여행 도중 고린도에서 기록한 것이 분명하다(AKL에 "아덴에서"란 기록이 있으나). 그러나 연대는 일정하지 않다. 바울의 고린도 도착을 48년(Bengel), 50년(Thiessen), 52년(De wette, Lightfoot), 53년(Meyer, Ramsay) 등으로 추측한다. 그러나 바울을 고린도에서 재판한 갈리오가 글라우디스 황제에 의해 52~53년간 아가야 총독으로 임명된 기록이 나타나 본서의 기록연대도 결정적으로 주후 53년으로 보는 것이다.

4) 특 징

본서는(후서도 같지만) 바울의 첫 번째 서신이고, 갓 세운 교회에 보낸 서신이므로 초대교회적 분위기에 넘쳐 있다.

첫째, 본서는 단순한 책이다. 단순한 낱말과 서술로 일관하고 있다.

둘째, 논쟁이 없는 평범한 책이다.

셋째, 어버이 같은 애정이 넘치는 서신이다(2 : 7).

넷째, 본서의 교리는 보편적인 것이 아니라 종말론에 치우쳐 있다. 이 점은 전후서가 공통되고 "바울의 종말론"이라 불린다. 그것이 초대교회의 전반적 특색이기도 했던 것이다.

5) 내용 분해

Ⅰ. 역사적 부분 1~3장
  1. 문안 (1 : 1)
  2. 현재에 대한 감사 (1 : 2-10)
  3. 과거에 대한 감사 (2 : 1-20)
  4. 디모데의 파송 (3 : 1-13)

Ⅱ. 교훈적 부분 4~5장
  1. 도덕적 교훈 (4 : 1-12)
  2. 교리적 교훈 (4 : 13-5 : 11)
  3. 실제적 교훈 (5 : 12-24)
  4. 결 론 (5 : 25-28)

3. 데살로니가후서

1) 저작동기와 목적

바울이 데살로니가전서를 보낸 후 그 서신에 대한 답서가 왔을 것이고, 그렇지 않다 해도 인편 등을 통하여 교회의 그후 사정을 알 수 있었을 것이다. 그 사정이 바울로 하여금 두 번째 편지를 보내는 동기가 되었다. 교회의 사정이란 것은 데살로니가교회의 재림에 대한 태도가 보다 과열된 것이다. 바울은 전서에서 이미 재림에 관해 다루었으나 교회 내의 일부 몰지각한 부류들은 재림이 이미 실현되었다 하여 일을 하지 아니하고, 몰려다니면서 어떤 가정에 폐를 끼치고 있었다. 이런 사정을 알게 된 바울은 급히 붓을 들어 두 번째 서신에서 냉철하게 재림에 대한 교리를 밝힌 것이다. 그리고 재림 이전에 있을 징조를 보이면서 무위도식하는 무리를 경계하였다.

2) 연대와 장소

데살로니가전서와 후서는 같은 저자가 같은 수신자에게, 같은 시기에 같은 안건으로 보낸 서신의 전후편이므로 별도의 서론이 필요할 수 없는 것이다. 즉, 후서는 전서를 보낸 약간 후에 계속하여 보냈으므로 전서와 같이 주후 53년 고린도에서의 저작으로 본다.

3) 특 징

데살로니가전후서는 같은 사항에 대한 전후서이므로 그 차이점만 밝히면 될 것 같다. 첫째, 서신의 분위기에서 두 서신은 다같이 어버이 심정으로 보낸 첫사랑의 서신이나 전서는 전적 사랑이 넘치는 어머니의 편지라면, 후서는 그 잘못을 경책하는 아버지의 서신일 것이다. 둘째, 내용에 있어 두 책은 다같이 종말론을 다루고 있으나 전서는 돌연히 도적같이 재림이 임한다 하였으나, 후서는 그 전에 배교적 사건이 있을 것을 말하고 있다. 그 재림의 색채가 전서는 일반적인 데 대해 후서는 유대적 색채다. 그래서 후서는 유대인 신자에게 보냈다는 가설까지 생기게 된 것이다(Harnack).

4) 내용 분해

I. 서론 1장
  1. 문안 (1 : 1 - 2)
  2. 감사와 기도 (1 : 3 - 12)

II. 교리적 부분 : 재림문제 2장
  1. 재림의 순서 (2 : 1 - 12)
  2. 구원받을 자(감사와 기도) (2 : 13 - 17)

III. 교훈적 부분 3장
  1. 기도와 장려 (3 : 1 - 5)
  2. 규모있게 행할 것 (3 : 6 - 15)
  3. 결 론 (3 : 16 - 18)

4. 갈라디아서

"갈라디아서는 나의 편지요, 나의 아내이다"(Luther), "갈라디아서는 종교개혁의 선전포고였다"(Thiessen), "갈라디아서는 그리스도교 신앙의 대헌장(Magna Charta)이다"(Stamm). 실로 갈라디아서는 종교개혁과 더불어 각광을 받게 된 책이다. 개혁자 루터는 본서를 특히 중요시하여 로마서와 더불어 그의 종교개혁의 근거로 삼았고, 양서에 대한 주해도 내었다. 이래서 본서는 로마서와 동열로 취급되고 "소로마서"라 불린다.

1) 수신자

갈라디아 지방이란 소아시아의 비시디아 안디옥, 이고니온, 루스드라, 더베 등지를 가리킨다. 바울과 바나바는 제1차 전도여행 때 시리아 안디옥을 떠나 먼저 바나바의 고향인 구브로 섬 전도를 끝냈다. 그리고 두 사도는 소아시아로 상륙하여 갈라디아 지역인 비시디아 안디옥(행 13 : 14 - 50), 이고니온(13 : 51 - 14 : 5), 루스드라(14 : 6 - 24), 더베(14 :

20)의 순으로 전도하여 교회를 설립하였고, 더베 전도를 끝낸 그들은 역으로 루스드라-이고니온-비시디아 안디옥을 거쳐 시리아 안디옥 본거지로 돌아왔다. 제2차 여행 때에도 바울 일행은 대체로 위의 갈라디아 지역을 재심방전도하였다(행 16 : 6).

(1) 남 · 북 갈라디아설 : 본서의 수신자문제에서 수신자 교회가 갈라디아 지방의 남북 중 어느 쪽이냐는 문제가 있다. 그것은 본서의 근본문제라거나 교리문제에 아무 상관이 없이 그냥 토론문제가 되어 있고, 더구나 영국의 석학 라이트푸트(J. B. Lightfoot, 1828-89)와 램지(W. M. Ramsay, 1851-1939)가 양편의 기수 격이 된 후 더욱 흥미로운 토론거리가 되고 있다.

"북갈라디아설"(The North Galatian Theory ; Neaunder, Hilgenfeld, Ellicott, Dods, Moffatt, Lightfoot 등)은 북방에 위치한 고대 갈라디아 왕국의 영역이라는 것이다. 그 이유로 ① 어떤 사회에서든 지명이라는 것은 지리적인 뜻에서 불리는 것 ② 바울이 전도할 때 북방 지역에 갔다는 것 등이다.

"남갈라디아설"(The South Galatian Theory ; Schmidt, Zahn, Burton, Weiss, Renan, Thiessen, Ramsay 등)의 근거로는 ① 바울이 북편 갈라디아에 전도한 흔적이 없는 것 ② 남방전도는 제1차 때나 제2차 때나 하였고 ③ 바울은 그의 신병 때문에 이 곳을 방문했는데(4 : 13) 병사가 춥고 견디기 어려운 북방으로 갈 수 없었던 것 ④ 갈라디아인은 바울을 천사처럼 환영했는데(4 : 14) 이는 그의 루스드라의 기적(행 14 : 12 이하)을 가리키는 듯한 것 ⑤ 바울의 몸에 예수의 흔적을 가졌다는 것도(6 : 17) 루스드라에서 돌에 맞은 것을 가리킬 수 있을 것 등이다.

(2) 갈라디아교회 : 바울과 바나바의 제1차 전도여행에서 갈라디아

지방 전도가 그 중요 부분이었다. 비시디아 안디옥에서 바울은 그의 관례대로 안식일에 회당에서 구약성경을 강해하면서 메시야를 전하였고, 그 결과는 좋아 이방인들이 믿게 되었으나 유대인의 반대로 이고니온으로 내려갔다. 이고니온에서도 전도와 표적행사로 효능이 좋았으나 역시 유대인의 핍박으로 루스드라로 도피하여 갔고, 이 곳에서는 앉은뱅이를 고치는 기적이 있었고, 바울 자신도 돌에 맞아 죽었으나 다시 살아 더베로 갔다(행 14 : 8-20). 이 곳에서는 무엇보다도 바울의 일생의 동역자요, 믿음의 아들인 디모데를 얻었다. 바울은 왔던 길을 역으로 가며, 각지에서 장로를 세워 교회를 조직하였다. 그리고 시리아 안디옥의 선교 본거지로 돌아갔다. 바울은 제2차 전도여행에서 바나바와 결별하고, 단독 전도여행에 나섰으나 앞서 선포한 갈라디아 지방 교회를 심방하며 굳게 하였다(행 16 : 6). 그리고 제3차 여행 때 역시 이 곳을 심방전도하였다(행 18 : 23).

이와 같이 그의 제1차 여행에서 정력을 기울여 선교하고, 제2와 3차 여행 때에도 빼지 않고 심방전도한 남갈라디아 지방에 그가 본서와 같은 서신을 보낸 것은 자연스런 일일 것이다.

2) 연대와 장소

본서의 저작시기와 장소문제는 애매하여 이설이 많다. ① 50~51년, 제1차 전도여행을 끝내고 안디옥에서(Lake, McNeil) ② 53년 제2차 여행 도중 고린도에서(Zahn) ③ 55년 제2차 여행 말에 에베소에서(Clarke) ④ 55년 제2차 여행을 끝내고 안디옥에서(Ramsay, Stamm) ⑤ 54~57년, 제3차 여행중 에베소에서(Hugh, De wette, Meyer, Olshausen) ⑥ 55~56년, 제3차 여행의 말기 마게도냐에서(Thiessen, Lightfoot) ⑦ 로마에서(Eusebius, Jerome, Theodoret) 등이다.

마지막 설은 초대교부 간에는 지지를 얻었으나 지금은 폐기되었다. 일단 ④ 내지 ⑤를 택하고 그 이유로는 첫째, 4 : 13에 "내가 처음에 육체의 약함을 인하여"는 두 번째 방문을 암시하므로(행 16 : 6, 18 : 23) 제2차 여행 이후로 보인다. 둘째, 본서 2 : 1~10의 기사를 사도행전 15장의 예루살렘 총회로 본다면 본서는 자연히 그 총회 후, 또 제2차 여행 후가 되는 것이다. 셋째, 1 : 6의 "그리스도의 은혜로 너희를 부르신 이를 이같이 속히 떠나"에 비추어 바울이 전도하고 떠난 직후 유대인들의 선동이 시작되어 성도들을 유혹하여 율법주의로 되돌아가게 함으로 바울은 즉시 본서를 보냈을 것이다. 그러므로 본서 저작은 제2차 여행을 마치고 안디옥에 돌아왔을 때나 제3차 여행 중 에베소에 장기간 머물 때에 되어진 것으로 보인다.

3) 저작동기와 목적

갈라디아서의 저작동기를 밝히면서 그 원인(遠因)이 될 배경을 살펴볼 필요가 있다. 바울은 그의 전도여행에서 가는 곳마다 유대인들과 해우하였고, 또 그들의 박해를 받았다. 갈라디아 지방만 하더라도 주전 2세기 초에 시리아 왕 안티오쿠스는 2천 명의 유대인을 바벨론에서 이 지역으로 옮겼고(Jos. Ant. xii. 3 : 4), 로마의 초대황제 아우구스투스(Augustus, 주전 43 - 주후 19)는 갈라디아의 유대인에게 보호령을 내린 일이 있었다. 바울은 가능하면 그리스도교가 유대교를 그대로 계승하기를 원했고, 그러므로 가는 곳마다 먼저 유대인의 회당에서 유대인을 상대로 구약성서를 들어 그리스도를 전하는 것이 그의 관례였던 것이다. 그러나 유대인들의 집요한 반대로 제3차 여행 때 에베소의 두란노서원(행 19 : 8 - 9) 이후 회당을 떠나 독자적 전도방법을 취하게 되었다. 그것은 역사적으로 피할 수 없는 과정이었던 것이다.

제1차 여행 후 모인 예루살렘 총회도 이런 유대교와의 마찰 때문이었다. 문제는 유대인 신자들이 제기한 것으로서 예수를 믿어도 모세의 율법을 지키며 할례를 받아야 한다는 것이고, 총회의 결의는 믿음의 길에 어떠한 장애도 용납하지 않는다는 것이었다.

신약의 서신들 중에 이런 유대교와 마찰을 논한 것이 갈라디아서와 히브리서였다. 히브리서는 보다 변증적이고, 갈라디아서는 공격조이다. 바울이 갈라디아를 처음 방문한 것은 그의 건강 때문이었고(4 : 13-15), 그 방문의 결과는 의외로 좋았다. 갈라디아인은 바울을 환영하고 존경하며, 많은 사람들이 믿게 되었다. 그러나 유대인들이 바울이 가는 곳마다 따라다니면서 핍박하였다(행 13 : 13-14 : 20).

바울이 이 지방을 떠난 후 얼마 안 되어 유대인들은 갈라디아 교인들을 유혹하여 현혹시키고, 예수를 믿어도 율법을 지키고 할례를 받아야 한다고 하였다(5 : 4, 6 : 12). 또한 바울이 전한 복음을 파괴하고, 또 바울의 사도권을 부인하여 예루살렘에서 인정받지 못한 사사로운 것이라 하였다(1 : 1). 십자가의 구속을 반대함으로 복음의 본질을 변경시켜 다른 복음을 만들려 한 것이다(1 : 6-10). 이런 소식을 들은 바울은 교회와 복음의 중대한 위기임을 직감하여 급히 붓을 들어 본서를 보낸 것이다. 본서의 골격이 될 중요 조문은 다음과 같다.

① 바울의 사도권을 옹호하며, 그 신적 기원을 강조하였다(1 : 1). 예루살렘에서도 인정받은 것과(2 : 1-10) 베드로까지도 대등으로 대한 것을 밝혔다(2 : 11-21). 바울이 이와 같이 자신의 사도권을 주장한 것은 그 사도권과 그리스도의 복음이 일치되기 때문이었다. ② 복음은 예수 그리스도의 십자가의 대속에 근거한 것(1 : 1-5, 3 : 1) ③ 믿음으로 의롭다 하심을 받는 것(3-4장) ④ 믿음에서 의롭다 하심을 받으면 유대인의 율법에서 자유를 얻은 것이며(5 : 1-15), 성령 안에서 성장할 것(6 : 1-5), 그 유대인 자신들에게는 단호하게 대할 것(6 : 11-18) 등이다.

4) 특 징

갈라디아서는 성격이 뚜렷한 책이다. 그 특징을 찾는 것은 어려운 일도 아니며, 이의도 없다.

첫째, 본서는 전투적 또는 변박적 책이다. 본서 서두에 "사람들에게서 난 것도 아니요, 사람으로 말미암은 것도 아니요……"(1 : 1)란 곧 선전포고이다. "어리석도다 갈라디아 사람들아"(3 : 1), "너희가 이같이 어리석으냐"(3 : 3)는 정면공격의 문장을 위시하여 전 서신이 전투적 분위기로 진행되고, "이후로는 누구든지 나를 괴롭게 말라. 내가 내 몸에 예수의 흔적을 가졌노라."(6 : 17)는 단호한 글귀로 끝맺고 있다. 루터가 종교개혁의 봉화를 쳐들었을 때 본서를 근거한 것이 수긍가는 점이 있었다. 본서에 흐르는 율법주의자에 대한 바울의 전투정신이 가톨리시즘에 대항한 루터의 정신을 일으켰기 때문이었을 것이다. "본서에 있어 문장이 사상을 구성하는 것이 아니라 강한 사상이 문장을 구상하고, 그 힘이 되고, 생명이 되고 미가 되고 있는 것이다"(Sabatier).

둘째, 본서는 바울의 자서전(Apologia pro via sua)이다. 바울서신 도처에 그의 자서전적인 면모를 찾을 수 있으나 본서처럼 그의 사생활을 깊이 파헤친 책은 없다. 1 : 18~2 : 12의 내용은 바울전 연구에 소중한 자료가 되는 동시에 초대교회의 모습을 생생하게 보여 준다.

셋째, 로마서와의 유사점이다. 로마서는 바울 신학의 결정(結晶)으로서 그리스도교 구원론을 제공하여 그리스도교 교리의 근간을 이룩한 전무후무한 대서신으로 공인되고 있다. 본서는 그 저작의 동기와 서신의 체재에 있어서는 로마서와 대조가 되지만, 그 중심사상은 완전히 일치하여 "소로마서"라 불린다. 저작의 연대는 본서가 약간 앞서 그 예비적 서한으로 볼 수도 있다. 즉, 본서에서 선명히 밝힌 복음의 진수를 고요히 정리하고 조직한 것이 바로 로마서였던 것이다.

본서와 로마서의 공통된 사상은 믿음으로 의롭게 되는(依信義認) 복음의 대진수다(2 : 16). 즉, 구원은 율법을 행함에 있지 않고(2 : 16), 그리스도를 믿으며, 그의 십자가의 대속으로 의롭게 되고(3 : 1, 6 : 14), 성령 안에서 새 생활을 함으로(5 : 16 – 26) 그리스도와 일치되는 것이다(2 : 20). 이와 같이 율법과 복음과의 관계, 믿음으로 의롭게 됨 및 성령 안에서의 새 생활 등은 그리스도교 교리의 핵심적 요소이다. 아마 본서는 유대교에 대한 그리스도교의 독립선언문이라고도 할 수 있을 것이다.

그러나 본서와 로마서는 사상적으로는 일치하면서도 그 체재에서는 오히려 대조적이다. 본서가 철저하게 전투적이며 비조직적인 데 대해 로마서는 논설적이고 조직적이기 때문이다. 이런 대조는 그 저작의 동기에서 쉽사리 밝힐 수 있을 것이다. 본서는 이미 설립한 교회가 유대주의의 모략으로 와해될 위기를 보고, 격분한 저자가 황급히 붓을 들어 사정없이 반격한 서한인 데 대하여, 로마서는 3차 전도여행을 통하여 소아시아와 동유럽의 선교를 일단락지은 저자가 당시 세계의 수도 로마를 전망하면서 로마 대선교계획의 기초작업으로 미지의 교회에 보낸 서신이었다. 하여튼 같은 내용이면서 전혀 풍채를 달리하는 두 서신을 가졌다는 것은 여러 방면으로 뜻이 있는 일일 것이다.

5) 내용 분해

I. 변명편(복음과 사도권) 1~2장

1. 서론 (1 : 1 - 10)
2. 사도직(복음)의 신적 기원 (1 : 11 - 24)
3. 교회의 공적 인정 (2 : 1 - 14)
4. 복음의 요약 (2 : 15 - 21)

II. 교리편 - 복음과 율법 3~4장

1. 복음과 율법 (3 : 1 - 14)
2. 약속과 율법 (3 : 15 - 4 : 7)
3. 율법주의에 대한 경계 (4 : 8 - 31)

III. 실천편 - 복음과 윤리 5~6장

1. 자유를 바르게 지킬 것 (5 : 1 - 15)
2. 육적 행위와 영적 생활 (5 : 16 - 26)
3. 성도의 교제 (6 : 1 - 10)
4. 결 론 (6 : 11 - 18)

5. 고린도전서

1) 수신자

(1) 고린도 시 : 고대 헬라의 문화는 그 많은 도서와 굴곡선이 심한 해안선에 기인한 바가 컸을 것이다. 이런 헬라의 지리적 우위성은 고린도에서 더욱 그렇다. 고린도는 발칸 반도의 남쪽, 거의 큰 섬을 형성하는(지금은 운하로 인하여 문자적으로 섬이 되었으나) 페로포네도의 동북에 위치한다. 서방 3km지점에 레케움(Lechaeum)이 고린도 만에 면하고, 동방 14km지점에 겐그레아(Cenchraea)가 살로니가 만에 면하고 있어 고린도는 두 항구를 발판으로 "두 바다 사이의 고린도"(bimaria Corinthus, by Horatius)라 불린다.

이런 지리적 이점은 자연 고린도를 교통, 상업, 정치의 중심지로 만들어 그 화려하고도 오랜 역사를 엮어 내었다. 고린도는 테베, 아덴, 스파르타와 더불어 고대 헬라의 도시국가의 한 맹주도시였다. 그 전성기는 주전 7세기의 키프셀루스(Cypselus) 왕 시대로 "전 헬라의 빛"(lumen totius Graeciae)이라는 별명까지 얻었다. 주전 146년 고린도는 로마의 장군 뭄미우스(Lucius Mummius)에 의해 파괴되어 약 100년 간 폐허로 방치되었다. 고린도의 번영을 질투한 로마의 정책 때문이었던 것이다. 주전 46년 영웅 시이저(Julius Caesar)는 고린도를 재건하였다. 그후 고린도는 급속히 발전되어 아구스토 황제 때는 아가야(Achaia)의 수도가 되고, 바울 당시에는 인구 60만 명을 헤아리는 대도시로 발전했다. 이런 고린도 시민의 대부분이 노예로서 자유인 20만 명에 노예 40만 명이었다고 한다. 그들의 다수는 헬라인이었고, 각 국에서 유입된 각 국민도 많았으며, 유대인도 많아 그 회당이 있었던 것이다(행 18 : 1-17).

바울 당시 고린도는 상업의 도시로 발전하였고, 고대의 철학은 빛을 잃고 있었다. 그리고 올림픽 경기를 본받아 "이스므스"(Ismus) 경기를 개최하였고, 로마의 검투경기도 수입하였다.

이와 같이 현세적 번영상에 비해 고린도의 정신계는 극히 타락하고 암담하였다. 그들의 종교는 다른 헬라의 도시처럼 다신교였고, 이 곳의 유명한 사랑의 여신 아프로디테(Aphrodite)의 신전에는 1천 명에 달하는 창녀여승들이 있었다고 한다. 그래서 "고린도와 같이 됨"(κορινθια δεσθαι)은 "방탕아가 된다."는 대명사였다고 한다. 이런 죄악의 도시에 온 바울은 자연히 두렵고 떨린다(2 : 1-4)고 하였던 것이다.

(2) **고린도교회** : 고린도교회의 설립자는 물론 사도 바울이다(4 : 15). 바울의 고린도 전도의 상황은 사도행전 18 : 1~18에 기록되어 있다. 그것은 제2차 전도여행의 절정이었으며, 때는 주후 52년경이었다. 바울은 아덴에서 이 곳에 왔고, 처음은 두렵고 떨린다고 하였다(2 : 3). 아마 고린도의 외적 번창상과 정신적 타락상 때문이었을 것이다.

바울은 이런 외적 억압에 반하여 좋은 동역자를 얻었다. 그들은 아굴라 · 브리스길라 부부로 로마에서 이주하여 왔고, 바울과 동업자이므로 주간에는 같이 장막을 깁는 일을 하고, 안식일에는 같이 회당에서 복음을 전하였다. 또 디모데와 실라도 마게도냐에서 돌아와 합류했으므로 바울은 점차 안정을 얻어 전도에 열을 올렸던 것이다.

그러나 바울은 이 곳에서도 유대인들의 핍박을 받아 그들을 떠나 디도 유스도라는 이방인 신자의 집에서 모여 1년 반 동안 전력을 기울인 결과 고린도교회의 터전이 잡힌 것이다. 이렇게 설립된 고린도교회는 크게 성장하여 대교회를 이룩하였고 교인은 대부분 이방인 신도들이었다.

2) 저작동기와 목적

고린도에서 1년 반 동안의 전도를 끝낸 바울은 아굴라 · 브리스길라 부부와 같이 떠나 에베소로 갔고, 거기에 그들 부부를 남겨둔 채 해로로 가이사랴를 거쳐 선교의 본거지인 안디옥에 돌아왔다. 이로써 바울의 제2차 전도여행은 끝난 셈이었다. 그러나 그는 계속하여 제3차 전도여행에 나서서 갈라디아 지방을 거쳐 에베소에 왔다(행 18 : 18 - 23). 바울은 에베소 전도 중에도 앞서 세운 고린도교회에 대한 관심이 커서 그들과 서신교환이 빈번하였다. 그것이 곧 고린도전후서였다. 바울이 에베소에서 고린도전서를 기록한 직접적 원인은 다음과 같다.

첫째, "글로에의 집 사람"이 가지고 온 소식으로, 주로 교회의 당파에 관한 소식이었다(1 : 11 - 12). 둘째, 교회로부터 여러 가지 당면문제들에 대한 질문서였고, 그것은 스데바나와 브드나도와 아가이고가 가지고 온 것이다(16 : 17). 그 질문서에 대하여 바울은 "……에 대하여는"(πέρι……)란 형식으로 대답하고, 그것이 곧 본서의 내용인데 다음과 같다.

① 당파문제 1 : 10～4장
② 불륜사건 5장
③ 소송사건 6 : 1～11
④ 혼인문제(독신자, 이혼, 처녀의 결혼, 과부의 결혼) 7장
⑤ 우상의 제물문제 8～10장
⑥ 부인들의 수건문제 11 : 1～16
⑦ 성찬에 대한 문제 11 : 17～34
⑧ 성령의 은사문제 12～14장
⑨ 부활문제 15장
⑩ 헌금문제 16 : 1～4
⑪ 아볼로에 대하여 16 : 12

3) 장소와 연대

본서를 기록한 장소는 앞서 지적한 사정과 본서 자체의 기록으로 보아 에베소인 것이 분명하다. "내가 오순절까지 에베소에 유하려 함은"(16 : 8) 하고, "아시아의 교회들이 너희에게 문안하고, 아굴라와 브리스가와 및 그 집에 있는 교회가 주 안에서 너희에게 간절히 문안한다."

(16 : 19)고 하였다.

본서를 기록한 시기는 거의 정확히 알고 있다. 기록한 장소가 에베소이므로 바울의 에베소 체류기 3년 중에 언제냐는 것만 규명하면 되는 것이다.

① 에베소 체류기간에 디모데와 에라스도를 마게도냐로 보냈고(행 19 : 22), 디모데는 다시 고린도에까지 보냈다(4 : 17). 본서는 그들이 떠난 후 기록되었고, 따라서 전서에는 문안자의 명단에 디모데가 빠지고, 후서에는 있다.

② 바울은 글로에의 집 사람이나 고린도교회의 질문서를 받고 그 회답으로 본서를 보냈다.

③ 또 "고린도전전서"(5 : 9)도 본서 이전에 보냈다.

④ 본서 16 : 1~2에 고린도교회에 헌금을 준비할 것을 원했고, 고린도후서 8 : 10, 9 : 2에는 1년 전에 벌써 준비되었다 하므로 전후서의 저작연대의 간격은 1년 이내인 것이다.

이와 같은 사정으로 본서의 저술시기는 에베소 체류기의 후반이 되는 것이다. 그러므로 그의 에베소 체류기를 주후 53~57년으로 보고, 본서는 55년의 유월절이 가까운 봄이란 것이 가장 유력한 견해가 되는 것이다(Robertson, Plummer, Thiessen, Claig 등). 그리고 약간 늦게 보는 편(56년 - Ramsay, 57년 - Davidson, Lightfoot, 58년 - Meyer)은 큰 문제가 되지 않는다.

고린도전전서 : 고린도전서 5 : 9에 보면 "내가 너희에게 쓴 것에 음행하는 자들을 사귀지 말라 하였거니와"라는 말이 있다. 이 기록은 본서 이전에 고린도에 또 하나의 편지를 보냈다는 말이다. 그것은 당시 고린도의 풍기가 문란한 사정을 우려한 바울이 그들과의 교제를 끊음으로 교회의 순결성을 유지하라는 경계였을 것이다. 혹은 이 "전전서"가 고린도후서 6 : 14~7 : 1이라는 주장도 있다(von Soden, Moffatt). 그러나 사본상으로 그 근거는 없다.

고린도전전서를 기록한 연대는 바울이 고린도를 떠난 이후(행 18 : 18), 본서를 기록하기 이전이었을 것이므로 그 기록의 장소 역시 에베소였을 것이고, 그 내용은 긴 편지가 아니라 음행문제의 경계만을 다룬 간단한 서신이었을 것이다. 당시 에베소와 고린도 간의 교통은 빈번했으므로 이런 단신을 보내는 것은 용이했을 것이다.

4) 특 징

고린도전후서는 바울의 서신들 중에서도 한 표준을 제시한 분명한 특색을 가진다. 로마서나 갈라디아서처럼 교리적인 것도, 빌립보서나 빌레몬서처럼 개인적인 것도, 디모데전후서나 디도서처럼 목회적인 것도 아니다. 이와 같이 교리적, 개인적, 목회적인 것이 무시된 것이 아니라, 오히려 뿌리 깊게 지배하면서 그것들을 종합하고, 또 초월하여 본서의 독특한 성격을 형성하고 있는 것이다.

첫째, 본서는 실제적 서신이다. 넓은 의미에서 바울서신은 전체적으로 실제적 서신들이었다. 그것은 이론을 위해 이론을 전개한 헬라의 사변적인 것은 아니었다. 분주한 전도여행에 쫓기면서 교회의 실제 사정과 요구에 응하여 붓을 들어 기록한 실제적이요, 선교적이며, 교회적인 서신들이었다. 그러나 실제에 응하면서 위와 같이 각양이었으나 본서는 실제에 응한 실제적 서신인 것이다. 고린도교회의 문제를 구체적으로 논거하며 지도한 실제적 서신이다.

둘째, 그 실제적 지도는 영원한 진리에 깊게 입각해 있다. 바울의 실제 문제에 대한 지도태도는 환경을 따른 상식적인 것이 아닌 참신한 면이 있다. 그것은 유대인의 율법적인 것이나 헬라인의 사변적인 것과는 비교할 수 없는 창조적인 새 지도원리였다. 그것은 그가 영원한 진리를 굳게 파악하면서 이를 당면한 실제 문제에 적용했기 때문이다. 그러므로 본서의 지도원리는 당시 고린도교회에 국한한 원리가 아니라 모든 교회들을 영원히 지도할 새로운 실제 교훈이었던 것이다.

셋째, 본서는 초대교회의 사정을 가르쳐 주는 소중한 자료다. 사실 사도행전과 본서는 서로 상응하면서 초대교회사 및 바울전기에 확실한 자료를 제공해 주는 것이다. 그리고 사도행전이 교회의 외적 발전상을 보이는 것이라면, 본서는 교회의 내적 실정을 가리켜 주는 것이다.

넷째, 본서의 문학적 가치도 탁월한 바 있다. 본서의 헬라어는 오히려 고전적이며, 유창하며, 바울 문체 중 표준적이라 불린다. 더구나 특출한 것은 13장의 사랑의 찬가와 15장의 교리면에서 최신비적인 부활론을 거론할 수 있다. 본서가 "세계 문학의 탁월한 걸작"이란 높은 평가를 받게 된 것도 우연한 일은 아니다.

5) 내용 분해

Ⅰ. 서 론 1 : 1~9

Ⅱ. 분쟁문제 1 : 10~4 : 21

1. 분쟁의 실정 (1 : 10 - 17)
2. 사람의 지혜와 하나님의 지혜 (1 : 18 - 2 : 16)
3. 사람의 일과 하나님의 일 (3 : 1 - 23)
4. 분쟁에 대한 권면 (4 : 1 - 21)

Ⅲ. 도덕문제 5~7장

1. 패륜문제 (5 : 1 - 13)
2. 소송문제 (6 : 1 - 20)
3. 결혼문제 (7 : 1 - 40)

Ⅳ. 우상의 제물문제 8~10장

1. 근본적 원칙 (8 : 1 - 13)
2. 바울의 모범 (9 : 1 - 27)
3. 종합적 교훈 (10 : 1 - 33)

Ⅴ. 집회에 관한 문제 11~14장

1. 여자의 수건에 대하여 (11 : 1 - 16)
2. 성찬에 대하여 (11 : 17 - 34)
3. 성령의 은사에 대하여 (12 : 1 - 14 : 40)

Ⅵ. 부활문제 15장
1. 부활의 확실성 (15 : 1 – 34)
2. 부활의 성격 (15 : 35 – 58)

Ⅶ. 결 론 16장
1. 성도를 위한 연보 (16 : 1 – 4)
2. 바울의 여정 (16 : 5 – 9)
3. 인사문제 (16 : 10 – 18)
4. 문안과 축도 (16 : 19 – 24)

6. 고린도후서

1) 저작동기와 목적

본서 기록의 전말을 살피기 위해서는 먼저 그의 **중간 방문**이라 불리는 제2차 고린도 방문의 사실을 밝혀야 할 것이다. 바울의 고린도 제1차 방문은 그의 제2차 전도여행의 말기였다(행 18 : 1). 그리고 고린도전서를 기록한 때와 장소는 제3차 여행 도중 에베소 전도시기였다(행 19장). 그런데 본서 12 : 14, 13 : 1에 의하면 그는 고린도에 "세 번째 방문하려고" 하고 있다. 그렇다면 그는 그동안에 고린도를 한번 더 방문한 것이 분명하고, 그것은 사도행전에 기록되지 않은 것으로 이를 "중간 방문"이라 불린다.

당초에 바울의 제2차 방문계획은 마게도냐를 거쳐 고린도에 도착하고, 거기서 얼마간 머물 생각이었다(고전 16 : 3 – 9). 그러나 전서를 보낸 후 교회의 사정은 악화되어 바울은 해로를 택하여 고린도로 직행하였고, 또 이 중간 방문은 명백히 실패한 듯하였다.

본서를 기록한 동기와 목적은 대체로 다음과 같다.

① 고린도전서는 그 교회 내의 여러 가지 문제들의 해결을 위해 주어졌다. 그 문제들 중에서도 분쟁문제는 바울의 큰 관심사였으며, 반대파에서 오는 어려움 때문에 그는 디모데를 보내면서 그를 정중히 대접해

줄 것을 부탁하기까지 했다(고전 16 : 10 - 11).

② 디모데는 무슨 사정으로 고린도에 가지 못하였는지 모르지만, 갔더라도 별 성과를 얻지 못하였을 것이다. 본서를 기록할 때에 그는 바울과 같이 마게도냐에 있었다(1 : 1).

③ 전서를 보낸 이후 고린도의 사정은 악화되었고, 유대인파가 득세하여 교회를 혼란하게 하였다. 그래서 바울은 급거 고린도를 중간 방문하였으나 그것은 실패로 돌아가고, 바울은 모욕을 받고 에베소로 돌아왔다(2 : 5 - 11).

④ 본서의 양분설을 따르면 여기서 바울은 "눈물의 편지"(10 - 13장)를 보낸 것이 된다. 눈물의 편지는 잃어버린 편지거나(Sanday, Thiessen : 그러므로 본서의 통일성을 그대로 믿음), 본서 10~13장이 그 중요한 부분일 것이다(Hausrath, Plummer : 그러므로 본서의 양분성을 따름).

⑤ 바울은 디도를 고린도로 보내어 계속 사태수습에 노력하게 하고, 겸하여 헌금수집도 하게 하였다(8 : 16). 디도는 디모데보다는 정치적 수완이 있어 수습이 성공한 듯하다.

⑥ 바울은 에베소에서 디도의 복명을 기다렸으나 오지 않아 초조한 마음이었고, 또 에베소에서도 소동이 일어나 바울은 떠나게 된다(행 19 : 23 - 20 : 1).

⑦ 드로아에 도착했으나 여전히 디도는 오지 않아 그는 더욱 초조하게 되어, 드로아에 전도의 기회가 있었으나 이를 포기하고 바다를 건너 마게도냐로 갔다(2 : 12 - 13).

⑧ 마게도냐에서 바울은 디도를 만났고, 고린도교회의 사태가 잘 수습되었다는 좋은 소식을 접하고(7 : 5 - 7) 본서를 기록하였다. 본서는 디도가 바울보다 한 걸음 앞서 고린도에 가지고 간 것으로 보인다(8 : 16 - 24).

⑨ 드디어 바울이 고린도에 도착했을 때(세 번째로) 여러 난관은 해결되고, 바울은 3개월 간을 체재하면서(행 19 : 21, 20 : 3) 안정된 마음으

로 다음의 전도 목적지인 로마 전도를 위한 준비서로 그 웅대한 대로마서를 저술한 것이었다.

위와 같은 사정에서 본서의 목적은 분명하다. 즉, 바울에 대한 고린도교회의 오해를 시정하고, 교회의 문제에 대한 지시를 하기 위함이었다. 그는 먼저 앞선 중간 방문 때의 예정 변경에 대해 변명하고(1 : 15-17), 반대자에 대한 치리를 지시한 후(2 : 5-11), 자신의 전도자로서(4-6장), 또 사도로서(10-13장)의 권위를 변명하였으며, 연보에 대한 지시도 아울러 주었다(8-9장).

2) 장소와 연대

본서가 마게도냐에서 기록된 것은 분명하고(2 : 13, 7 : 5-7, 8 : 1), 또 일부 사본이나 번역문의 "빌립보에서"라는 지명도 사실일 것이다. 즉, 저술장소는 마게도냐의 빌립보였다. 저술의 연대는 전서를 기록한 후 오랜 세월일 수는 없다. 늦어도 1년 이내일 것이다. 그러므로 전서를 55년 유월절 때로 본다면, 본서는 같은 해의 가을이거나 다음해의 봄이 될 것이다. (고린도전서의 "연대" 참조)

3) 특 징

고린도후서는 신약의 책들 중에서도 특징이 뚜렷한 책이다. 더구나 전서와 비교하여 볼 때 단시일 내에 같은 저자가 같은 수신자에게 보낸 서신임에도 불구하고 그 대조가 뚜렷하다.

첫째, 본서는 전서에 비해 가장 비조직적이며, 복잡한 책이다. 전서에서 후서로 들어갈 때에 마치 정연한 공원길에서 길도 없는 숲을 헤치며 들어가는 느낌이라는 것이다. "전서가 바울서신 중에서 가장 조직적인 것처럼, 후서는 가장 비조직적이다"(Farrar).

둘째, 본서는 전서처럼 실천의 책이요 교리의 책은 아니다. 그리고 그 "실천의 책"이 전서는 객관적인 데 대해 후서는 주관적이다. 즉, 전서가 교회에서의 질문에 대답하여 질서있게 전개됨에 대하여, 후서는 저자 스스로가 포착한 문제들에 대하여 공격적으로 사리를 밝히고 있다.

셋째, 본서의 주제는 "환난"이다. 데살로니가전후서의 기본어가 "소망", 빌립보서는 "기쁨", 로마서는 "신앙", 에베소서는 "천적 사물"인 것처럼, 고린도후서의 기본어는 "환난"이다(Farrar). 그러나 이 주제는 "감사와 기쁨"이란 역설적 음률로 진행된다. 분명히 본서의 내용은 처음 9장과 나머지 4장으로 양분된다. 그러나 앞선 기쁨의 편지에서 '환난'이란 낱말은 오히려 빈번하고(2 : 4, 4 : 17, 8 : 2 등) 뒤따르는 "눈물의 편지"의 엄격한 공격도 감사와 기쁨의 마음자세에서 주어진 것이었다.

넷째, 본서는 바울의 "자서전"(Apologia pro vita sua)이다. 그리고 변명과 항의조로 된 자서전이다. 본서는 사도행전과 갈라디아서와 더불어 바울연구에 불가결의 자료를 제공해 준다. 또한 본서는 데살로니가전후서, 갈라디아서, 고린도전서 및 로마서와 더불어 바울의 초기 서신에 속하며, 따라서 신약에서 가장 오랜 책들 중의 하나이므로 초대교회사 연구에도 귀중한 자료가 된다.

다섯째, 본서는 강한 감정적인 책이다. 가혹한 풍자와 깊은 노여움이 연발하고, 극과 극의 대조적인 감정, 가령 자랑과 약함, 환난과 위로, 감사와 노여움, 엄격과 부드러움이 교차적으로 나타나 인간 바울의 풍부한 감정을 여실히 보여 준다.

여섯째, 본서에는 금언적 어구가 많기로도 유명하다. 가령 "우리가 너희 믿음을 주관하려는 것이 아니요 오직 너희 기쁨을 돕는 자가 되려 함이니"(1 : 24), "너희는 우리로 말미암아 나타난 그리스도의 편지니…… 돌비에 쓴 것이 아니요 오직 육의 심비에 한 것이라"(3 : 3), "의문은 죽이는 것이요 영은 살리는 것임이니라"(3 : 6), "우리가 믿음으로 행하고 보는 것으로 하지 아니함이로라"(5 : 7), "그리스도의 사랑이 우리를 강권하시는도다"(5 : 14), "영광과 욕됨으로 말미암으며…… 아무것도 없는 자 같으나 모든 것을 가진 자로다"(6 : 8-10), "나의 구하는 것은 너희 재물이 아니요, 오직 너희니라"(12 : 14) 등이다.

일곱째, 본서는 사랑의 책이 아니며, 또 전서의 부활장(고전 15장)에 비할 특출한 신학사상도 찾을 수 없다. 그러나 본서가 신학사상을 무시한 것은 아니다. 5 : 1~4의 내세관, 5 : 17의 새 사람의 교리, 5 : 18~21의 화해의 교리 등은 그리스도교 신학에 중요한 역할을 하는 성구들이다.

중요한 점은 본서를 통해 우리는 바울의 적나라한 인간성을 엿볼 수 있다는 것이다. 그의 심흉에서 우러나오는 고백, 가리우지 않는 인간성, 선명한 판단, 과격한 감정, 그리고 사도권에 대한 투사적 사수의지 등이 발랄하게 혼합되어 일대 장관을 이룬다. 그리고 이 감정은 점점 승화되어 그리스도 안에서의 새 창조, 하나님과의 화해, 나아가서 영원한 생명으로 발전하여 현세와 내세의 경계를 잊게 하는 신앙의 일대 신비경을 보여 준다.

4) 내용 분해

Ⅰ. 서 론 1 : 1~11

Ⅱ. 변 명 - 사도직의 영광 1 : 12~7 : 16

1. 변 명 (1 : 12 - 2 : 17)
2. 사도직의 영광 (3 : 1 - 5 : 10)
3. 화해의 호소 (5 : 11 - 7 : 16)

Ⅲ. 예루살렘의 성도를 위한 연보 8~9장

1. 마게도냐 교회의 모범 (8 : 1 - 15)
2. 디도를 보내는 추천 (8 : 16 - 24)
3. 연보의 권면 (9 : 1 - 15)

Ⅳ. 변명과 공격 - 사도직의 권위 10 : 1~13 : 10

1. 고린도의 사도인 바울 (10 : 1 - 18)
2. 사도직의 자랑 (11 : 1 - 33)
3. 계시의 자랑 (12 : 1 - 13)
4. 방문의 계획 (12 : 14 - 13 : 10)

V. 결 어 13 : 11~13

7. 로마서

"성서는 로마서에 비춰 볼 때 비로소 완연히 이해할 수 있다"(Calvin). "로마서는 신약성서의 중심부요, 순수한 복음이다"(Luther). "갈라디아서가 우주적 그리스도교의 대헌장(Magna Charta)이라면, 로마서는 그 헌법(Constitution)이다"(Metzger).

1) 수신자

(1) 로마 시 : 로마는 티젯강 하류 소위 로마 7인덕에 위치한 대도시로 당시의 대로마제국의 수도였고, 다니엘의 예언한바 바벨론, 메대 · 바사, 그리스에 이은 제4국으로(단 2 : 40) 영원한 제국으로 믿어졌다. 로마는 로물루스의 신화에서 시작되어 주전 510년경 벌써 공화국체제가 성립되었고, 대체로 주전시대는 공화제, 주후시대는 어거스토제를 위시한 제국제로 나눌 수 있다. 이런 공전의 대제국의 수도인 로마는 실로 화려한 바 있었다. "모든 길은 로마로 통한다."는 격언을 조성한 로마는 모든 방면에서 세계의 중심지였다. 로마인의 문화는 그리스인의 섬세한 데 비하여 웅대하였다. 거대한 대건물이 즐비하고, 굉장한 상수도시설이며, 대극장, 시장 등이 완비되었고, 천하의 공도는 로마로 집중되었다. 그리스 문명이 도입되고, 로마인의 도량에서 확장되어 새로운 로마 문명으로 발전되었던 것이다. 유명한 로마의 법이 형성되고, 그 거대한 제국이 로마법에 의해 통치되었다.

로마의 주민으로는 로마인보다 이방인이 더욱 많았다. 지중해를 내해로 하는 대제국 내에서 승전할 때마다 막대한 이방인이 노예의 이름으로 로마로 끌려 왔다. 그 외에도 막대한 이방의 피정복국 백성들이 상인으로 혹은 이민으로 이 도시에 쏟아져 들어왔다. 본서를 기록할 때만 하더라도 로마의 인구는 백만 명을 훨신 초과하였던 것이다. 바울이 본서를 기록한 주후 57~58년경의 로마는 유명한 폭군 네로(Nero, 54-68년 통치)의 지배하에 있었다. 그러나 이 때는 그가 스토아 학파의 철인 세네카(Seneca)의 보필로 선정을 베풀 때로서 로마는 어거스토 이래의 평온을 유지할 때였다. 그것은 대폭우 전야의 평온의 상태였던 것이다.

(2) 로마교회 : 로마서의 수신자인 로마교회의 기원에 대해서는 확실한 근거가 없다. 대체로 세 가지 추측이 있다. ① 베드로의 설립(Catholic견해) ② 예루살렘으로 순례왔던 성도들의 설립(행 2 : 10 ; Koppe, Baur) ③ 모여든 유대인과 이방인 신자들의 자연스런 시작(Ambrosiaster, Godet, Thiessen) 등이다. 첫째는 가톨릭의 정설로 그 교황권의 근거로 강력한 주장이다. 베드로가 주후 42~43년경 예루살렘 옥에서 출옥한(행 12 : 17) 그 길로 바로 로마에 가서 그 교회의 설립이 되었다는 가톨릭 전설에는 확실한 근거가 없다. 아마 베드로는 후일 그가 편지를 보낸 본도 · 갈라디아 지방(벧전 1 : 1)에 갔을 가능성이 보다 더 크다. 예루살렘 총회시(행 15장, 주후 50년경)에 베드로는 예루살렘이 있었으므로 그 이전에 로마에 갔을 수 없고, 또 그가 로마교회를 설립하여 활동 중이었다면 "남의 터 위에 건축하지 아니하려 함이라."(롬 15 : 20)고 말한 바울이 로마전도를 계획하지도 않았을 것이다. 하여튼 베드로의 로마 입성이 바울의 로마 도착(행 28 : 30, 주후 62년경)보다 앞설 수 없을 것이다. 주전 63년 폼페이(Pompey)가 성지를 정복했을 때, 수많은 유대인 포로를 로마로 데려갔고, 또 주전 6년 헤롯 아켈라오도 많은 유대인들을 로마로 이주시켰다고 한다. 이래서 신약 당시 로마에 거주한 유대인의 수는 8천 명에 달하였다 하며(Josephus), 그 중에는 오순절 때 예루살렘으로 순례간 신자들(행 2 : 10)을 포함하여 신자수도 상당했을 것이므로 그들이 협력하여 로마교회는 자생하였다

고 보는 ③설이 가장 타당할 듯하다. 그 후에 베드로와 바울이 협력하여 로마교회에 같이 봉사하였다는 설(Irenaeus 등)은 수긍이 가는 것이다. 이와 같이 설립되고 또 성장한 로마교회에는 유대인과 이방인이 같이 존재하였다(2 : 1-29, 3 : 9, 4 : 1, 7 : 1-6, 9-11장).

2) 저작동기와 목적

본서의 저작동기는 이미 고린도후서의 저작동기에서 간단하게 언급하였다. 하여튼 바울의 제3차 선교여행 때 그에게 가장 큰 심려를 안겨 준 곳은 고린도교회였다. 그래서 바울은 그 곳으로 고린도전전서, 고린도전서, 중간 서신 및 고린도후서 등 4편지를 보냈고, 또 디모데와 디도를 파송하며, 자신도 제2차 여행 때, 중간 방문, 또 제3차 여행 때 등 세 번이나 방문한 것이었다. 이와 같이 심려를 끼친 고린도교회였으나, 바울이 제3차 여행의 종점으로 마지막 방문하였을 때 모든 문제가 해결되고, 그는 참으로 평온하게 3개월 간을 가이오의 집에서 기숙하면서 보낼 수 있었다. 이와 같이 가이오의 집에서의 3개월 간의 평온한 기간 동안에 선교의 정열가 바울은 자연히 다음 선교지를 구상하게 되었고, 그것은 당연히 당시의 수도였던 로마 전도였다(행 19 : 21). 그때 대로마 전도의 준비작업으로 그리스도교 구원론을 차분히 조직하여 미리 보낸 것이 곧 본서이다. 바울의 제3차 여행 때의 나타나지 않던 사명의 하나가 예루살렘교회의 가난한 성도들을 돕기 위해 이방인 교회들이 헌금하는 일이었다. 그래서 그는 그 헌금을 모아 제3차 여행의 끝에 예루살렘 성도들에게 전하고, 곧바로 로마로 향할 계획이었고, 또 로마에도 한하지 않고, 로마를 거쳐 서바나까지 갈 작정이었다. 아마 서바나 전도를 계획한 바울의 심정은 "이 천국 복음이 모든 민족에게 증거되기 위하여 온 세상에 전파되리니 그제야 끝이 오리라"(마 24 : 14), "오직 성령이 너희에게 임하시면 너희가 권능을 받고, 예루살렘과 온 유대와 사마리아와 땅 끝까지 이르러 내 증인이 되리라"(행 1 : 8) 하신 주의 말씀을 따라 당시의 땅 끝으로 생각되었던 서바나 전도를 함으로 종말을 재촉할 심정이었을지 모른다.

본서의 목적에 관하여 몇 가지의 견해가 있다.

첫째는 교리적 목적이다(Origen, Chrysostom, Luther, Melanchton, Calvin, Godet 등). 역시 가장 유력한 견해로 본서는 바울이 이방인 교인들에게 그리스도교의 교리를 가르친 책이라는 것이다. 혹은 본서를 "교리와 윤리의 문답서"라고 하였다(Hilgenfeld). 그러나 본서는 교리의 책인 것은 사실이나 그 교리 중에서 믿음으로 구원받는 도리, 즉 구원론(Soteriology)에 집중한다.

둘째는 논쟁적 목적이라 한다(Baur). 즉, 튀빙겐 학파에서는 이는 교리가 아니라 역사서며, 바울파와 유대교도 등 반바울파 간의 논쟁이라는 것이다.

셋째는 조화적 목적론이다(Lipsius, Fleider). 이는 로마교회 내에 존재했던 유대인과 이방인 사이를 조화시키려는 서신이라는 것이다.

아마 이상의 세 가지 목적이 본서에 모두 포함되고 있을 것이다. 혹은 본서를 단순한 편지(Letter)라는 견해도 있으나(Deismann, Schoot 등), 역시 로마 전도를 위한 준비적 공신으로 볼 것이다. 이런 준비에서 저자는 믿음으로 의롭다 하심을 받는 중요한 교리에 초점을 두고 조직하는 것이다.

3) 연대와 장소

본서의 저작동기를 인정한다면 그 시기는 따라서 해결된다.

① 이 때는 바울이 "예루살렘으로부터 두루 행하여 일루리곤까지" 이르는 동방 전도를 완료하고(15 : 19), 이제 로마를 거쳐 서바나에 이르는(15 : 23) 서방 전도를 계획할 때였으므로 그 때는 제3차 전도여행의 말기였던 것이다.

② 그는 지금 예루살렘으로 가려는 순간이고, 그 목적은 가난한 성도

를 구제하려는 것이었으며, 그 구제금은 마게도냐와 아가야 지방의 교인들이 모은 것이었다(15 : 15-26). 이 헌금에 대해서는 고린도전후서에 자주 언급되었으므로(고전 16 : 1-4, 고후 8-9장) 본서는 그 헌금 수집이 끝난 후, 즉 고린도전후서 이후에 기록된 것이다(이 예루살렘 행을 제2차 여행 후의 경우로 보고, 본서의 연대를 53-54년이란 추측도 있기는 하다 ; Clement).

③ 이때 바울은 아직 자유의 몸이었으나 예루살렘의 불신 유대인의 위협을 예기하고 있었다(15 : 31).

④ 그는 아직 로마에 가보지 못하였고(1 : 10-13), 지금 가려는 열망에 있었던 것이다(행 19 : 21).

이상의 조건들이 이 때가 바울이 제3차 여행을 마치고, 예루살렘으로 향하려는 무렵인 것을 말한다. 사도행전 20장에는 바울이 고린도에 석달을 머문 후 빌립보, 드로아 등을 거쳐 해로로 예루살렘으로 간 것을 기록하고 있다. 그렇다면 "고린도에 머문 석달"이야말로 로마서 같은 웅대한 내용의 서신을 기록하기에 적합한 동중정(動中靜)의 시기였던 것이다.

그 연대는 55~56년(Greijdanus), 56년(Thiessen), 57~58년(Lightfoot), 58년(Zahn, Jülicher, Sanday & Headlam), 59년(Godet, Dodd) 등의 견해가 있으나 늦은 편이 유력한 것으로 본다. 56~59년으로 보면 큰 문제는 없을 것이다.

본서를 기록한 장소가 고린도인 것은 이미 언급되었다. 바울이 천거하는 뵈뵈(16 : 1)는 고린도의 전항(前港)인 겐그레아교회의 여집사였다. 그의 식주인은 가이오였고, 또한 그의 집에서 교회가 모였다(16 : 21). 이 가이오는 바울이 고린도에서 세례 준 사람이다(고전 1 : 14). 역시 현재 문안을 전하는 그 성의 재무 에라스도가 디모데후서 4 : 20의 인물과 동인이라면 그는 고린도에 머문 사람이었던 것이다.

4) 특 징

로마서가 바울서신 중에서도 대서신이요, 갈라디아서와 더불어 깊은 교리의 책인 것은 분명한 사실이다. 그리고 갈라디아서가 교리의 책이면서 격렬한 논쟁조로 되어 있음에 대해 본서는 침착하게 조직된 일대 논문인 것이다.

본서를 교리의 책이라 하지만 이는 신학 전반에 관한 조직신학서는 아니다. 본서의 신학은 "구원론"으로 믿음으로 의로 인정된다는 바울의 말한 바 "나의 복음"(2 : 16) 해설에 치중하고 있다. 신학의 초점에는 언제나 시대성이 동반하기 마련이었다. 니케아 회의 전후시대의 신학 논쟁의 제목은 그리스도론이었다. 중세대의 스콜라시대는 형태가 구비된 신학총론이 환영되었다. 현대교회의 정통과 신정통 간의 신학논쟁은 성서관에서 요약할 수 있는 것이다. 로마서가 취급하는 "의신의인"(依信義認)의 교리는 그대로 신약시대의 교리요, 그리스도교의 대기반이었다. 이는 물론 바울의 창작은 아니다. 이는 구약에 그 깊은 뿌리를 두고, 그리스도의 교설에서 성장하여 바울에게서 결실한 것이다. 그리고 이는 그후 가톨리시즘에서 유린당하다가 개혁가들에 의해 다시 부활한 교리이다. 아마 앞으로도 그리스도교 역사가 계속하는 한 그 유린과 갱신은 반복할 것이다.

이와 같이 의신의인의 교리가 역사적으로 그리스도교의 명맥을 좌우하는 것이었다면, 이 교리를 집성 선포한 본서의 위치란 극히 중요하다. 그것은 과거 교회를 갱신시킨 거대한 신학자들이 거의 예외없이 본서에 기초하였다는 것으로도 입증될 수 있을 것이다.

그러나 본서는 단순한 신학논문은 아니다. 다른 서신들과 같이 역시 서신이었다. 서신이란 상대편의 요구에 응하여 주어지는 것이다. 본서 역시 로마교회를 대상으로 하며, 로마 대전도란 전제 아래 보내진 것이다. 본서의 전편인 교리편(1 - 11장)도 그런 것이거니와 후편인 실천편(12 - 16장)에서는 더구나 로마교회의 당면한 실제 문제를 조리있게 다루고 있다. 그리고 이는 극히 잘 정돈된 정중한 서신이다. 그것은 그 상대인 로마가 당시 지상의 모든 권위 위에 초월한 영화롭고도 영원한 도성으로 믿어졌기 때문이다. 이런 대도시에 있는 미지의 교회를 대상으로 하여 앞으로 계획하는 복음전도의 준비로 보낸 본서는 자연히 신중을 극하고, 조직과 내용도 최고도에 달해 있는 것이다.

본서와 다른 서신들과의 유사점도 주목되어 왔다. 본서가 바울의 초기 서신에 속하고, 초대교회에 널리 보급된 바울의 교설(벧후 3 : 15)을 대표하는 만큼 신약의 서신들에서 본서의 반영으로 보여지는 구절들이 수다하다. 이와 같이 본서와 베드로전서, 본서와 야고보서 및 빌립보서 사이에 있는 유사한 구절들이 많이 지적되어진다.

또 본서는 초대의 교부들에 의해 인용된 외증도 풍부하다. 요는 본서가 신약성서에서 그 유례를 볼 수 없는 대서신인 것을 말하고 있는 것이다.

5) 내용 분해

Ⅰ. 서 론 1 : 1~17
- 1. 인 사 (1 : 1 - 7)
- 2. 감사와 기원 (1 : 8 - 15)
- 3. 주제 - 복음의 요약 (1 : 16 - 17)

Ⅱ. 교리편 1 : 18~11 : 36
- 1. 죄악론 (1 : 18 - 3 : 20)
- 2. 구원론 (3 : 21 - 8 : 39)
  - 1) 의인(義認)의 교리 (3 : 21 - 5 : 21)
  - 2) 성화(聖化)의 교리 (6 : 1 - 8 : 17)
  - 3) 영화(榮化)의 교리 (8 : 18 - 39)
- 3. 구원의 역사 (9 : 1 - 11 : 36)

Ⅲ. 실천편 12 : 1~15 : 13
- 1. 교회적 교훈 (12 : 1 - 21)
- 2. 사회적 교훈 (13 : 1 - 14)
- 3. 교제에 관한 교훈 (14 : 1 - 15 : 13)

Ⅳ. 결 론 15 : 14~16 : 27

1. 사적 부분 (15 : 14 - 33)
2. 문 안 (16 : 1 - 23)
3. 송 영 (16 : 25 - 27)

8. 옥중서신

바울이 그의 제3차 전도여행 도중 그 극성기를 이룩한 에베소 전도를 끝내고 떠날 무렵 "내가 로마도 보아야 하리라."(행 19 : 21) 하였다. 그리고 그가 고린도에 이르러 복잡했던 그 교회의 여러 문제가 해결되고, 동중정(動中靜)의 때를 타서 로마 대전도의 준비서로 웅대한 로마서를 저술하였다. 로마를 보려던 것은 고금동서를 통한 민심이라 할 것이다. 혹은 정치적 행운의 연줄을 잡아 출세의 기회를 얻기 위해, 혹은 천하를 호령하는 장군을 꿈꾸면서, 혹은 문학이나, 예술의 꽃을 피우기 위해, 혹은 도주한 노예들이 붐비는 인파 속에 피난처를 얻기 위해 등이다. 이런 로마행의 인파에 끼여서 바울도 로마를 보고자 했다. 그러나 바울의 경우는 달랐다. 그는 당시 전세계의 서울 로마에서 복음을 전함으로 대로마제국의 교화의 길을 얻으려 했던 것이다.

바울이 이런 숙망을 품은 채 제3차 여행을 끝내고 이방교회의 헌금을 가지고 고국을 방문하였으나 예루살렘에서 체포되고, 가이사랴옥에서 2년의 지루한 세월을 보내게 되었다. 참다 못한 바울은 가이사에게 상고하게 되고, 그는 로마군인들에 의해 로마로 호송되어 갔다. 하나님은 바울의 소원을 이루어 주시되 이와 같이 죄수의 모습으로 로마로 보내신 것이고, 이 죄수를 통해 그리스도교회에 신기원을 이룩하셨다.

이렇게 로마의 죄수가 된 바울은 혹은 가이사의 궁내에서(빌 4 : 22) 자신을 파수하는 군인들에게, 또는 찾아온 무리에게(행 28 : 23 - 31) 구두로 복음을 전하였고, 다른 한편으로는 서신을 통해 그리스도교의 기초를 마련하였다.

바울이 옥중에서 기록한 것으로 보는 서신은 도합 7통이 전하여지고, 그 중의 5통에는 그 사연이 본문에 명시되고 있다(엡 3 : 1, 4 : 1, 빌 1 : 7, 13－14, 17, 골 4 : 18, 몬 1 : 9, 딤후 1 : 8, 2 : 9). 그러나 이 가운데서 디모데전후서와 디도서는 "목회서신"이라 불리고, 에베소서, 빌립보서, 골로새서, 빌레몬서 4책이 "옥중서신"(The Prison Epistles or The Epistles of the Captivity)이라고 불린다.

이 4책은 단지 장소와 시기상으로만 공통되는 것이 아니라 그 내용에 있어서도 다분히 관련성이 많아 이렇게 한 부류로 연구함이 편의하다. 또한 이 책들은 공통성과 더불어 각 책의 특이성도 뚜렷하다. 가령 에베소서, 골로새서 두 책은 교리서이며, 빌립보서와 빌레몬서는 실제의 책이다. 그리고 에베소서의 교리는 "교회론"(Ecclesialogy)이고 골로새서는 "그리스도론"(Christology)이다. 그리고 실제의 책 두 권도 빌립보서는 교회생활에 있어서의 교훈을 주고, 빌레몬서는 개인생활의 교훈을 주는 것이다. 옥중서신 4책 중에서 에베소서와 골로새서, 빌레몬서 세 책은 먼저 일시에 기록되어 두기고(엡 6 : 21, 골 4 : 7)와 오네시모(골 4 : 9, 몬 1 : 10)를 통해 보내지고, 빌립보서는 옥중서신 중에 가장 늦게 보내진 것으로 보고 있다.

1) 에베소서

(1) 수신자 : 에베소와 에베소교회－에베소는 11세기에 건설되어 이오니아의 식민지, 파사의 영토, 알렉산더의 자유시, 로마의 한 주 등의 역사를 겪으면서 발전해 온 소아시아 지방의 중심지였다. 2만 4천 개의 좌석을 가진 극장이 있었고, 미술과 음란의 여신 아데미의 웅대한 신전이 있었다(행 19장).

바울의 에베소 전도는 제3차 전도여행 때로서 처음 3개월은 유대인 회당에서 전도하였고, 그 다음 2년 간은 두란노서원에서 전력으로 전도하여 3차 전도여행기의 전성기를 이루었다. 그것은 단순히 에베소뿐만 아니라 에베소를 통해 골로새, 라오디게아, 히에라볼리 등 소아시아 각지에 간접으로 전도하는 기회가 되기도 하였다. 바울 이후에는 사도 요한, 디모데 등이 에베소교회를 목회하여 수많은 아름다운 교회전설을 자아내었다. 실로 에베소는 예루살렘, 안디옥에 이어 제3의 그리스도교의 중심지가 되었다.

(2) 저작동기와 목적 : 이상에서 서술한 바와 같이 소아시아 지방은 바울에게 잊을 수 없는 성역지였다. 에베소처럼 그가 친히 3년 간이나 주재하면서 전도를 했든, 기타의 지방처럼 직접 방문하지는 못했지만 바울의 간접 영향으로 교회가 설립된 곳이든 바울에게는 잊지 못할 곳들이었다. 멀리 로마옥에 갇혀 있는 바울로서는 이 지방에 부탁하고 싶은 말이 많았을 것이다. 그러던 중에 기회가 왔다. 바울의 영향 아래 골로새교회를 설립하여 목회를 해오던 에바브라가 멀리 로마로 찾아와서 골로새교회의 긴급한 사정을 아뢰었다.

바울은 이제 더 참을 수 없어 골로새교회를 위해 골로새서를 기록하여 에바브라에게 주어 보내고, 때마침 로마에서 회개한 오네시모도 같이 보내어 그의 상전이며, 골로새교회의 중진인 빌레몬에게 돌려 보내기 위해 빌레몬서를 기록하고, 또 이 기회에 그의 마음에 숙제로 남아 있는 에베소서를 써서 에베소를 중심한 아시아 교회들에게 보내어 주었다. 즉, 바울은 로마 옥중생활의 초기에 에베소서, 골로새서, 빌레몬서 3서를 일시에 기록하여 두기고에게 가져가게 하고, 그와 함께 오네시모를 따라 보내어 빌레몬서로써 오네시모의 용서를 부탁하였고, 두기고에게도 그를 도와 빌레몬에게 오네시모의 용서를 위해 부탁하게 하였을 것이다.

그러나 에베소서를 기록할 구체적인 이유가 없지는 않았다. 아시아의 교회들에는 일반적으로 유대인과 이방인이 공존하고 있었다. 그래서 잘못되면 그들 사이에 분쟁이 일어나고 분열될 위기가 내포되고 있었던 것이다. 그러므로 바울은 이런 기회에 '교회'의 본의를 밝혀 그리스도 안에서는 유대인과 이방인의 차이가 없이 다같이 머리되신 그리스도의 지체된 것을 강조하여 가르칠 필요를 느꼈던 것이다. 이래서 교회론을 밝힌 에베소를 기록하였던 것이다.

(3) 연대와 장소 : 앞서 여러 번 언급한 것처럼 옥중서신은 바울이 로마옥에 갇힌 2년 간에(행 28 : 30 - 31) 기록한 서신들이다. 바울은 옥중서신 4서 중에 먼저 골로새에서 온 에바브라에게서 교회에 이단사상이 들어왔다는 보고를 받고 이를 막기 위해 골로새서를 기록하였고, 또 그가 3년 간이나 전력을 다해 선교한 에베소교회와 그 부근의 교회들을 위하여 교회의 본의를 밝히려던 평소의 생각이 있었으므로 "교회론"을 밝힌 에베소서를 같이 기록하여 두기고로 가져가게 하였다(엡 6 : 21, 골 4 : 7). 그리고 그때 로마에서 회개한 골로새의 빌레몬의 종 오네시모를 그의 주인 빌레몬에게 보내면서 그의 용서를 구하는 빌레몬서를 써주면서 두기고와 동행하게 하였다(골 4 : 9). 즉, 두기고와 오네시모 두 사람이 에베소서, 골로새서, 빌레몬서 세 서신을 가지고 로마를 떠나 먼저 에베소에 도착하여 에베소서를 전하고, 또 골로새로 나아가 그곳 교회에 골로새서를 전하고, 그 곳의 유력자였던 빌레몬에게 빌레몬서를 전달하면서 오네시모의 선처를 부탁했던 것이다. 그 시기는 56~58년(McGiffert), 60~61년(Meyer), 62년(Zahn), 61~63년(Lightfoot), 75~80년(Ewald), 100년(Holtzmann), 130~140년(Baur, Davidson) 등의 추측들이 있다. 2세기 초라는 후기설은 배제되고, 조기설이 좋은 것으로 믿는다.

장소는 물론 로마옥이라 보나, 가이사랴옥(Weiss, Holtzmann), 에베소옥(Lisco, Deissmann), 빌립보옥설 등이 있기는 하나 큰 문제가 되지 않는다.

본서의 수신자문제에서 가장 권위있는 시내산(ℵ), 바티칸(B) 사본에는 "에베소에 있는"(ἐν Ἐφέσῳ)이라는 구가 없는 것이 문제가 된다. 또 이 구가 없고 "성도들인 자들에게"(τοῖς ἁγίοις τοῖς οὖσι)로 된 읽기도 있다고 한다(Origen, Basil the Great). 또 여기 "라오디게아에 있는" 구가 있기도 하다(Marcion). 이런 사실들은 본서가 에베소교회에 보낸 서신이 아니라 에베소와 그 인근교회들에 보낸 회신(回信)이라는 뜻으로 취해지는 것이다. 위와 같은 외증과 더불어 본서의 내용에도 에베소교회에 국한될 사항이 별로 없다는 것이다.

그러나 후기의 시내산 사본($ℵ_3$)이나, 바티칸 사본(B_3), 그리고 67호 등에는 "에베소에 있는" 구가 있고, 본서를 에베소서로 받아들이는 견해도 유력하다(Bengel, Neander, Harless, Lightfoot, Weiss, Thiessen 등).

"에베소에 있는" 구의 문제는 그것이 아주 공백으로 비어 두었다가 수신교회의 이름을 삽입하여 보냈다는 설과 아주 이 문구 대신에 "그리스도 예수 안에 있으며, 신실한 성도"로 되었다는 설이 있다. 아마 본서는 이 구의 문제는 어떻게 되었든지 간에 이 편지가 에베소에서 시작하여 전하여진 것, 또 현재 전해진 본서의 사본이 에베소에 보관되었을 것 등으로서 본서가 "에베소서"라 불릴 충분한 근거가 된다고 보는 것이다(Ellicott, Lightfoot, Zahn).

(4) 특 징 : 에베소서의 특징은 그리스도교 교회관의 새 계시다. 주께서는 그 자신이 교회의 터전이시요(고전 3 : 11), 창설자시며, 또 그 소유자시다(마 16 : 18). 그러나 그보다 깊은 교회의 뜻은 후일에 강림하실 성령의 역사에 남기셨다(요 14 : 26). 그 중에도 가장 뚜렷한 예가 '교회관'이었다. 교회의 비밀은 바울에게 계시되어 그리스도의 온 교회에 전하여 준 것이다.

이와 같이 계시된 교회란 '그리스도의 몸'으로서 그리스도를 그 머리로 하여 유대인이나 이방인이나 모든 신자는 그의 몸으로서 연합함에 있다.

그는 이러한 '교회관'을 중심한 교리를 논하는 동시에(1-3장), 이 교리를 반영할 성도들의 사랑의 행동을 논한다(4-6장). 여기에 교회를 중심한 하나님의 영원하시며 웅대하신 계획의 전모가 엿보인다. 고요한 계곡에 서서 심산과 유곡을 바라다보는 감이 있다. 로마서는 이론적이고, 골로새서는 논쟁적이며, 갈라디아서는 질책적이다. 그러나 에베소서는 명상적인 것이다. 루터는 갈라디아서를 좋아하였고, 칼빈은 에베소서를 좋아하였다는데, 여기에도 두 개혁자의 특성이 잘 나타난 듯하다. "헨델은 꿇어 앉아 할렐루야를 작곡하였다. 바울은 꿇어 앉아 이 장엄한 서신을 기록한 것이다"(Scott).

(5) 내용 분해

I. 교리편 1~3장
1. 서론 (1장)
2. 구원론 (2 : 1-10)
3. 교회론 (2 : 11-3 : 21)

II. 실천편 4~6장
1. 그리스도교회의 일치 (4 : 1-16)
2. 그리스도인의 생활 (4 : 17-5 : 21)
3. 그리스도인의 가정생활 (5 : 22-6 : 9)
4. 그리스도인의 영전 (6 : 10-20)
5. 결어 (6 : 21-24)

2) 골로새서

바울서신 중에서 미지의 교회에 보낸 것은 로마서와 골로새서 두 책이고, 두 책의 공통점을 찾는다면 다같이 깊은 교리의 책이란 점이다. 로마서의 내용은 "구원론"(Soteriology)이고 골로새서는 "그리스도론"(Christology)을 다루고 있다.

골로새의 문제점은 저자문제가 아니라 사상문제, 즉 본서에서 지탄되는 이단사상이 무엇이냐는 것이다.

(1) 수신자 : 골로새는 에베소 동방 약 170km 지점에 있는 "브루기아"(Phrygia)주의 "리쿠스"(Lycus) 평야의 중앙을 흐르는 미안더(Meander) 강의 지류 리쿠스(Lycus) 강을 두고, 북쪽에 히에라볼리, 남쪽에 라오디게아, 동쪽에 골로새 3도시가 정립하고 있었다(4 : 13). 이 지방은 토지가 비옥하고, 목축이 왕성하며, 또 광질의 강물 때문에 염색업이 왕성하였다. 이래서 골로새는 "브루기아의 대도시"(Herodotus), 또는 "인구가 많고 번화한 대도시"(Xenophon)라 불려 왔다.

골로새교회는 바울이 직접 세운 교회는 아니었다. 바울의 제자 에바브라가 설립하고 목회하던 교회였다(1 : 7, 4 : 12). 바울의 제2차와 제3차 여행 때 "갈라디아와 브루기아 지방을 차례로 다녀"갔으나 아마 브루기아 북방지방이었고, 루가스 골짜기에는 방문한 적이 없었던 것이다(1 : 4, 7－9, 2 : 1 등). 또 골로새교회의 중진이며 오네시모의 상전이었던 빌레몬 역시 바울의 제자로 본다. 아마 그 때는 바울의 복음전도의 전성기였던 에베소의 두란노서원의 전도기(행 19 : 9)였을 것이다. 에베소는 소아시아의 중심지로 이 곳으로 각종의 용무로 찾아오는 사람들은 그 용무를 끝낸 후는 두란노서원을 찾아 바울의 말을 듣는 것이 상례였을 것이다. 그러므로 "아시아에 사는 자는 유대인이나 헬라인이나 다 주의 말씀을 들었고"(행 19 : 10), 복음의 적들은 "바울이 에베소뿐 아니라 거의 아시아 전부를 통하여 허다한 사람을 권유한다"(행 19 : 26)고 반대하였던 것이다. 아마 골로새의 에바브라, 빌레몬(몬 17－19), 라오디게아의 눔바(4 : 15) 등도 이런 무리에 끼여 바울의 설교를 듣고 회개하여 신자가 되고, 고향에 돌아가서는 복음을 전하며 교회를 세웠을 것이다. 즉 골로새교회, 라오디게아교회 등은 바울이 그의 제자들을 통하여 간접적으로 세운 교회들이었던 것이다.

골로새 교인이 주로 이방인이었다는 것은(1 : 21, 27, 2 : 13) 이 지방의 사정으로 보아 당연한 일이었다. 그러나 이 지방에 이주해 온 유대인들도 적지 않아 그들의 영향이 골로새교회에도 미쳤을 것도 넉넉히 추상할 수 있으며(2 : 1), 혼합사상(Syncretism)에 허덕이던 이 교회의 사상을 더욱 어지럽게 했을 것이다.

(2) 연대와 장소 : 에베소서 "연대와 장소" 참조

(3) 저작동기와 목적 : 바울이 로마옥에 갇혀 있을 때(아마 초기와 중기 사이에) 골로새교회의 창설자인 에바브라가 찾아와서 교회의 어려운 사정을 보고하였다. 그 당시 바울이 갇힌 옥이란 셋집이었고, 방문객들의 출입도 허용되었던 것이다(행 28 : 30 – 31).

에바브라가 보고한 어려운 사정이란 골로새교회에 침투한 이단사상이었고, 이것이 무엇이냐에 대해서는 여러 설들이 있다. 혹은 필로(Philo)적인 철학 경향, 혹은 이교도의 철학도, 미드라 신자, 가현론(假現論), 에세네 금욕주의, 에비온주의 등의 추측들이 있다. 요는 그들은 사람의 유전을 따르는 "세상의 초등학문"(2 : 8), 혹은 천사숭배였다(2 : 18). 혹은 사신을 숭배하고(2 : 10, 15), 또는 금욕적인 계율을 강요하는(2 : 16, 21) 등이었다.

이런 보고를 받은 바울은 골로새교회의 혼합주의적 사상을 염려하여 정당한 그리스도론으로 그들의 문제에 대답을 하려는 것이다. 즉, 그리스도는 하나님과 사람 사이에 또는 하나님과 세상 사이의 유일의 중보자시고, 유일의 절대적인 구주이신 것을 밝히 나타낸 것이다.

때마침 바울에게는 다른 두 가지 숙제가 있었다. 하나는 자신이 다년간 심혈을 기울여 전도한 에베소와 그 인근 교회들에게 당부하려던 교회의 본의에 대한 말이고, 또 하나는 골로새의 빌레몬의 종 오네시모가 로마로 도주해 와서 바울을 만나 회개하고 좋은 신자가 되었으므로 그

를 그의 주인 빌레몬에게 돌려 보내는 일이었다. 이래서 바울은 에베소서를 에베소를 중심한 그 부근 교회들에게 보내고, 골로새서를 골로새 교회에, 그리고 빌레몬서를 빌레몬에게 보내기로 하여 세 책을 같이 써서 두기고에게 맡기고(골 4 : 7, 엡 6 : 21), 오네시모와 같이 소아시아로 보낸 것이었다(골 4 : 9).

(4) 특 징 : 에베소서의 교리가 "교회론"(Ecclesialogy)인 것처럼 골로새서의 주제는 "그리스도론"(Christology)이다. 그리스도는 만물의 근본이시고, 만물 안에 계시며, 또한 만물의 목적이시다. 그는 십자가의 대속으로 하나님과 세상과의 중보자가 되셨고, 교회의 머리가 되신다. 실로 본서의 그리스도론은 우주적 범위로 웅대하다. 상술한 바와 같이 본서는 골로새교회의 이단사상의 혼돈을 경계하기 위해 저술되었으나 그 논조는 논쟁조가 아니라 정중하고도 조직적이다.

본서는 에베소서처럼 교리편과 실천편의 반반으로 나누어지고, 후자 실천편은 에베소서의 그것과 흡사한 바 있다. 그리스도를 믿음으로 말미암은 새로운 생활이란 선한 생활에서 입증되어야 한다는 것이다. 이런 견지에서 본서는 로마서와 야고보서의 중간 역할을 한다고도 볼 수 있다.

(5) 내용 분해

Ⅰ. 서 론 1 : 1~12

Ⅱ. 교리편 1 : 13~2 : 23

1. 그리스도론 (1 : 13 - 2 : 7)
2. 이단론 (2 : 8 - 23)

Ⅲ. 실천편 3 : 1~4 : 6

1. 새 사람의 생활원리 (3 : 1 - 17)
2. 새 사람의 가정생활 (3 : 18 - 4 : 1)
3. 새 사람의 기도생활 (4 : 2 - 6)

Ⅳ. 결 론 4 : 7~18

3) 빌레몬서

빌레몬서는 신약성서라는 보고에서 찬란히 빛나는 한 개의 보석이다(Sabatier). "본서에 취급된 사건은 한 비천한 사건에 지나지 않으나 그것을 통해 보여진 고귀한 정신은 하나님의 보좌에까지 상달된 것이다"(Calvin).

다이즈만(Deissmann)은 신약의 서신들을 "공한"(Epistles)과 "사신"(Letters)으로 나누었으나, 본서는 사신 중에서도 사신에 속하고, 그러므로 그 정경성이 논의되었고, 비교적 늦은 4~5세기까지 논의의 대상이 되었고, 제롬(Jerome), 크리소스톰(Chrysostom), 데오도렛(Theodoret of Mopsuestia) 등의 저명한 교부들의 옹호로 겨우 정경의 반열에 오르게 되었다.

(1) 수신자 : 본서의 수신자는 "빌레몬, 압비아, 아킵보 및 그 집에 있는 교회"로 되어 있다(2절). 여기 "빌레몬"이 주인이고, "압비아"는 그의 아내, "아킵보"는 빌레몬과 압비아의 아들이고, 골로새교회의 목사이며(골 4 : 17), 그들의 집에서 모인 교회는 골로새교회란 것이 전통적인 견해다.

(2) 연대와 장소 : 에베소서 "연대와 장소" 참조

(3) 저작동기와 목적 : 본서의 저작동기와 목적은 이미 앞선 에베소서와 골로새서의 동기란에서 밝혔다. 즉, 바울은 골로새교회의 에바브라의 보고에 의해 골로새서를 골로새에 보내고, 그의 숙제였던 에베소서를 에베소 지방에 보내면서 오네시모를 위해 빌레몬서를 써서 보낸다. 오네시모는 로마로 도주해 와서 바울을 만나 회개하여 좋은 신자가

되고, 바울에게도 좋은 봉사를 하였으나 바울은 일단 그를 상전인 빌레몬에게 보내면서 그의 용서를 구하고, 또 그를 석방시켜 자유인으로 할 것까지 권하는 것이다.

그 당시의 노예제도는 참으로 가혹하였다. 지중해를 내해로 한 대제국 로마에는 무려 6천만 명의 노예가 존재하였다 하며(Le Maistre), 농업, 상업, 공업 모든 분야가 그들 노예의 힘으로 운영되었고, 주인의 자녀교육까지 노예의 도움에 의하였다고 한다.

노예에 대한 주인의 권한은 거의 무제한이었고, 생사권도 주인의 장중에 있었다. 오네시모는 도주할 때 주인의 금전을 도적하여 간 듯한데 바울은 그 돈의 변상까지 약속하면서(19절) 그의 용서를 구하고 있는 것이다.

여기서 문제가 되는 것은, 바울은 노예제도 자체는 반대하지 않고, 용납하였다는 지탄을 받기도 한다는 것이다. 그래서 그리스도교 윤리가 제국주의적이란 비난까지 받는 수가 있다. 예수님이나 바울은 사회제도의 개혁가는 아니었다. 믿음으로 거듭나는 구속의 복음을 전하였고, 사회의 개혁은 거듭난 성도에게 맡기신 것이다. 사실상 노예제도를 포함하여 사회의 악습이 개혁된 것은 거듭난 그리스도인에 의해 성취되었다. 이것은 역사가 입증하고 있다. 그리고 여기에서 순복음과 사회적 복음(社會的 福音, Social Gospel)의 경계도 볼 수 있는 것이다.

(4) 특 징 : 본서는 바울이 빌레몬의 가정사를 다루고 있는 순수한 사신이다. 이런 사실이 본서의 정경성을 많이 논란하게 하였으나 본서에서 풍기는 바울의 위대한 인간성이 인정되고, 그 위대한 인간성은 다른 대서신의 밑받침이 된 것이었다.

바울의 대서신들은 그를 위대한 신학자, 탁월한 사상가로 나타낸다. 그러나 본서에서는 그런 심오한 신학적 변증은 자취를 감추고, 인간 바울의 끝없이 의롭고 자비로운 모습을 보여 준다. 즉, 그것은 그의 신학을 말하고, 이것은 그의 윤리를 보여 준다. 아름다운 윤리에서 증명되지 않는 신학은 거짓이라고 할 수밖에 없을 것이다. 이런 의미에서 본서의 가치는 소중한 것이다.

또한 바울의 위대한 사랑의 행동에 모형적(模型的)인 교훈을 주고 있는 것도 잊어서는 안 되겠다. 그가 도주한 비천한 노예를 위해 스스로 변상을 약속하면서까지 지성으로 그의 용서와 환영을 위해 간청하고 있는 태도에서 우리는 그리스도의 모습을 바라볼 수 있다. 그것은 잃어버린 한 마리의 양을 찾으시는 선한 목자의 모습이며(눅 15 : 4, 요 10 : 11), 당신의 피를 흘려 만민의 죄값을 지불하시면서 절대로 멸망할 인류의 용서와 환영을 성부께 비시는 그리스도의 그림자인 것이다.

(5) 내용 분해

Ⅰ. 서 론 1 : 1~7

Ⅱ. 오네시모를 위한 부탁 1 : 8~22

1. 오네시모를 돌려 보냄 (1 : 8 – 14)
2. 오네시모를 위한 부탁 (1 : 15 – 22)

Ⅲ. 문안과 축도 1 : 23~25

4) 빌립보서

(1) 수신자 : 빌립보서는 옥중서신 4서 중에 가장 마지막으로 기록된 책이었다. 빌립보의 본명은 "크레니데스"(κρήνιδες) '작은 우물'이란 뜻이었고, 마게도냐 지방에서 중요한 위치였다. 주전 358년에 알렉산더의 부왕 빌립이 이 곳을 점령하고 자신의 이름을 따라 "빌립보"라 명명한 것이다. 빌립보가 "마게도냐의 첫성"(행 16 : 12)이란 뜻은 분명치 않으나, "마게도냐의 가장 중요한 성"이란 뜻으로 받아들여지고 있다. 이 도시에는 유대인이 적어 유대인 회당이 없었고, 또 유대인에 대한 감정도 좋지 못하였다(행 16 : 13, 20 – 21 등 참조).

바울의 빌립보 전도에 관해서는 사도행전 16장에 상론되고 있다. 그는 제2차 여행 때 드로아에서 아시아 전도의 길이 막히고, 또 마게도냐인이 "와서 우리를 도우라."는 환상을 보고 빌립보교회로 건너갔다. 그것은 복음이 유럽으로 건너간 최초의 날이 된 것이었다. 빌립보로 들어간 바울은 첫 번째로 안식일에 강가에서 기도하는 처소를 찾다가 루디아를 만나 개종시키고, 다음에 점치던 여자노예의 병도 고치고 회개시켰으나 그 주인의 고발로 매를 맞고 옥에 갇히며, 또 그것으로 인하여 기적이 일어나 옥사장의 가족이 회개하는 큰 성과를 거두었다. 바울은 고린도에서 예루살렘으로 가는 제3차 여행의 도중에 이 곳에 들러 무교절을 지키고 떠났다(행 20 : 6).

이렇게 설립된 빌립보교회는 헌금의 열기가 있었고, 특히 바울에 대한 애정이 많아(빌 4 : 15-16) 그가 로마옥에 갇혔다는 소식을 듣고 헌금을 하여 에바브라디도란 교인을 파송하여 헌금도 전하고, 옥중의 바울에게 수종도 들게 한 것이었다. 그러나 로마로 간 에바브라디도는 중병에 걸려 오히려 바울에게 무거운 짐을 안겨 주었다. 이 소식을 들은 빌립보교회는 이 일을 크게 미안하게 생각했고, 그들이 미안해 한다는 소식이 또 바울에게 전하여져 바울의 짐은 이래저래 더욱 무겁게 된 것이다(2 : 27). 그러는 중 에바브라디도의 병도 낫게 되어 바울은 그를 빌립보에 돌려 보내면서 감사의 글을 써 보낸 것이 바로 빌립보서이다. 그러므로 본서는 빌립보와 로마 사이를 적어도 네 번 다니면서 소식이 오간 후에 기록되었으므로 옥중서신의 마지막 편지로 보는 것이다.

빌립보교회의 후신에는 더욱 아름다운 이야기가 남아 있다. 안디옥의 유명한 감독 이그나티우스(Ignatius, -d. 110)가 로마에의 순교여행을 할 때 드로아, 네압볼리 등 바울의 경로를 그대로 따라 빌립보에 입성하였고, 잠시 머물면서 교우들의 친절한 환영도 받았으며, 빌립보교회에서는 안디옥교회에 위문의 편지를 보냈다. 또 서머나의 감독 폴리캅(Polycarp, 69-159)에게 이그나티우스가 쓴 편지를 보내 주기를 청하였다. 폴리캅은 그 청을 들어주었고, 또한 친히 자신의 편지도 같이 보내 주었다. 이와 같이 설립자인 사도 바울 외에 두 사람의 초대의 유명한 교부요, 순교자가 관련된 것이 이 교회의 헌신적인 정신을 더욱 빛내어 준 것이다.

(2) 연대와 장소 : 에베소서 "연대와 장소" 참조

(3) 저작동기와 목적 : 본서 저작의 동기는 이미 위에 충분히 논하였다. 즉, 본서는 옥에 갇힌 바울을 위해 헌금하여 에바브로디도편에 보내 준 빌립보교회의 사랑에 대한 감사장인 것이다.

그러나 이런 직접적인 동기 외에도 본서를 통한 바울의 목적이 없는 것은 아니었다. 첫째는 그의 투옥에 대한 변명이었다(1 : 12-18). 빌립보 교인들은 열심과 사랑은 컸으나 아직도 신앙의 깊이가 없는 상태였으므로 바울의 투옥이 바울 자신에게나 복음전도에 손해되는 일로 알고 의구심을 갖고 있었다. 그래서 바울은 그것이 오히려 복음전도에 유익하다는 것을 어린 성도들에게 가르치고자 한 것이다.

둘째는 교회의 일치를 권하려던 것이다. 이 교회는 확실히 좋은 교회였다. 사랑과 열심이 많은 교회였으나, 반면에 부인들의 발언권이 강해 교회에 분파적인 우려가 있었으므로 바울은 피차간 남을 높이고 자신을 낮추는 겸손으로 교회가 일치하기를 권하는 것이다(2 : 1-2, 4 : 2-3). 그리고 그가 디모데를 파송하려는 것이나 그 자신도 빌립보를 방문코자 한다는 것을 아뢰는 것도 부수적 목적에 속하는 일이었을 것이다(2 : 19-24).

(4) 특 징 : 첫째, 옥중서신 4서신은 에베소서(교회론)와 골로새서(그리스도론) 및 빌립보서와 빌레몬서로 나눌 수 있다. 전자는 공적이며 심오한 교리의 책이며, 후자는 사적이며 윤리의 책일 것이다. 이와 같은

교리와 윤리는 겸비되어야만 피차간에 완성된다.

둘째, 이와 같이 그리스도인의 산 윤리생활을 가르치는 본서는 보통 "사랑의 편지"라 불린다. 사랑이 본서의 기초적 정신이다. 바울의 그리스도에 대한 사랑, 빌립보교회의 바울에 대한 사랑, 또 거기에 대한 바울의 응답적인 사랑 등 — 실로 사랑이 소리 없는 말로써 본서의 전편에 흐른다.

셋째, 본서는 또한 "기쁨의 편지"라고 불린다. '기쁨'이란 낱말이 도처에서 보인다(1 : 4, 18, 25, 2 : 17 - 18, 3 : 1, 4 : 4, 10, 18). 물론 이 기쁨은 세속적인 것은 아니다. 지금 저자 바울은 로마옥에 있어 앞날의 운명을 예기할 수 없는 입장이고, 빌립보교회 역시 어려운 박해하에 있었다(1 : 28). 그럼에도 불구하고 본서에는 기쁨이 넘쳐 있다. 이런 기쁨은 모든 어려운 환경을 극복하고 남는 신앙의 기쁨이다.

넷째, 이와 같이 사랑의 윤리와 기쁨의 편지인 본서가 대교리서인 로마서와 비교하여 그 유사점을 지적한 흥미로운 지적이 있었다. 즉, 석학 라이트푸트는 본서와 로마서의 유사점을 10여 곳이나 지적하였다(Lightfoot, *Philippians,* pp. 43 - 44).

다섯째, 본서는 또한 "간증의 서신"이라 불린다. 옥중의 몸으로서 빌립보 교인의 알뜰한 사랑의 선물을 받은 바울은 감격하여 심흉을 열고 마음 깊은 신앙의 간증으로 응답하는 것이다. 즉 매임(투옥)의 간증(1 : 12 - 18), 생사의 간증(1 : 19 - 26), 박해에의 간증(1 : 27 - 30) 등 바울 사도의 깊은 신앙의 간증이 독자의 마음을 뜨겁게 해준다.

(5) 내용 분해

Ⅰ. 서 론 1 : 1~11

Ⅱ. 바울의 간증 1 : 12~30

1. 매임의 간증 (1 : 12 - 18)
2. 생사의 간증 (1 : 19 - 26)

3. 박해에의 간증 (1 : 27 - 30)

Ⅲ. 권면과 경고 2 : 1~4 : 9

1. 교회생활에 관한 권면 (2 : 1 - 30)
2. 이단에 대한 경고 (3 : 1 - 21)
3. 종합적 권면 (4 : 1 - 9)

Ⅳ. 결 론 4 : 10~23

1. 선물에 대한 감사 (4 : 10 - 20)
2. 문안과 축도 (4 : 21 - 23)

9. 목회서신

디모데전후서와 디도서 3서를 "목회서신"(The Pastoral Epistles ; Die Pastoralpriefe)이라 한다. 이 명칭은 중세시대의 토마스 아퀴나스(Thomas Aquinas, 1227 - 74)가 처음으로 암시하였고, 독일의 경건파 안톤(Paul Anton, 1661 - 1730)이 공적으로 채택한 명칭이었다. 세 책은 특수하고, 또 서로 공통되어 그 서론문제는 세 책을 공동으로 취급하는 것이 상례다. 세 책은 다같이 늙은 바울이 젊은 제자들에게 교회를 목회하는 길을 가르치기 때문에 "목회서신"이라 불린다. 제1차 로마 옥중생활을 하던 바울은 그때 옥중서신 4서를 기록하였고, 그후 일단 석방되어 동방(마게도냐, 아가야, 소아시아 등)과 서방(서바나) 전도여행을 하였다. 동방여행 때 그는 디모데를 에베소에 남겨 두어 그 초대감독이 되게 하고, 디도는 그레데에 남겨 두었다. 그리고 계속 여행하면서 에베소에 있는 디모데에게 "디모데전서"를 보내고, 그레데에 있는 디도에게 "디도서"를 보냈으나 그후 그는 다시 로마관원에 의해 체포되어 두 번째로 로마옥에 투옥되고, 이 제2차 로마 옥중생활에서 마지막으로 "디모데후서"를 디모데에게 보낸 후 순교한 것으로 알고 있다(제3부, "바울의 생애와 서신들" 참조).

첫째, 목회서신은 사신(私信)이다. 신약성서에는 또 하나의 사신인

“빌레몬서”가 있다. 그것이 순수한 사신인데 비해 목회서신들은 사신의 형태를 갖추면서 교회의 문제를 다룬 공한이기도 하다.

둘째, 저자의 사정이 특수하였다. 즉, 바울서신의 어떤 환경과도 맞지 않는 독특한 사정에 저자가 처해 있었던 것을 쉽사리 알 수 있다.

셋째, 세 책은 그 문체, 용어, 사상들이 흡사하며, 어떤 구에 가서는 문자적으로 공통된다. 그 시대적 배경도 동일하여 거의 같은 연대에 저술된 것을 알 수 있다.

넷째, 편지내용으로 살펴 교회의 사정들이 동일하다. 즉 교회의 조직, 도덕, 교리 등의 상태가 공통되는 것이다.

다섯째, 저자의 의도는 이런 사정하에서 교회의 목회하는 길을 가르치고 있고, 그러므로 목회서신이라는 이름을 얻게 된 것이다.

그러므로 세 책은 서신 이상으로 초대의 “12사도의 교훈”(Didache, 150년경)에 비할 수 있고, 다이즈만(Deissmann)의 분류를 따라 “사신”(Letters)보다 “공한”(Epistles)에 속할 만한다.

1) 디모데전서

(1) 저 자 : 이상과 같이 목회서신은 사도 바울이 그의 제자들에게 목회의 길을 가르친 책이다. 그러나 그의 저작권을 반대하는 소리가 높아지고 있다. 일찍이 말시온(Marcion, 2세기 중엽)에서 시작하여 18세기 비판학의 발달과 더불어 그 반대세력이 힘을 얻고 있으며 (Schleiermacher, Baur, Holtzmann, Reuss, Meyer, Jülicher, Ewald 등), 그 이유로는 ① 바울의 생애에 이를 쓸 기회가 없었다. ② 그 문장이 특이하다. ③ 그 단어 역시 다른 바울서신에 비해 생소하다. ④ 신학이 로마서와 대립되는 율법주의적이다. ⑤ 이단사상인 그노시스주의가 바울시대의 것이 아니다. ⑥ 수신자 디모데, 디도가 바울의 제자들 같지 않고, 또 교회제도도 바울보다 훨씬 후대의 것이다. ⑦ 원래 바울이 기록한 단편으로 후대인이 편집한 듯하다는 등이다.

이와 같은 반대설에도 불구하고 이를 바울 저작에 돌리는 전통적 학설은 더욱 강하다(Lange, Plummer, Godet, Zahn, B. Weiss, Bernard, Findlay, Sanday, Lightfood, Ramsay 등). 그 근거로 ① 시기문제는 바울의 제2차 로마 투옥설로 해소할 수 있다(Jerome, Ramsay, Zahn, Thiessen 등). ② 문장설은 글이란 내용과 대상을 따라 달라질 수 있을 것이다. ③ 유력한 외증(Muratorian Fragment, Eusebius, Clement of Rome, Tertullian 등)과 내증(자신이 바울이라 하고, 그가 이전에 박해자였다는 것), 다른 바울서신과 유사점도 많은 것 등이다.

"디모데"(Τιμόθεος)는 헬라명으로 '하나님의 영예'를 뜻한다. 그의 부친은 헬라인, 모친은 유대인으로 혼혈아였다. 경건한 어머니로부터 구약적 신앙을 길렀고, 바울을 통해 그리스도의 복음으로 개종하였다(딤전 1 : 2, 18). 그 때는 바울의 제1차 전도여행에서 루스드라 방문 때였다. 그때 바울은 앉은뱅이를 고친 후 핍박을 받아 돌에 맞아 죽었다. 그때 죽은 그를 성밖으로 끌어내었고, 성도들이 둘러섰을 때 그는 살아 일어난 것이다. 그때 둘러선 제자 중에 디모데가 끼여 있었을 것이고, 살아 일어서는 바울을 보고 그는 큰 감명을 받아 그리스도에게 돌아온 것으로 추측된다. 바울은 제2차 여행 때에도 루스드라에 들렀고, 그때 명성있는 성도로 성장한 디모데를 자신의 조수로 채용하여 간 것이었다(행 16 : 2). 그리고 앞으로 유대인을 상대로 전도할 경우를 위해 그에게 할례를 행하였다(행 16 : 3). 그리고 자신과 장로들이 같이 그에게 안수하여 임직한 것이다(딤후 1 : 6, 3 : 14).

디모데는 루스드라를 떠나 바울과 동행하였으나, 초창기에는 그는 미미한 존재로 이름이 나타나지 않고, 바울이 유대인의 박해로 베뢰아를 떠날 때 디모데를 그 곳에 머물게 하였고, 후일 고린도에서 그를 재회하고, 또 그의 보고에 의해 바울은 그의 첫 서신인 데살로니가전서를 썼다(살전 3 : 6).

고린도 이후 디모데의 소식은 다시 묘연한 것으로 보아 그는 계속 고린도에 머물다가(행 18 : 5), 안디옥을 거쳐 제3차 여행에 나선 바울이 에베소에 이르렀을 때 디모데도 그 곳으로 건너가 바울과 합류한 것으로 믿어진다(혹은 바울을 따라 계속 순회하였다는 설도 있다). 에베소 전도는 바울의 선교활동의 절정기였으나, 그는 고린도교회도 늘 염두에 두어 그 교회의 문제해결을 위해 디모데를 파송하였으나 그는 성공하지 못하였고, 바울은 그 대신 디도를 보내기도 하였다. 바울이 에베소의 두란노 전도를 끝내고, 드로아를 거쳐 마게도냐에서 디도를 만나 고린도후서를 쓸 때에도 디모데는 같이 있었다(고후 1 : 1).

드로아 이후 디모데의 소식은 또 묘연해지고, 로마옥에서 바울을 재회하기까지(골 1 : 1, 빌 1 : 1, 몬 1) 그의 행방은 분명하지 않다. 아마 소아시아와 마게도냐 등 옛 전도지를 심방하다가 바울이 로마로 호송된 후 로마를 방문한 것으로 보인다.

바울이 로마에서 석방된 후 디모데와 디도를 데리고 동방 전도를 하다가 디모데를 초대 에베소교회의 감독으로 임명하여 그 곳에 남겨 두고, 얼마 후에 그에게 디모데전서를 보내고, 디도는 그레데에 머물게 한 후 그에게 디도서를 보냈다. 그후 바울은 계속 여행하다가 로마 관헌에게 체포되어 두 번째로 로마옥에 수감되며, 이때 옥중에서 그의 절필인 디모데후서를 보낸 후 순교한 것으로 안다.

디모데는 바울의 가장 사랑하는 제자였고(딤후 1 : 2), 그의 특색은 그의 진실성과 경건에 있었을 것이다(딤전 1 : 2, 딤후 1 : 4). 심신이 유약한 편이었으나(딤전 4 : 12, 5 : 23, 딤후 1 : 8, 2 : 22) 끝까지 바울을 따라 충실한 전도자가 되었고, 바울이 순교한 후에는 그의 선교사업을 신실히 계승하였다. 바울은 그에게 "내 사랑하는 아들"(딤후 1 : 2), "형제"(살전 3 : 2), "믿음을 같이한 자"(빌 2 : 20), "동역자"(롬 16 : 21), "하나님의 일꾼"(살전 3 : 2), "그리스도 예수의 종"(빌 1 : 1), "하나님의 사람"(딤전 6 : 11) 등의 찬사를 아끼지 않았다.

(2) 연대와 장소 : 목회서신의 연대는 바울의 저작권을 거부하는 편은 상당히 늦은, 1세기 말부터 2세기 초까지(90－105년)로 보나, 그의 저작권을 지지하는 편은 그의 순교의 직전에 저작된 것으로 본다. 바울의 제1차 로마옥 투옥과 제2차 투옥의 중간기(62－65년)에 목회서신이 기록되었고, 그 기간은 3년(서방 전도 2년, 동방 전도 1년)으로 보며, 이 기간이 목회서신의 저작연대이고, 그 중 디모데전서와 디도는 동방여행 중 어느 지점일 것이고, 디모데후서의 저작장소는 로마옥이었던 것이다.

(3) 내용 분해

Ⅰ. 문 안 1 : 1~2

Ⅱ. 교리적 교훈 1 : 3~20

1. 이단을 경계할 것 (1 : 3－7)
2. 율법을 바로 쓸 것 (1 : 8－11)
3. 바울의 본을 따를 것 (1 : 12－20)

Ⅲ. 사회적 교훈 2장

1. 왕과 일반인에 대하여 (2 : 1－7)
2. 남녀에 대하여 (2 : 8－15)

Ⅳ. 교회 제직의 자격 3장

1. 감독의 자격 (3 : 1－7)
2. 집사의 자격 (3 : 8－16)

Ⅴ. 목회자에의 당부 4장

1. 이단을 경계할 것 (4 : 1－5)
2. 경건을 연습할 것 (4 : 6－10)
3. 교인의 모본이 될 것 (4 : 11－16)

Ⅵ. 교인 각 층에 대하여 5 : 1~6 : 2

1. 남녀노소에 대하여 (5 : 1－2)
2. 과부에 대하여 (5 : 3－16)
3. 장로에 대하여 (5 : 17－25)
4. 종에 대하여 (6 : 1－2)

Ⅶ. 결론적 지시 6 : 3~21
1. 이단을 경계할 것 (6 : 3 - 10)
2. 믿음의 선한 싸움을 싸울 것 (6 : 11 - 16)
3. 부자를 경계할 것 (6 : 17 - 19)
4. 거짓 지식을 피할 것 (6 : 20 - 21)

2) 디모데후서

디모데후서는 후세에 전해진 바울의 서신들 중에서는 분명히 마지막 것이다. 그의 제2차 투옥설을 따르면 로마옥에서 일단 석방된 그는 숙원의 땅인 서바나를 방문하고, 발길을 돌이켜 일찍이 그가 심혈을 기울인 헬라와 소아시아 지방을 방문하였다. 그때 디모데와 디도를 동반하였고, 바울은 디모데를 에베소에 남겨 두고(딤전 1 : 3) 디도는 그레데에 남겨 두어(딛 1 : 5) 전도를 하게 하였다. 이런 중간여행의 도중 그는 소아시아와 그레데의 두 제자에게 디모데전서와 디도서를 보냈고, 계속 여행하는 중 아마 니고볼리로 향하는 무렵(딛 3 : 12) 관헌에 다시 체포되어 로마로 호송되어 투옥되었으며, 제2차 로마 옥중생활에서 디모데후서를 보낸 것이다. 그는 이때 고요히 최후를 기다리면서(4 : 6 - 8) 본서를 기록하여 디모데에게 두 번째로 보낸 것이다.

디모데전서와 디도서가 전형적인 목회서신인 데 대해 디모데후서는 사신적이다. 여기서는 디모데 개인의 믿음에 대한 칭찬과 격려가 있고(1 : 13 - 14), 여러 배신자에 대한 쓸쓸한 언급이 있으며(1 : 15 - 18), 자신의 전도담이 있고(3 : 10 - 13), 그리고 최후를 대처한 순교자의 엄숙한 고백이 있다(4 : 6 - 8). 생의 종국에 직면한 대사도가 가장 사랑하던 제자에게 보낸 절필이라는 점에서 관찰할 때 넉넉히 수긍이 가는 사실일 것이다.

내용을 구체적으로 살펴보면 1장은 전체의 서론이고, 본론에서는 전도자로서의 여러 가지 교훈과 격려를 주고(2 : 1 - 4 : 8), 결론으로 개인적 사정과 문안 등을 전하고 있다(4 : 9-22). 본서를 받았을 때 디모데가 아직 에베소에 있었는지(딤전 1 : 3) 다른 지방으로 떠났는지는 분명하지 않다. 명백한 증거가 없는 한, 전서와 같이 본서는 에베소로 보낸 것으로 볼 것이다. 본서의 명칭은 전서와 다른 성경과 같이 처음은 단순했고(πρός Τιμόθεον Β, ℵB, 17), 그후 차차 복잡해졌다.

(1) 내용 분해

- Ⅰ. 서 론 1장
- Ⅱ. 교훈과 격려 2 : 1~4 : 8
  1. 전도자의 임무 (2 : 1-26)
  2. 위기에 대처할 것 (3 : 1-17)
  3. 전도자의 사명을 다할 것 (4 : 1-8)
- Ⅲ. 결 론 4 : 9~22
  1. 인적 사정 (4 : 9-18)
  2. 문안 전달 (4 : 19-21)
  3. 축 도 (4 : 22)

3) 디도서

디도서는 분명히 목회서신의 한 책이다. 디모데전후서와 더불어 그 내용이 상통되는 점에서, 그 문장이 동일한 점에서 분명히 같은 저자가 같은 시기에, 같은 목적에서 기록한 것이다. 더구나 본서는 디모데전서와 흡사하여 그 축소판이라 불린다. 두 책은 저자 바울이 거의 같은 때 그의 사랑하던 두 제자 디모데와 디도에게 당시 교회의 목회상 필요한 사항들을 지시해 준 문자 그대로의 목회서신들이었다. 디모데후서는 약간의 세월이 지난 후 그의 최후를 느끼면서 쓴 절필이요, 사신 중의 사신이며, 목회서신 중의 간증의 책이다.

본서의 내용은 장을 따라 크게 3분될 수 있다. 1장에서는 초두의 문안에 이어 장로의 장립과 이단의 경계 등, 교회행정에 관한 지시를 하고, 2장에서는 교회의 각층에 대한 교훈이 주어지며, 3장에서 사회 일반에 대한 교훈과 결론적 지시로 끝맺고 있다. 목회서신은 목회를 위한 실제적인 지침서이기 때문에 교리적 논리면은 희박하다. 그러나 교리면이 무시된 것은 아니며, 가끔 저자의 필치의 여운은 오히려 장엄한 교리적 주옥편을 형성하기도 한다. 가령 2 : 11~15의 재림론, 3 : 3~7의 구원론 등이 그것이다.

(1) 수신자 : 디도이다. 디도 역시 이방인이었으나 바울이 그의 할례를 완고히 반대한 것은 디모데의 경우와는 대조가 된다(갈 2 : 3). 그도 역시 바울의 "참 아들"로 불린 것은 바울을 통해 개종한 뜻으로 보나, 언제 어떻게 회개하였는지는 알려지지 않는다. 바울이 제1차 여행을 마칠 무렵 디도는 안디옥에 있었고, 그 교회대표로 바울과 바나바를 따라 예루살렘 총회에 참석하였다(행 15장, 갈 2 : 1).

디도는 디모데에 비해 약간 연장자로 보이고, 성경과 수완에서도 원숙한 듯했다. 그러나 디모데처럼 바울서신에 연명된 적은 한 번도 없고, 사도행전에도 전혀 나타나지 않으며, 그의 이름이 보이는 곳은 고린도후서, 갈라디아서, 디모데후서 및 디도서뿐이다. 디도의 생지는 전혀 알 길이 없으나, 그가 노후를 보낸 그레데 섬이거나 그와 인연이 깊었던 고린도 지방이었을지 모른다.

디도는 바울의 제3차 전도여행에 가담하였고, 그의 가장 현저한 활동으로는 고린도교회를 위한 노력이었다. 바울은 에베소 전도를 하면서 고린도전서와 전전서를 보냈고, 그 교회의 복잡한 사정을 해결하기 위해 디모데를 보냈으며, 그 자신도 '중간 방문' 을 하였으나 효과를 거두지 못하여 디도를 파송하였다. 원래의 약속은 디도가 드로아에서 복명하기로 하였으나 여의치를 못하여 바울은 실망 끝에 드로아를 떠나 마게도냐로 건너갔고, 거기서 디도를 만났으며, 또 고린도교회의 문제가 해결되었다는 좋은 소식을 듣게 되어 바울은 위로와 기쁨으로(고후

7 : 6 – 7) 고린도후서를 써서 디도에게 맡겨 바울보다 한걸음 앞서 고린도로 가게 한 듯하다.

고린도에 먼저 도착한 디도는 바울의 편지(고린도후서)를 전하고, 예루살렘교회를 위한 헌금도 모금하면서 바울의 도착을 기다렸다(고후 8 : 6, 16 – 23). 그 후의 일은 알 길이 없으나 전설에 의하면 제1차 투옥에서 석방된 바울은 디모데와 디도를 동반하여 소아시아에서 전도하고, 디모데를 에베소에 남겨 에베소교회의 초대감독이 되게 하고, 또 그레데로 건너가서 그 곳에 디도를 남겼다. 디도는 그레데교회의 감독이 되어 바울의 명을 따라 장로들을 세우며 교회를 조직하였다(딛 1 : 5). 그리고 달마디아로 파송되기도 하였다(딤후 4 : 10). 디도는 그레데교회의 감독으로 목회하다가 94세의 고령으로 그 곳에서 죽었다고 한다(Eusebius, H. E. iii. 4 : 6). 디도 역시 바울로부터 "나의 참 아들"(딛 1 : 4), "형제"(고후 2 : 13), "나의 동무, 나의 동역자"(고후 8 : 23)로 불리었다.

(2) 내용 분해

I. 교회행정에 관한 지시 1장
1. 문안 (1 : 1 – 4)
2. 장로를 세울 것 (1 : 5 – 9)
3. 이단을 경계할 것 (1 : 10 – 16)

II. 교회 각층에 대한 교훈 2장
1. 노인에 대하여 (2 : 1 – 3)
2. 젊은 여자에 대하여 (2 : 4 – 5)
3. 젊은 남자에 대하여 (2 : 6 – 8)
4. 노예에 대하여 (2 : 9 – 10)
5. 성도의 생활기준(재림론) (2 : 11 – 15)

III. 사회생활에 관한 교훈 3장
1. 세속세계에 대한 태도 (3 : 1 – 7)

2. 이단자에 대한 태도 (3 : 8 – 11)
3. 결 론 (3 : 12 – 15)

4) 히브리서

"히브리서는 수필처럼 시작하고, 설교처럼 진행하며, 편지처럼 끝맺는다"(Reuss).

(1) 저 자 : "히브리서를 누가 기록하였는지는 오직 하나님만 아신다"(Origen). 본서는 그 저자가 누군지 규명하지 못한 책이며, 그 배경은 다음과 같다.

① 최선의 사본들(ℵ, B, A)은 본서의 책명을 단순히 "히브리인들에게"라고만 한다.

② 본서의 위치는 바로 데살로니가후서 다음에 있는 것(ℵ, A, B, C 등), 고대 교부들, 갈라디아서와 에베소서 사이(Bmg), 디모데후서와 빌레몬서 사이(Peshitta) 등이 있다.

③ 최초로 본서를 인용한 사람은 로마의 클레멘트(Clement of Rome, 96년경)였으나, 그는 저자문제에 대해서는 언급하지 않았다.

④ 그외 폴리캅(Polycarp, 69 – 154), 순교자 저스틴(Justine Martyr, 150년경) 등도 본서를 인용하였고, 바울 저작권을 옹호하였다.

⑤ 무라토리 정경(Muratorian Canon, 170년경), 말시온 성경(Marcion Canon) 등은 본서를 제외하였다.

⑥ 교회사가 유세비우스(Eusebius, 263 – 340)는 성경을 수락된 책(ὁμολογούμενα), 문제된 책(ἀντιλεγόμενα) 및 위작(νόθα)으로 분류하면서 본서는 첫째로도 둘째로도 분류하였다. 그는 바울 저작권을 인정하고 본서를 "바울의 14째 서신"이라 하였다.

⑦ 아타나시우스(Athanasius, 367년경)도 본서를 "바울의 14째 서신"이라 하였고, 그것이 알렉산드리아 학파의 공적 태도이기도 했다.

⑧ 제롬(Jerome, 414년경)은 "히브리서가 동방교회 뿐만 아니라 서방교회에 바울의 서신으로 인정되었다."라고 하였다.

⑨ 정경을 확정한 "제3차 카르타고 회의"(The Carthago Council Ⅲ, 397년) 역시 본서를 바울서신으로 포함시켰다.

이상과 같이 역사적으로 바울설이 압도적이나(Meyer, Hofmann, Wordsworth 등), 바나바설(Weiss, Zahn, Salmon, Overbeck 등), 아볼로설(Luther, De Wette, Tholuck 등), 브리스길라 · 아굴라설(Harnack, Peake 등), 누가설(Calvin) 등도 있다. 초대의 외증은 바울설에 기울이고 있으나 확증할 근거는 부족하다. 위와 같은 저자문제에 말 같지 않은 말을 한마디 첨가할 수 있다면, 바울서신을 13서신으로 보고 히브리서의 저작권을 바울에게 절반을 둔다고 가정한다면, 신약의 바울서신은 13권 반이 되고, 그것은 정확히 신약의 책수의 절반이 된다는 말이다.

(2) 수신자 : 본서의 수신자문제는 저자문제 못지않게 판가름하기 어려운 과제다. 첫째, 본서 자체에 다른 서신들처럼 수신자의 이름이 밝혀지지 않았기 때문에 본서 자체에 의해 추측하는 길밖에 없다. 이 문제는 수신인(유대인인지, 이방인인지), 수신지(예루살렘인지, 로마인지), 범위(전체적인지, 어느 단체인지)의 세 방면에서 검토되어야 한다.

첫째 문제는 본서의 표제로나 내용으로 보아 유대인이라는 것이 자연스러울 것이다(Alford, Zahn, Westcott, Dods, Thiessen 등). 근래에 와서 이들 이방인이란 설이 강하나(Jülicher, McGiffert, Scott) 유대인설을 전복할 정도는 아니다. 둘째 문제는 수신지가 예루살렘이냐 로마냐는 것이다. 전자(Westcott, Ramsay, Thiessen)의 근거는 예루살렘 성전과 예루살렘 성문의 언급(13 : 12) 때문이고, 후자(Westein, Alford, Holtzmann, Zahn)의 근거는 본서의 최초의 인용자가 로마의 클레멘트인 것(96년경), 이달리야에서 온 자들의 문안(13 : 24), 저자가 돌아가려고 희망하는 것(13 : 19), 디모데에 대한 언급(13 : 23) 등이다. 대체로 후자가 보다 유력시된다. 셋째 문제는 유대인들에게 일반적으로 보낸 것인지(Reuss, Dods), 어느 특수한 단체에 보낸 것인지(Zahn, Thiessen)의 문제다. 후자의 근거로 "너희"라는 제2인칭 대명사가 간단없이 나타나는 것과 수신자의 인도자에 대한 언급(13 : 7, 17)이다. 후자를 택한다.

(3) 연대와 장소 : 저자와 수신자의 문제가 정확한 해결을 보지 못한 상태에서 연대와 장소를 규명한다는 것은 어려운 문제다. 그러나 히브리서의 연대와 장소 문제를 규정지을 몇 가지 단서가 있는데 다음과 같다.

① 본서를 처음으로 인용한 것은 로마의 클레멘트가 96년경으로 보고 있으므로 본서의 저작연대는 96년 이전인 것이다. ② 본서에는 주로 제사문제가 취급되어 "신약의 레위기"란 별명까지 있으므로 예루살렘과 헤롯 성전이 멸망한 주후 70년 이전으로 보아야 할 것이다. ③ 본서에는 신자들이 박해의 위기 아래 놓인 것을 밝힌다(12 : 1-12). 이 박해가 글라우디오의 유대인 추방령(행 18 : 2, 49년경), 네로 황제의 박해(65년경), 예루살렘 함락 때의 위기(68-70년경), 도미티안의 조직적인 박해(95년) 등의 어느 것이냐가 문제인 것이다. 본서가 바울서신이 아니라 해도 그의 영향 아래 저술된 것은 분명하니 그의 서신들 이후의 저작으로 보아야 하는 것이다.

위와 같은 사정에서 본서의 저작을 예루살렘 함락 이후로 보는 후기설(80-90년, Scott)보다 함락 전인 조기설(58-60년, Ramsay ; 64-67년, Bruce, Westcott ; 67-69년, Thiessen, Clarke ; 68-70년, Alford, Purcy, Harrison 등)이 압도적 다수의 의견이다.

장소는 예루살렘설과 로마설이 있으나(Holtzmann, Zahn, von Zoden Bruce) 후설을 취한다. 그 근거는 "로마에서 씀"이란 사본이 있는 것(A), "이달리야에서 온 자"(13 : 24)라는 기록 때문이다.

(4) 특 징 : 첫째, 본서는 가장 정확한 서신이다(Deissmann). 본서는 "그리스도의 궁극성"을 선포하는 변증서인데 그 논조가 가장 정확하고 조직적이다.

둘째, 본서의 사상 또한 명백하고 정연하다. 본서는 구약성서에 깊이 입각하면서 그리스도를 하나님의 궁극적 자기 계시로 부각시킨다. 또 바울 신학과 보조를 같이하여 "믿음의 책"이라 불리고, '믿음' (πίστις) 이란 명사가 31회, '믿는다' (πιστεύω)라는 동사가 2회 나타난다. 11장은 "믿음의 장"이라 불리며, 신약 전체에서도 현저한 장이다.

셋째, 본서의 문학적 형태는 신약성서 중에서 최고라고 점찍힌다.

넷째, 본서는 유대인을 상대한 서신이다. 신약성서 중 유대인을 상대한 책으로 마태복음과 야고보서와 본서의 세 책이 있으나, '믿음' 의 정의에서는 약간의 차이가 있다. 마태는 다윗의 계통을 잇는 왕으로, 야고보는 율법을 영원히 이루는 능력으로(약 1 : 25, 2 : 8) 계시하는 데 대해 본서는 영원한 제사장직의 효능에 대한 믿음을 가리키고 있다(7 : 23 이하, Westcott).

다섯째, 본서의 그리스도론은 후대의 그리스도교 신학에서 큰 부분을 차지하게 되었다.

여섯째, 바울서신과의 대조에서의 특징 또한 뚜렷하다. 본서의 사상은 바울의 그것을 답습하나 그 표현은 오히려 대조적이다. 즉, 바울서신에서는 흔히 불규칙적 문장을 볼 수 있으나 본서는 미려하고 완벽한 문장인 것, 바울의 현재적인 의신의인(依信義認)에 대해 미래적 하나님의 약속에 대한 믿음, 바울의 다양한 구약인용에 대해 70인역(LXX)의 전용 등이다.

(5) 내용 분해

I. 서론 : 그리스도의 우월하신 인격 1 : 1~4 : 13

1. 주제 : 그리스도의 궁극성 (1 : 1－3)

2. 천사보다 우월하신 그리스도 (1 : 4 - 2 : 18)
3. 모세보다 우월하신 그리스도 (3 : 1 - 4 : 13)

Ⅱ. 본론 : 그리스도의 제사적 역사 4 : 14~10 : 18

1. 주제 : 큰 대제사장 그리스도 (4 : 14 - 16)
2. 대제사장으로서의 그리스도의 자격 (5 : 1 - 7 : 28)
3. 대제사장으로서의 그리스도의 역사 (8 : 1 - 10 : 18)

Ⅲ. 응용 : 믿음의 실천적 권면 10 : 19~13 : 25

1. 믿음의 전진에 노력할 것 (10 : 19 - 39)
2. 믿음의 선진들의 전례 (11 : 1 - 40)
3. 고난에 대한 권면 (12 : 1 - 29)
4. 결론적 교훈 (13 : 1 - 25)

10. 공동서신

신약성서의 끝에 수집되고 있는 야고보, 베드로전후서, 요한1 · 2 · 3서 및 유다서의 7서를 "공동서신"(ἐπιστολαὶ καθολικαὶ) 또는 "보통서신"이라 부른다. 신약성서의 처음에 있는 복음서, 더구나 바울서신과 구별하기 위한 명칭이다. 여기 7서 중 요한서신 3서를 요한복음과 요한계시록과 더불어 "요한신학"(Johnninne Theology)이라 하고 나머지 4서만을 공동서신으로 취급하는 수가 있으나 "7서"를 같이 부르는 것이 상례이다.

본 서신들을 공동서신이라 부른 첫 사람은 아폴로니우스(Appollo nius, 197년경)였다. 그러나 처음에는 요한1서만 그렇게 불렀으나 오리겐(Origen, 184 - 253)에 이르러 이 명칭은 베드로전서, 유다서 및 바나바의 서신 등에도 적용되었고, 역사가 유세비우스(Eusebius, 263 - 340)에 이르러 현재와 같이 일곱 책을 공동서신이라 부르게 된 것이다.

본 서신 등이 공동서신이라 불리는 근원은 다음과 같다.

① 저자들이 사도 바울 이외의 사도들의 저작들이고, 그것으로 공동적으로 수집한 것(Gelasius, Ebed)이다.

② 수신자들이 바울서신처럼 특정적이 아니라 일반적으로 주어진 회장식이다. 요한2서와 3서는 사신적이므로 엄밀히 따져 공동서신이라 할 수 없으나 그 교회(2서)나 개인(3서)을 넓은 의미로 취하고, 또 요한1서가 공동서신이므로 같이 취급된다.

③ 내용이 공동적(Catholic)으로 인정되는 그리스도로의 정통신앙(orthodox)을 논하고 있다. 그러므로 "정경적 서신"(Canonic Epistles)이라고도 불린다(Galasius).

④ 이 책들이 거의 한 그룹으로 정경으로 공인되었다. 이 경우 '공동'이란 '공인, 또는 정경'의 뜻으로 취급된다. 그리하여 이 책들을 "정경적 서신"(epistolae canonicae)이라고도 불린다.

이상의 조항에서 처음 두 가지는 "보통서신"의 이름을 더 반영하고, 나중 두 가지는 "공동서신"의 이름에 더 부합한다.

공동서신 7서 중에 요한1서와 베드로전서는 일찍부터 그 정경성을 인정받았다. 특히 전자는 그 정경성(Canonicity)과 더불어 공동성(Catholicity)도 일찍부터 인정받았다. 즉, 아폴로니우스(Appollonius, 197년경), 오리겐(Origen, 184-253년) 등을 위시하여 클레멘트(Clement of Alex., 265) 및 서방교회의 키프리안(Cyprian of Carthago, 200-258)은 다 일찍이 두 책 또는 요한1서의 정경성을 입증하였다.

공동서신 중 위의 2서 외의 책들, 야고보서, 베드로후서, 요한2서와 3서 및 유다서 등은 말썽이 많았고, 이 5서와 히브리서 및 요한계시록의 7서를 "7의서"(七疑書)라 부른다. 오리겐은 야고보를 인정한 최초의 사람일 것이다. 또한 3세기에 이르러 동방교회에서는 야고보서와 베드로전서, 요한1서와 3서 등 4서를 정경으로 인정하고, 그 외는 부정하였으나 서방교회의 "무라토리 단편"(Muratorian Fragment, 200년경)에는 야고보서를 제거하고 있다. 유세비우스(Eusebius)는 7서를 다 인정하였으나 베드로전서와 요한1서 양서를 고급으로, 나머지 5서는 저급으로 분류하였다.

현재의 신약 27권의 정경으로 확정한 것은 397년 제3차 카르타고 회의에서였으나 공동서신 5권에 대한 의심은 계속되었으므로 1545년, 트렌트 회의(Couneil of Trent)에서 재확인하게 된 것이다.

1) 야고보서

(1) 저 자 : 야고보란 이스라엘의 조상의 이름으로 흔한 이름의 하나이며, 신약성서만 해도 ① 세베대의 아들이며, 요한의 형제 야고보(마 10 : 2, 눅 6 : 14) ② 알패오의 아들 야고보(마 10 : 3, 행 1 : 13) ③ 주의 형제(마 15 : 40, 27 : 56) ④ 사도 유다의 아버지(눅 6 : 16, 행 1 : 13) ⑤ 유다서의 저자의 형제(유 1) 등이 있다. 이상의 인물들 중 알패오의 아들과 작은 야고보는 동일인물로 본다. 유다의 아버지 역시 저명한 인물이 아니었으므로 본서의 저자일 수는 없을 것이고, 결국 위의 여러 사람 중에 본서의 저자가 될 수 있는 설은 세베대의 아들 야고보, 알패오의 아들 야고보 및 주의 형제 야고보가 그 후보에 오를 수 있는 것이다. 첫째인 세베대의 아들 야고보는(Hilgenfeld, Michaelis) 일찍, 주후 44년경에 순교했기 때문에(행 12 : 2) 본서의 저자가 될 수 없고, 둘째 알패오의 아들 야고보는 별로 유명한 인물이 못되므로 본서의 저자일 수 없을 것이며, 결국 주의 형제 야고보가 가장 유력한 후보로 남는다.

그러면 주의 형제 야고보는 과연 누구냐는 문제가 남겨져 있다. 그에 대한 몇 가지 대답이 있다.

Helvidian설 : 이는 주의 친동생이라는 것으로 요셉과 마리아의 아들이라는 것이다(마 13 : 55, 1 : 25, 눅 2 : 7).

Epiphanian설 : 요셉의 전처의 소생이라는 것. 요셉은 전처가 죽고 나이 많아 마리아를 재취하여 일찍 죽었다는 것이다. 가톨릭교회의 마리아의 영구동정녀설을 위한 학설로 지지자가 많다(Hammond, Grotius, Ambrosiaster, Hilary, Gregory of Nissa 등).

Hieronymian설 : 제롬의 학설로 알패오의 아들 야고보며, 그는 성모 마리아의 동생의 아들이고, 예수님의 이종사촌 아우라는 것이다(Jerome, Papias, Chrysostom, Augustine, Theodoret of Map. 등). 첫째 설을 취한다. 둘째도 가능의 여지가 큰 학설이다.

주의 아우 야고보는 초기에는 믿지 않았으나(요 7 : 35, 마 12 : 46) 후일에는 예루살렘교회의 기둥 같은 역할을 했고(갈 2 : 9), 예루살렘 총회 때에는 그 총회장의 지위에 있었던 것으로 본다(행 15 : 13). 외경 히브리인의 복음에 의하면 그는 주의 최후의 만찬 이후 부활 때까지 금식하였고, 주께서는 그의 베옷을 야고보에게 주셨다고 한다.

그는 초대교회에서 "의인"(the just)이라 불리며, 베드로는 그를 예루살렘교회의 감독으로 세웠다고 한다(Eusebius). 또 그는 모태에서 성별되어 술을 마시지 않았고, 육식도 멀리하며 평생 머리를 깎지 않았다고 한다(Hegesippus). 그는 늘 꿇어 기도드렸기 때문에 그의 무릎은 낙타의 무릎처럼 되었다고 한다(Eusebius). 그는 대제사장 안나스의 아들 아나누스(Ananus)에 의해 돌에 맞아 순교하였고, 임종 때에는 주님처럼 원수를 위해 기도하면서 죽었고, 그의 시체는 성전 곁에 묻혔다고 한다(Josephus).

(2) 수신자 : 본서의 수신자는 "흩어져 있는(διασπορᾷ) 열두 지파" (1 : 1)로 되어 있다. 여기 문제는 이 문구가 ① 신불 신간의 흩어진 유대인들(Gibson) ② 영적으로 보아 모든 그리스도인들(Tübingen파) ③ 유대인 그리스도인들(Alford, Meyer) 등의 해석이 있다. 본서의 짙은 유대색으로 보아, 또 본서의 행함이 없는 믿음을 시정하려는 목적으로 보아 셋째 설을 취한다.

"흩어진 자"(διασπορα)는 εκκλησια와 상대되는 현대교회의 성격으로 강조되는 낱말이 되었으나 그 당시 흩어져 살던 유대인의 별명이었다. 그 조상 아브라함 때부터 대이동을 겪던 유대인은 흩어져 살기로 운명지워진 민족이기도 하였다. 그들은 주전 586년 느부갓네살에 의해 바벨론에 포로되었고(왕하 5 : 26), 알렉산더와 톨레미(Ptolemy I)에 의해 이집트로 옮겨졌으며, 그 수는 필로(Philo)시대에 백만 명을 헤아렸다고 한다(Josephus). 주후 63년에는 폼페이(Pompey)가 예루살렘에서 포로한 수많은 유대인을 로마로 이동시켰다. 이와 같은 강제적인 이동 이외에도 유대인들은 상업을 위하여, 혹은 학문이나 정치적 목적으로 로마로 이주하여 그 때나 지금이나 유대인은 세계적으로 흩어져 사는 나그네인 것이다.

그러면 남은 문제는 본서가 이 나그네 전반에 보낸 것인지, 어떤 지방의 나그네에 한정된 것인지에 있다. ① 혹은 '흩어진 자'의 원뜻은 이스라엘이 처음으로 포로되어 간 바벨론과 앗수르 등 메소포다미아의 유대인을 가리킨다고 한다(Meyer). ② 혹은 동방에 흩어져 사는 유대인(Thiessen) 등으로 한정하나 그 근거는 희박하고, 사방에 흩어진 유대인 전반에게 보내진 서신으로 본다. 즉, 예루살렘교회의 수장이었던 야고보가 예루살렘이 아닌 지방에 흩어져 사는 유대인 전체에 보낸 서한으로 보는 것이다.

(3) 저작동기와 목적 : 본서의 내용은 그 기록의 동기와 목적을 말해주고 있다. 첫째 독자들은 시험에 처해 있었다(1 : 2-18, 5 : 7-18). 그러므로 시험에서 연단되고 승리할 것을 가르치는 것이 한 가지 목적이었다.

그러나 본서 저작의 더 근본적인 목적은 따로 있었다. 당시 신자들은 믿음으로 구원받는 교리를 강조한 나머지, 실천생활을 등한시하는 경향이 있어 믿음이나 사랑은 입에만 머물게 되었다.

이런 상황에서 유대인 교회의 수장인 야고보는 믿음에는 수반되는 행위가 있어야 하고, 행함이 없는 믿음은 죽은 것이란 강렬한 교훈을 사방에 흩어진 유대인 신자들에게 가르치려 했던 것이다.

(4) 연대와 장소 : 본서의 저작연대는 그 저자에 따라 달라진다. 이를 요한의 형인 대야고보로 보는 편에서는 그의 순교(주후 44년) 이전에 그의 제자에 의해 기록되었다고 한다.

주의 형제 야고보라는 편에서도 그의 순교연대가 62~63년경이므로 자연히 본서 저작은 그 이전이 되는 것이다. 또한 본서의 저자를 주의 형제 이외라는 입장은 저작연대를 훨씬 후대인 150년 이전으로 추측한다.

본서의 저자를 주의 형제 야고보로 본다면 본서의 저작연대는 예루살렘 총회(49년) 이전과 그 이후의 순교 이전으로 할 수 있게 된다. 위의 전자를(45-48년) 취해 둔다. 그 근거로는 ① 본서에는 예루살렘 총회에 대한 언급이 없는 것 ② '교회' 란 낱말 대신 '회당' 이라 한 것 ③ 교회의 직분으로 '장로' 만 언급하고 '집사' 가 없는 것 ④ 골로새서 기록 당시(60년)에 벌서 싹텄던 그노시스주의(靈智主義)에 대한 언급이 없는 것 ⑤ 로마서는 본서 이후에 본서에의 대답으로 기록된 것 등이다.

본서의 저작장소는 예루살렘이라는 것이 압도적이다. 본서의 짙은 유대적 색채 때문에 추측하는 설인 것이다.

(5) 특 징 : 신약의 서신들을 공한(epistles)과 사신(letters)으로 구별하는 다이즈만(Deissmann)의 논리를 따른다면 본서는 서신형태에 속할 것이다. 그러나 그 서신형태는 초두에 머물고, 내용은 전면 특수형태를 취하는 것이다. 혹은 본서를 테니슨의 「비망록」(Tennyson, *In Memoriam*)에 비하고, 혹은 공자의 논어(論語)에 비하며, 다른 이는 "바울의 신앙과 베드로의 소망과 요한의 사랑을 종합, 축소한 것"이라 한다. 본서는 구약에서는 욥기, 잠언, 전도서 등의 지혜문학과 상통되

고, 외경에서는 솔로몬의 지혜서, 시락의 시 등에서 그 유(類)를 찾을 수 있으며, 신약에서는 문체는 히브리서와 통하고, 내용으로서는 산상수훈과 흡사한 점이 많다. 또한 당시의 그레코-로마사회의 문학에 견주면 철학의 대화식(dialogue)에서 볼 수 있고, 그 내용은 당시 유행되는 도덕적 교훈집으로 볼 수 있을 것이다.

본서가 강조하는 점이 신앙자의 선한 행위의 실천이라는 것은 너무나 명백하다. 그러므로 본서는 믿음으로 구원받는 그리스도교의 기본교리와 모순되는 것으로 지적되기도 하였다. 개혁자 루터가 본서를 "지푸라기의 서신"(eine strohene Epistel)이라 혹평한 것은 유명한 사실이었다. 그러나 야고보의 강조하는 행위란 단순한 세속적 윤리가 아니라 믿음을 전제한 신앙자의 윤리인 것은 쉽사리 발견할 것이다. 이와 같은 행함의 강조에서 본서는 첫째, 그리스 철학자들의 형식처럼 대화체를 많이 사용한다(2 : 18ff, 5 : 13ff). 둘째, 경고를 겸한 권면을 위해 계속적인 명령형을 쓴다. 실로 본서 108절 중 54절이 명령형으로 되어 있어 신약성서 중에 가장 명령형이 많은 책인 것이다. 또한 본서는 의인법(擬人法)을 쓰며(3 : 5, 5 : 4 등), 역설을 쓴다(1 : 2, 9, 2 : 5 등). 그리고 이 모든 용법을 짙은 유대적 색채로 꾸미고 있는 것이다.

본서가 산상수훈과 공통되는 점이 많다는 것도 분명하다(Vincent는 22점의 공통점을 예거하고 있다). 또 본서는 베드로전서, 구약 외경의 솔로몬의 지혜서, 시가서 등과의 공통점들도 지적된다. 그래서 베드로전서 모방설(베드로전서를 모방했다는 것), 애굽기록설(기록장소가 애굽이라는 것) 등도 대두되고 있다.

(6) 내용 분해

I. 기본적 교훈 1~2장

1. 인 사 (1 : 1)
2. 시험에 대한 교훈 (1 : 2 - 18)

3. 믿음과 행함 (1 : 19 - 2 : 26)

Ⅱ. 실제적 교훈 3~4장

1. 개인적 교훈 (3 : 1 - 18)

2. 교회적 교훈 (4 : 1 - 17)

Ⅲ. 결론적 권면 5장

2) 베드로전서

베드로전서는 요한1서와 더불어 공동서신 중에서(신약성서 중에서도 그렇지만) 그 정경성이 가장 오래고도 정중한 외증적 증언을 얻고 있다. 그리고 이 서신의 문장 자체는 신약성서에서도 가장 미려한 헬라어로 된 것 중의 하나이다. 확실히 이는 대사도 베드로의 이름에 부합한 서신이라 하겠다.

본서의 주제가 박해하에 있는 성도들을 격려하기 위한 "소망"인 것은 주지의 사실이다. 자신이 박해에 처하여 임박한 순교를 예기하는 노사도는 같은 박해에 직면한 성도들을 위로하고 격려하기 위하여 몰지각한 반항선동을 하지 않고 내적인 신앙의 부흥과 미래에의 소망으로 하는 것이다. 그것이 굴할 줄 모르는 그리스도인의 내적인 능력이다.

베드로가 이런 그의 주제를 전개한 체제는 '서신'이었다. 그것도 그 당시 일반적으로 사용되었던 형식을 따랐다. 그것은 바울서신의 경우에서도 마찬가지였다. 이와 같은 세속적인 방법을 이용하며 성령께서는 그 뜻을 인간계에 계시하신 것이다.

(1) 저 자 : 본서는 신약성서 중에서 "가장 빠르고, 가장 좋고, 가장 강한 외증적 권위를 가지고 있다"(Bigg). 그러나 신약의 다른 책의 경우와 같이 서론적 문제가 없지는 않다. 즉, 사도 베드로의 저작권에 대한 반대설과 여기에 대답하는 지지설이 있는 것이다.

반대설의 근거로 ① 본서에 보이는 박해는 상당히 조직적인 것으로

(4 : 16), 그것은 베드로가 순교한 네로시대(Nero, 62 - 68년)의 것이 아니라, 도미티안시대(Domitian, 92 - 96년 ; von Zoden, Magifford), 또는 트라얀시대(Trajan, 98 - 117년 ; Cone, Case)의 것으로 보이는 것 ② 본서는 신약에서 가장 미려한 헬라어로 기록되었으므로(Streeter) 갈릴리의 무식한 어부 베드로가 저작으로 보기 어려운 것 ③ 본서의 그리스도의 생애와 교훈은 수제자 베드로의 기록으로 보기에는 불충분하다는 것 ④ 본서는 바울의 에베소서나 로마서와 유사한 점이 많으므로 베드로의 저작이 아니라 후일 바울의 영향을 받은 자의 모방작인 듯한 것 (Tübingen) 등이다.

이와 같은 반대설에 비해 베드로의 저작권을 인정하는 전통설(지지설)은 압도적으로 강하다.

① 초대의 교회사가 유세비우스(Eusebius)는 당시의 신약의 책들을 분류하기를 수락된 책(ὁμολογούμενα), 문제된 책(ἀντιλεγόμενα) 및 유작(νόθα)으로 나누었고, 본서는 요한1서와 더불어 첫째에 소속시켰다.

② 그 외에 폴리캅(Polycarp, d. 155), 이레니우스(Irenaeus, 130 - 220), 알렉산드리아의 클레멘트(Clement of Alex., d. 213), 터툴리안 (Tertullian, d. 220 - 240), 바나바(Barnaba), 테오필루스(Theophilus of Antioh), 로마의 클레멘트(Clement of Rome, 92 - 101), 파피아스 (Papias, cu. 130 - 140), 오리겐(Origen, 185 - 251) 등 초대의 교부들도 본서의 베드로 저작권을 인정하며, 이를 인용하였다.

③ 이런 외증과 더불어 내증도 분명하다. 첫째, 저자는 자신을 베드로라 소개하고(1 : 1), 본서에 나타난 박해(1 : 6, 2 : 12, 15, 4 : 12, 5 : 9)의 양상도 반드시 도미티안시대의 것으로 한정할 것이 못 되며, 또 저자는 자신을 그리스도의 고난의 증인으로 자처하고(2 : 19 - 24), 그의 서신에는 그리스도의 교훈을 반영하는 표현들이 보이는 것 등이다(5 : 5, 2).

본서의 저자인 사도 베드로에 관한 기사는 4복음서를 위시하여 신약성서에 풍성하다. 그의 본명은 유대인에게 흔한 시몬으로(요 1 : 41, 행 15 : 4) 벳새다 태생이었다(요 1 : 44). 그의 아버지의 이름은 요나(마 16 : 17), 또는 요한(요 1 : 42)이었으며, 그의 아우는 안드레였다. 그들 형제는 후일 가버나움으로 이주하여(마 8 : 14) 갈릴리 바다에서 어부생활을 하였고, 그는 결혼하였으며, 그의 장모는 그와 동거한 듯하였다.

그는 처음에 그의 아우 안드레의 인도로 주님을 만났다(요 1 : 40–42). 그리고 갈릴리 바다에서 다시 주의 부르심을 받아 주님을 따랐고(눅 5 : 10, 마 4 : 19), 다시 택함을 받아 12사도의 반열에 참여하게 되었으며(마 10 : 2), 그 중에서도 더 중요한 내적인 3인의 하나가 되었다(막 5 : 37, 마 17 : 1–5, 20 : 56–75).

그의 천성은 소박하고 정직하며, 그 성정은 직행적이어서 모든 일에 언제나 선두에서 활약한 동시에 수다한 실수도 범하였다. 그는 “주는 그리스도시요 살아 계신 하나님의 아들”이라는 위대한 신앙고백을 함으로 주님의 칭찬을 받았다. 베드로, 즉 “반석”이란 주님의 신뢰의 대상이 되었으나(마 16 : 13–18), 그 다음 순간 주님의 십자가의 사업을 가로막다가 “사단아 물러가라.”는 호된 책망도 받았다(마 16 : 23). 그는 겟세마네 동산에서 말고의 귀를 잘랐으며(요 18 : 10–12), 주님을 부인하는(마 16 : 56–75) 큰 실수로 인해 일시적으로 실각도 하였으나 주의 부활 때에 먼저 무덤을 찾아갔으며(요 20 : 1–10), 주님의 특별하신 부탁을 받아(요 21 : 15–19) 그 지위를 회복하였다.

그는 오순절교회의 창립을 시도하며(행 2 : 14–41, 3 : 1–10), 사마리아 지방을 순행하며, 욥바, 가이사랴, 안디옥까지 미쳤다(행 9 : 32–10 : 48, 11 : 1–18, 갈 2 : 11). 사도행전의 전반부(1–12장)는 베드로 중심의 행전이었으나 바울 중심인 후반부에서(13–28장)는 점차적으로 그의 모습은 사라지고 있다.

베드로의 후사에 대해서는 많은 전설이 있으나, 대부분은 제롬(Jerome)이 완성한 가톨릭의 교황권을 세우기 위한 것으로 신빙성이

적다. 한 전설은 그가 안디옥교회의 창설자이며 감독이었다고 한다(Eusebius). 그가 본서의 수신자인 소아시아의 교회들을 위해 심방하고 노력하였으리라고는 쉽사리 추측할 수 있다. 그가 로마에서 25년간 감독으로 있었다는 가톨릭의 전설에는 신실한 근거가 없으나, 주후 67년경 네로 황제에 의해 순교하였다는 것은 신빙성이 충분한 것으로 본다.

(2) 수신자 : 다이즈만(Deismann)은 신약의 서신들을 둘로 나누어 어떤 특정적인 상대에게 보낸 "사신"(Letters)과 그런 것이 없이 공동적인 내용의 것을 "공한"(Epistles)이라 하였다. 그의 분류를 따른다면 본서는 공동서신의 하나이다.

본서의 초두에는 수신자로 "본도, 갈라디아, 갑바도기아, 아시아, 비두니아에 흩어진 나그네"로 되어 있다. 이 중에 로마의 행정구역으로는 본도, 비두니아는 한 주인 셈이다. 그럼 왜 한 주를 나누고 있으며, 또 그 배열은 무엇을 뜻하느냐는 문제가 있다. 짜안(Zahn)은 이 이름들은 고대의 주명을 따른 것이라 하고, 하르낙(Harnack)은 이 배열은 전연 무의미하다고 하였으나 많은 학자들은(Hort 등) 이를 본서를 보낸 로마에서의 길 순서로 이해한다. 즉, 편지를 가지고 간 사자는 해로로 해서 먼저 본도의 항구에 상륙하고, 북부 갈라디아를 통과하여 갑바도기아에 이르며, 그 다음 서향하여 아시아 주로 갔다가 북진하여 비두니아로 돌아간 것으로 보는 것이다.

그러면 이 지방의 교회의 창설자가 누구냐는 것이 다음 문제가 된다. 사도행전에 의하면 이 주명들은 대부분 바울의 여행범위에 나타난다. 그러므로 바울의 이름이 자연히 등장한다. 그러나 만일 우리가 갈라디아서의 수신자로 "남부 갈라디아설"(Ramsay)을 취한다면 바울의 전도구역을 소아시아의 남부지방으로 보는 것이 타당할 것이다. 아시아 주를 두고 말하면 그의 영향은 골로새, 라오디게아, 히에라볼리 등 삼각

지대가 위치한 루가스 계곡을 넘어서지 못했을 것이다.

바울 다음으로는 제2차 여행에서 바울과 결별한 바나바-마가 일행이 이 곳에 있을 것이라는 추측도 있고, 바울의 고린도, 에베소 전도에 공헌이 컸던 아굴라 · 브리스길라 부부의 고향이 본도였으므로 그들이 전도했을 것이라는 설도 있으나 역시 납득이 갈 증거가 없는 것이다.

그러고 보면 본서와 관련시켜 이 지방 교회의 설립자를 베드로로 보는 것이 유력한 추측이 되는 것이다. 오리겐의 기록에 "베드로는 본도와 갈라디아와 비두니아, 갑바도기아와 아시아에 흩어진 유대인들에게 전도한 것 같다."(Eusebius H. E. iii. 1)는 것이 있다. 어떤 학자는 베드로가 예루살렘 옥에서 기적으로 탈출한 후(행 12 : 17) 이 지방에 가서 전도하였을 것이라고 하나, 이런 구체적인 추측은 별 문제로 하더라도 그가 이 지방을 방문했다는 것은 가능이 큰 추측인 것이다(Thiessen). 바이스(Weiss)는 바울이 아시아전도를 금지당한 것은(행 16 : 6) 그 지방에 이미 다른 전도자가 전도했기 때문이라고 한다.

본서의 수신자에 대한 또 하나의 문제는 그들이 유대인이냐(Origen, Calvin, Bengel), 이방인이냐(Augustine, Zahn, Thiessen)는 것이다. 본서의 수신자인 "흩어진 자"가 야고보서의 그것과 같은 점 및 베드로가 유대인의 사도였던 사실(갈 2 : 8-9) 등으로는 전설이 타당하나, 본서의 내증(1 : 14, 18, 2 : 9-10, 4 : 3)은 결정적으로 후설을 지지하고 있다. 그 당시 바벨론 지방에서 소아시아로 이동해 온 유대인들이 많았던 사실에 비춰 이 지방에 유대인 신자가 있었던 것은 의심의 여지가 없으나(행 2 : 9-10 참조), 본서는 주로 이방인 상대로 주어졌고, 그 중에 유대인도 섞여 있었다고 보면 큰 문제는 없을 것이다.

(3) 저작동기와 목적 : 본서 저작의 목적은 한마디로 박해하에 있던 성도들을 위로하며 격려하기 위함이었다. 실로 오순절교회 시대에서 상고사에 미친 교회의 수난사와 본서와는 주목할 만한 인연이 있는 것

이다. 초대교회가 받은 유대인, 혹은 이방인의 박해는 사도행전에 기록되어 있다. 그러나 그것은 앞으로 있을 대박해의 서곡에 지나지 않았고, 지방적이며 비조직적인 것에 지나지 않았다. 대로마의 황제는 종교에 대하여 아주 관대한 정책을 취하여 내란이나 현저한 비도덕적인 의심이 없는 한 방임해 두었던 것이다. 그러나 로마가 이런 정책을 저버리고, 그리스도교에 대하여 드디어 조직적으로 박해를 가하게 된 것은 네로 황제에 의하여 시작되었다. 그리고 콘스탄틴 대제가 밀라노 칙령(313년)으로 박해를 중지시키기까지 그 옛날 애굽의 10재앙처럼 10차례의 대박해가 적극적으로 감행되었다. 본서는 이런 조직적인 박해가 시작된 네로시대에 기록되었던 것이다.

본서의 내용에는 신자들이 무근의 악평을 받고(2 : 12-13), 나아가 그들의 생명까지 위급한 처지에 있는 것(3 : 14, 4 : 12)을 보이고 있다. 당시 로마의 관헌은 그리스도교에 대해 극히 몰이해하였고, 저들을 “시기하고, 유해한 미신에 열중한 무리”라 하였으며(Nero 16), 사형에 처하였다.

하여튼 이런 외적인 박해에 처하여 고통받는 신자들을 위로하고 격려하기 위해 본서는 기록되었다. 저자는 그것을 그리스도의 재림과 말세론으로 하고(1 : 5, 4 : 7), 현세는 단지 나그네에 지나지 않으므로(2 : 7) 믿음으로(1 : 5) 내세를 바라볼 것을 강조하는 것이다.

그러나 저자는 외적인 박해에 대처하는 것으로 끝나지 않고 신자들의 내적 생활의 정결을 강조한다(1 : 15). 그리하여 무고한 자로서 악평에 대처하라고 권면하는 것이다(4 : 14-19). 그는 또한 한 걸음 더 나아가 그리스도인들의 가정도덕(3 : 1-7), 교회도덕(5 : 1-6), 위정자에 대한 태도(2 : 13) 등까지 지시함으로 건전하고도 내강한 그리스도교 윤리를 확립하려는 것이었다.

(4) 연대와 장소 : 본서의 장소를 먼저 확정하는 것이 연대를 규정함

에도 단서가 된다. 본서의 기록 장소는 "함께 택하심을 받은 바벨론에 있는 교회가 너희에게 문안하고"(5 : 13)라는 결말의 인사에 표시되고 있다. 문제는 이 바벨론이 과연 어디냐는 것이다.

① 수리아의 바벨론설(Erasmus, Calvin, Bengel, Alford, Hort, Meyer, Thiessen 등) : 바벨론을 문자적으로 취한 학설이다. 이 곳은 포로기(주전 386년) 이래 유대인들이 많이 살던 곳이므로 베드로가 이 곳에 와서 전도하였을 것이라는 추측도 가능한 것이다. 이 설의 약점은 주후 40년경 칼리굴라 황제가 이 지방의 유대인을 대학살한 것, 베드로가 이 곳에 간 전설이 없는 것, 바벨론교회의 이름이 역사에 나타나지 않는 것 등이다.

② 애굽의 바벨론설(Bishop Pearson) : 현재의 카이로 근교에 있고, 이 곳에 유대인이 많이 살기 때문에 이 설이 발의되었으나 큰 관심을 끌지 않는다.

③ 로마설(Origen, Dionysius, Tertullian, Lightfoot, Bigg, Hart 등) : 고대로부터 절대적으로 유력한 설로 바벨론이 로마의 상징적 명칭이라는 것이다.

첫째, 베드로가 그의 만년을 로마에서 보냈다는 수많은 전설과 부합하고, 또 같이 있은 실루아노와 마가(5 : 12-13) 역시 바울과도 같이 로마에 있었을 것으로 추측된다. 전자는 바울의 전도여행의 동반자였고(행 15 : 22, 40, 16 : 19, 17 : 4), 후자는 바울의 만년에 같이 로마에 있었다(골 4 : 10, 몬 24).

둘째, 요한계시록에 나타나는 바벨론(계 17, 18장)이 로마를 가리킨다는 것은 거의 정설이었다(Eusebius H. E. ii. 15).

본서의 저자가 베드로이고, 그 저작 장소가 로마며, 또 그가 네로황제 때 순교하였다면 본서의 저작 연대는 대단히 명백하다. 즉, 그가 순교하기 직전인 64~67년에 기록했을 것이다.

아마 베드로가 전연 로마에 간 적이 없다는 극단설이나(Lipsius,

Ramsay), 베드로가 로마교회를 설립하고 25년 간 목회하였다는 가톨릭의 정설을 배격하고, 바울의 제1차 투옥 당시(62－64년경)에 베드로도 로마에 입성하였고(Lightfoot, Chase), 수년 후에 네로 황제에 의해 베드로와 바울이 같이 순교하였다는 설이 가장 건전할 것 같다. 그러나 네로시대설에 이의를 다는 설도 있기에 참고로 이를 게재한다.

① 네로시대설(Irenaeus, Clement of Alex. Origen, Lightfoot 등) : 네로(Lieius Domitius Nero, 37－68)는 54년에 즉위하여 처음 5년 간은 스토아 학파의 세네카(Seneca)의 보필로 선정을 베풀었으나 59년 태후를 암살할 때부터 폭군의 근성을 드러내었고, 62년 로마의 큰 불을 기독교인의 책임으로 돌릴 때부터 교회의 대박해자가 되어 종말적 적그리스도로 믿어졌다. 그의 박해로 베드로와 바울이 같이 순교했다는 센키윗츠의 쿠오 바디스(Sienkiewicz, Quo Vadis)는 문자적으로 믿을 필요는 없으나, 고대교회의 신빙성 있는 전통을 반영하는 것으로 본다.

② 도미티안시대설(von Zoden, Ramsay) : 도미티안(Domitian, 81－96년 재위)은 제2의 박해자로 하나님께 도전한 점에서 네로의 후계자였다(Eusebius. H. E. iii. 17).

사실인즉 네로의 박해는 폭발적이었고 격정적이었으나, 도미티안의 박해는 오히려 조직적이고 광범위하였다. 본도의 프리니어스(Pliny) 총독의 황제에의 상소문에 이 학설의 근거를 둔다.

③ 트라얀시대(Cone, Streeter) : 트라얀(Marcus Ulypius Trajan, 98－117년)은 천성이 선량하고 명군에 속하였으나 정책상 기독교인을 박해한 것이었다.

(5) 특 징 : 본서는 박해 아래 있는 성도에게 보낸 것이므로 전편은 "격려"의 가락으로 엮어져 있다. 그리고 저자는 이 격려를 하늘의 소망으로 하고 있다. 이것이 본서가 "격려의 서신"(The Epistle of Courage) 또는 "소망의 서신"(The Epistle of Hope)이라 불리는 이유다. 아마 "소

망"은 본서의 주제일 것이다.

이와 같은 주제를 논함에 있어 본서는 그림 같은 아름다운 문장을 쓰고 있다. 베드로전후서 8장에는 신약의 다른 책에서 볼 수 없는 낱말이 119개가 된다고 한다(Vincent). 그리고 그 중에는 그림용의 낱말이 많다고 한다. 가령 "살펴보기를"(1 : 12), "막으시고"(2 : 15), "가리우는데"(2 : 16), "갑옷을 삼으라"(4 : 1), "허리를 동이라"(5 : 5), "우는 사자"(5 : 8) 등이다.

본서는 구약과 깊은 연관을 가진 것이 또 하나의 특징이다. 여기의 유대인의 지도자로서의 저자의 면모를 볼 수 있는 것이다. 구약의 역사나 예언이 강조되었고(1 : 10－12, 3 : 5, 6, 20), 구약은 저자 자신의 말로 인용되고 있다(1 : 16, 25, 2 : 6－7, 9, 3 : 6, 10, 4 : 8, 18, 5 : 5, 7 등). 또한 구약적인 자리가 그리스도의 교훈의 빛 아래 새것으로 나타나기도 한다(1 : 15－16, 2 : 6, 23－24 등).

또한 본서는 교리의 책이다. 삼위일체(1 : 2－3, 2 : 23, 1 : 12), 창조(4 : 19), 그리스도론(1 : 20, 3 : 18), 속죄(2 : 8, 24, 3 : 18－19), 교회(2 : 5, 9, 17, 5 : 1－9), 종말론(1 : 18, 4 : 7, 13, 5 : 1, 10) 등 중요한 교리들을 볼 수 있다. 혹은 본서는 스칼라스틱(scholastic)하다는 평을 받기까지 한다.

또 본서의 다른 책들과 관련성이 지적된다. 혹은 본서는 신약의 약 절반에 달하는 책들과 관련된다고 한다(Holtzmann). 그 중에서도 바울서신(특히 로마서)과 야고보서와의 공통점이 현저한 것으로 지적된다. 전자(본서와 로마서)의 경우 약 20구절의 공통점이 지적되고, 후자(본서와 야고보서)에서는 본서의 유대적 경향이 지적된다.

(6) 내용 분해

I. 서 론 1 : 1~12
  1. 인 사 (1 : 1－2)
  2. 찬 송 (1 : 3－12)

Ⅱ. **개인적 생활을 위한 권면 1 : 13~2 : 10**

1. 성결한 생활을 힘쓸 것 (1 : 13 - 21)
2. 형제사랑에 힘쓸 것 (1 : 22 - 25)
3. 하나님의 백성으로 성장할 것 (2 : 1 - 10)

Ⅲ. **사회적 생활을 위한 권면 2 : 11~3 : 7**

1. 서 론 (2 : 11 - 12)
2. 국가에 대한 의무 (2 : 13 - 17)
3. 종에 대하여 (2 : 18 - 25)
4. 부부에 대하여 (3 : 1 - 7)

Ⅳ. **박해에 대한 격려 3 : 8~4 : 19**

1. 서론적 교훈 (3 : 8 - 12)
2. 고난의 복음 (3 : 13 - 4 : 6)
3. 종말에 대한 태도 (4 : 7 - 11)
4. 고난의 축복 (4 : 12 - 19)

Ⅴ. **결론적 권면 5장**

3) 베드로후서

(1) 저 자 : 본서의 베드로 저작권에 대한 반대는 초대에 시작되었고, 종교개혁 이후 비판학의 대두와 더불어 격심하여져 현대는 오히려 다수의 학자들이 거부편에 서 있다(Didymus, Theodore of Map. Grotius, Weiss, Von Soden, Salmond, Harnack 등). 그 이유는 외증이 희박한 것, 문체가 베드로전서의 그것과 판이하게 다른 것, 내용이 유다서와 흡사한 것, 문체와 내용이 2세기의 작품인 외경, 베드로, 요한계시록과 같은 것 등이다.

위와 같은 반대설에도 불구하고, 본서의 베드로 저작설은 초대 이래로 부동의 지지층을 유지하고 있다(Augustine, Jerome, Zahn, Schmid, Alford, Plummer, Bigg, Dods 등). 그 근거로 ① 외증은 3세기까지는 약하였으나 4세기 이후는 확실해졌다 ② 전서와의 문장의 차이는 전서가 실루아노의 대필로 이뤄지고(5 : 12), 후서는 다른 사람의 대필로 되었기 때문이다. 전후서 간에 공통점도 많은데 혹은 30회(Dods), 31회(Zahn), 100단어(Meyer) 등이다. ③ 유다서와의 유사점은 유다서가 본서를 보고 썼을 것(Zahn) ④ 수신자가 팔레스틴의 유대인으로 전파가 늦었던 것(Zahn) 등이다.

(2) 수신자 : 본서의 수신자는 "보배로운 믿음을 우리와 같이 받은 자들"(1 : 1)이다. 그러나 이 구절로서는 그들이 누군지 알 수 없고, "이 둘째 편지"(3 : 1)라는 구에 의지할 수밖에 없다. 여기 결정도 "첫째 편지"가 베드로전서냐(Alford, Bengel, Meyer, Bigg 등), 잃어버린 다른 편지냐(Zahn, Spitta)에 달려 있다. ① 전설을 따르면 본서의 수신자도 전서처럼 소아시아의 신자들이 되는 것이고, ② 후설을 취하는 편은 팔레스틴의 유대인으로 본다. ③ 또한 베드로저작권을 반대하는 편은 베드로계시록과 흡사하다 하여 그 발생지인 애굽으로 보지만(Harnack 등), 첫째설을 취한다.

(3) 저작동기와 목적 : 베드로의 두 서신은 다같이 위기에 처한 성도들을 위로하고, 고무하고, 경계하기 위해 주어졌다. 그 중 전서는 외부적 위기(박해)를 다루었고, 후서는 내부적 위기를 경계한다. 즉, 전서를 보낸 후 교회 내에 부덕적인 향락주의와(2장) 재림을 부인하는 이단설(3장), 가르치는 거짓 교사(2 : 1－3)가 있는 것을 안 사도는 급히 다시 붓을 들어 이런 이단을 경계하고, 정통신앙을 고수할 것을 권하기 위해 "둘째 편지"를 보낸 것이다.

(4) 장소와 연대 : 본서의 저작 장소와 연대문제도 저자문제에 좌우된다. 베드로의 저작권을 거부하고, 이를 베드로계시록 등의 외경류로

보는 편에서는 애굽(본서의 내용과 관련 있다고 지적하는 그노시스주의의 발상지)에서 기록되어 애굽을 거쳐 다른 지방으로 유포된 것으로 본다(Harnack, Jülicher, von Zoden). 이런 경우 연대는 2세기(100－150년)로 추측한다.

베드로의 저작권을 시인하는 편에서는 전서의 직후, 유다서 이전에 기록되었다고 본다(Thiessen 등). 이때 장소는 역시 로마일 것이고, 연대는 66～67년경이 될 것이다.

(5) 특 징 : 본서의 특징은 일반적 특징과 유다서와의 유사점으로 나눌 수 있을 것이다. 전자로서는 베드로전서의 대의가 "고난당한 성도에 대한 위로"나 후서의 그것은 "거짓 교사에 대한 경고"다. 전자는 외부적, 후자는 내부적 교회의 위기이다. 그리고 실로 무서운 것은 전자보다 후자이다. 요한계시록 13장에는 적그리스도의 모습으로 두 짐승이 나타난다. 전자는 세상의 정권으로 교회를 외부로부터 박해하는 세력이고, 후자는 거짓 교훈으로써 교회를 내부로부터 부패시키는 것이다. 전자는 전서와 후자는 후서와 관련시켜 보는 것은 흥미있는 일이다.

본서는 거짓 교사에 대한 경고를 그 주지로 하는 것인만큼 심판의 준엄성을 강조하는 것이 특색이다. 특히 구약의 심판전례들을 들어 그들의 심판의 확실성을 고조하였다.

본서에는 '지식' 또는 '안다' 는 부류의 말이 반복해서 나타남으로(1 : 2, 3, 5, 6, 8, 12, 14, 20, 2 : 10, 12, 20－21, 3 : 3, 5, 17, 18) 그노시스주의(靈智主義)와 혼돈되어 왔으나 오히려 본서가 말하는 지식이란 성령으로 말미암는 참 지식으로서 이단의 그릇된 지식과 대조되어 있는 것이다.

본서(특히 2장)와 유다서는 극히 흡사하다. 어떤 구절은 문자적으로 공통되는 것이다. 그 현저한 것은 다음과 같다(전－본서, 후－유다서). ① 거짓 선지자(2 : 1과 3과 4) ② 범죄한 천사(2 : 4과 6), 소돔과 고모라의 멸망(2 : 6과 7), 천사와의 비교(2 : 10－12과 8－10), 발람의 길(2 : 15과

11), 물 없는 샘(2 : 17과 12), 사도의 말을 기억할 것(3 : 2과 17), 기롱자(3 : 3과 18) 등.

이런 유사점으로 나중 기록한 편이 먼저 기록한 것을 보았으리라는 것은 자연스런 추측인바 과연 어느 편이 먼저냐는 데는 상당한 논쟁이 있다. 즉, 본서 선기설(Luther, Plummer, Zahn, Spitta, Bigg 등)과 유다서 선기설(Alford, Holtzmann, Weiss, Harnack, von Sonden, Salmond 등)은 모두 권위적, 학적 뒷받침이 있어 간단히 결론짓기 힘들다. Thiessen은 본서 선기설을 주장하면서 그 근거로 ① 유다는 외경에까지 인용했으므로 그가 베드로후서도 인용했을 것 ② 본서의 거짓 선지자는 아직 미래적 인물이나 유다서의 것은 현존하는 것 ③ 유다 17~18절은 베드로후서 3 : 1~3을 인용하는 듯하여, 그가 말하는 '사도'는 바로 베드로나 바울인 듯한 것 등을 든다. 본서의 베드로 저작설을 시인하는 한 양인의 비중으로 보아 본서 선기설이 자연스러운 결론일 것이다.

(6) 내용 분해

I. 서론적 교훈 1장
  1. 인 사 (1 : 1－2)
  2. 성결한 생활로 전진할 것 (1 : 3－11)
  3. 사도들의 교훈을 기억할 것 (1 : 12－21)

II. 거짓교사에 대한 경고 2 : 1~3 : 13
  1. 부도덕적 생활에 대하여 (2 : 1－22)
  2. 그릇된 종말관에 대하여 (3 : 1－13)

III. 결론적 권면 3 : 14~18

4) 요한의 세 서신

(1) 저 자 : 요한의 세 서신은 공동서신으로 분류되고 있으나, 사상적

으로는 오히려 요한복음과 요한계시록과 더불어 요한문서라는 부분을 형성하고 있다. 이 요한문서야말로 바울서신과 더불어 신약의 사상적 쌍벽을 이루고 있는 것이다. 바울서신이 그리스도교 자리의 기반적 골격을 형성한 것이라면 요한문서는 거기에다 살을 붙이고 미화한 것이라 하겠다.

실로 요한의 다섯 책은 우리 그리스도교의 진지한 곳을 보여 준다. 복음서는 그리스도의 생애를 그 독특한 영적 관점에서 풀어 주고, 요한계시록은 말세론을 신비로운 사진으로 전시해 주며, 서신들은 이 둘 사이에서 교회에 주어진 교훈과 권면과 경계이다. 그리고 사도 요한의 다섯 문서는 공통적으로 단순한 표현으로 깊은 것을 말하고, 우아한 선율로 흘러가는 일대 논문이다.

하여튼 요한문서 다섯 권의 저자문제에는 이견이 구구함에도 불구하고, 이 책들을 일괄적으로 연구하는 데는 별 이의가 없다. 그러므로 본서신 3권도 일괄적으로 그 서론문제를 고찰하고자 하는 것이다. 또한 3서 서신에 있어서도 요한1서를 별도로 취급하고, 요한2 · 3서를 같이 분류하여 연구함이 성격상 자연스러울 것이다. 석학 다이즈만(Deissmann)은 신약의 서신들을 공신적인 “공한”(epistles)과 사신적인 “사신”(Letters)로 나누었다. 그렇다면 여기 요한1서는 전자로, 2 · 3서는 후자로 소속시킬 예라 할 것이다.

요한의 이름을 지닌 다섯 책의 저자문제는 실로 구구한 이설들로 나누어진다. 그 개관은 ① 복음서와 서신의 저자는 다름(Hilgenfeld, Davidson), ② 복음서와 1서는 같으나 2 · 3서의 저자는 다름(Origen, Eusebius), ③ 복음서와 서신들은 같으나 계시록은 다름(Eusebius, Dionysias), ④ 복음서는 사도 요한의 저작이나 계시록은 아님(Ewald, De Wette, Lucke, Naeunder), 또는 그와 반대임(Baur, Schuegler) 등. 그러나 다섯 책을 모두 사도 요한의 책으로 돌리는 사도시대 이래의 전통설은 여전히 강렬하다(Chrysostom, Augustine, Jerome, Calvin,

Alford, Bengel, Meyer, Godet, Hengestenberg, Westcott 등).

요한1서 : 본서는 일찍부터 베드로전서와 더불어 그 정경성을 인정받은 책이나 역시 반대설이 전연 없지는 않았다. 2세기경에 "알로기"(Alogi)설과 "말시온"(Marcion) 등의 반대가 있었으나 문제가 되지는 않았다. 그 다음으로 파피아스(Papias)의 두 장로설과 디오니시우스(Dionysius)의 두 요한 무덤설이 상당한 물의를 일으켜 요한2 · 3서의 저자 "장로"가 사도 요한 외의 장로이며, 그가 요한복음서나 요한계시록까지 기록하였다는 설로 발전하였다.

그러나 초대의 요한의 제자인 폴리캅(Polycarp)이나 또 그의 제자 이레니우스(Irenaeus) 등이 본서를 인용하고, 또 "무라토리 단편"(Muratorian Fragment, 200년)이나 터툴리안 등의 외증은 아주 강하다.

내증으로도 본서의 내용은 요한복음의 그것과 아주 흡사하여 요한복음의 요한 저작권을 인정한다면 본서 역시 사도 요한의 저작으로 돌릴 수밖에 없는 것이다.

요한2 · 3서 : 이 책의 순수성은 일찍이 유세비우스(Eusebius)의 소위 "7의서"에 속하는 것으로 많은 물의를 일으킨 책들이다. 이 두 서신의 저자는 "장로"로 자칭함으로 자연히 사도 요한 이외의 장로 요한설이 일찍부터 있었고(Papias, Origen, Eusebius), 현대의 다수 학자들이 이를 따르고 있으나 튀빙겐(Tübingen) 학파에서는 반대한다. 그러나 사도 요한의 저작권을 고수하는 전통설은 초기에서부터(Augustine, Jerome) 꾸준히 이어져 오고 있다. 또 내증적으로 여기 두 서신의 요한1서와의 공통점이 너무 뚜렷하므로 결국 두 서신은 1서와 같은 저자의 저작으로 인정하는 것이다. 본 두 서신의 저자의 자칭호 "장로"는 직명이라기보다 '연장자'란 뜻으로 베드로 역시 자신을 "장로"라 부른 것을 보아(벧전 5 : 1), 이를 사도 요한의 자칭호로 보아도 무리가 없을 것이다.

(2) 수신자

요한1서 : 요한1서에는 송신자 – 수신자 – 문안이라는 당시 서신의 격식이 뚜렷하지 않으므로 수신자를 확정하기 힘들다. 그러나 본문에는 "나의 자녀들아", "아이들아", "형제들아" 등의 칭호로 보아 교회 각계에 보낸 회장적 서신임을 짐작할 수 있으나 이 회장의 수신자가 과연 어느 지방의 교회냐는 문제가 남게 된다. 혹은 발대인교회(Augustine), 팔레스틴의 유대인교회(Benson), 고린도교회(Lightfoot) 등의 추측이 있으나, 사도 요한이 만년을 보낸 에베소 주변의 교회, 즉 요한계시록의 수신자인 소아시아의 7교회(계 1 : 11)라는 설이 가장 수긍이 간다 (Thiessen, Brooke).

요한2서 : 요한2서의 수신자는 "택함을 입은 부녀와 그 자녀"(ἐκλετῇ κυρίᾳ)이지만 문제는 그가 누구냐는 것이다. ① 이를 문자적 고유명사로 보고 알렉산드리아의 클레멘트는 "에크레데 부인"으로, 어거스틴은 "그 자녀"를 바대인이라 하고, 그 부녀를 베드로전서 5 : 13의 교회내의 인물이라 한다. ② 여기 "부인"을 성모 마리아, 마르다 등으로 보고, 그 외 그의 자녀들이라 한다(Carpzov). ③ 상징적으로 취급하여 "교회와 그 회원"(Zahn, Brooke)이라 본다. 마지막설이 가장 좋다.

요한3서 : 요한3서의 수신자는 "사랑하는 가이오"다. 이 이름도 당시 흔한 이름이어서 누군지 알기 힘들다. 그가 순례자를 후대한 것은 바울이 세례 준 고린도의 가이오를 연상케 한다(고전 1 : 14, 롬 16 : 23). 그러나 그가 이때 에베소 지방으로 기거해 왔다고도, 본서를 고린도에 보냈다고도 하기 어려우므로 결국 이 인물은 미지로 두는 수밖에 없다.

(3) 연대와 장소 : 요한서신들의 저작장소가 에베소라는 데는 큰 이의가 없다. 이는 비록 사도 요한의 저작권을 시인하지 않는 편에서도 이가 요한계의 문서라는 의미에서 에베소설을 채택하는 것이다. 요한이 그의 만년을 에베소에서 보낸 것은 너무나 많은 전설과 사기에 의

해 뒷받침되므로 의심의 여지가 없다. 그 대표적인 것은 다음과 같다.

> 그때 사도로서 복음서의 저자인 요한, 주의 사랑하신 요한은 도미티안의 사후, 먼 섬으로부터 유형을 용서받고 돌아와 아시아에 유하면서 그 지방 교회를 관리하였다(Eusebius, H. E. iii. 23 : 1).
>
> 또한 에베소교회는 바울이 설립하고, 요한이 트라얀의 때까지 거기에서 오래도록 머문 곳으로 사도들의 전설의 참 증인인 것이다(Irenaeus, Heresies, iii. 1 : 1).

이 에베소가 본 서신들을 위시하여 요한의 저작들이 기록된 장소이다.

요한1서의 연대 : 장소문제가 통일된 것과는 대조적으로 연대에 대한 견해는 각양이다. 사도 요한의 저작권을 부정하는 편에서는 본서의 연대를 2세기 초 또는 중엽으로 보지만, 요한의 저작권을 인정하는 편에서는 복음서의 연대를 90~100년으로 고정해 놓고 판정한다.

① 복음서 이전으로 그 서문격인 것(Standing, Hug) ② 복음서와 동시대 저작으로 그 해설인 것(Lightfoot, Plummer, Thiessen) ③ 복음서 이후 저작으로 그 보충인 것(Ebrard, Brook). 동시설을 취한다.

요한2 · 3서의 연대 : 2 · 3서의 저작연대도 요한의 저작권을 거부하는 편에서는 2세기 중엽 이후로 보고, 지지편에서는 일정하지 않다. 양서는 내증에서 연대를 규정할 근거가 희박하나 그 체제들이 같은 때의 기록인 것으로 보여진다.

(4) 특 징

요한1서 : 본서는 보통 "사랑의 편지" 또는 "진리의 편지"라 불린다. 이런 두 가지 별명이 잘 조화된 것이 본서의 특징일지 모른다. "사랑의 사도" 요한의 다른 저작들처럼 본서에는 '사랑' 이란 말과 사상이 풍부하다. 그리 길지 않은 본서에 "사랑하는 자들아"(ἀγαπητοί)란 애칭이 6회, '사랑' (ἀγάπη)이라는 명사가 18회, 송사(ἀγαπάω)가 무려 29회나 나타난다. 첫째, 하나님의 사랑을 강조하고, 또한 그 사랑을 받아 형제를 사랑할 것을 서신 전체에 걸쳐 권면하고 있다.

둘째, 본서는 그노시스주의 등의 이단사상을 경계하는 것이 목적이므로 그 경계가 또한 강조되고 있다. 진리에의 사랑이란 비진리에 대한 미움으로 나타낸 것도 본서의 특징이다.

본서의 진리란 요한복음의 경우처럼 빛(Light), 사랑(Love), 생명(Life)이다. 그것은 사도 요한의 깊은 그리스도론이기도 했다. 그리고 이런 진리는 복음서의 경우처럼 극히 단순한 표현으로 표시된다. 실로 단순하면서도 깊은 진리가 바로 요한 신학의 특징이다.

셋째, 흔히 본서의 무질서성이 지적된다(Calvin). 혹은 그와 반대로 본서는 가장 질서있는 책이라고 한다(Bengel). 아마 조직을 초월했다는 데 사실이 있을 것이다. 우선 분명히 서신이면서, 초두의 문안이나 결말의 축복 등 서신형식을 볼 수 없다(그것이 바로 공동서신의 특색이기도 하다). 노사도의 강한 간청은 서식을 초월하여 독자의 가슴에 박두해 오는 것이다.

문장은 비록 그리스적이나 그 사고방식은 완전히 히브리식인 것도 간과할 수 없는 사실이다. 그리하여 신비적이며, 지혜문학적이며, 시적이다(1 : 3, 2 : 10, 11, 5 : 1, 4 등).

요한2 · 3서 : 이 두 서신은 공동서신으로 분류되나 사실인즉 사신들이다. 또한 신약에서 가장 간략한 서신들이다. 그러나 이런 간략한 서신에도 사도 요한의 편모는 역력하다. 진리의 고조, 사랑의 권면, 이단에의 경계 등의 내용을 요한1서 그대로 축소해 놓은 것이다.

(5) 내용 분해

요한1서

Ⅰ. 서 론 1 : 1~4

Ⅱ. 성도의 교제 1 : 5~2 : 17

1. 하나님과의 교제 (1 : 5 - 10)
2. 그리스도와의 교제 (2 : 1 - 6)
3. 형제와의 교제 (2 : 7 - 11)
4. 결론 : 세상을 멀리할 것 (2 : 12 - 17)

Ⅲ. 이단에 대한 경계 2 : 18~3 : 12

1. 적그리스도에의 경계 (2 : 18 - 29)
2. 범죄에 대한 경계 (3 : 1 - 12)

Ⅳ. 사랑을 위한 권면 3 : 13~4 : 21

1. 사랑의 본질 (3 : 13 - 24)
2. 영의 분별 (4 : 1 - 6)
3. 사랑의 권면 (4 : 7 - 21)

Ⅴ. 결론적 권면 5장

요한2서

Ⅰ. 인 사 1 : 1~3
Ⅱ. 진리에 행할 것 1 : 4~11
Ⅲ. 끝 말 1 : 12~13

요한3서

Ⅰ. 인 사 1 : 1~4
Ⅱ. 권면과 경계 1 : 5~12
Ⅲ. 끝 말 1 : 13~15

5) 유다서

유다서는 야고보서, 베드로후서, 요한2 · 3서 등의 다른 공동서신들과 히브리서, 요한계시록과 더불어 "7의서"(七疑書, Eusebius)라 불리며, 정경편성사에서 곡절이 많았던 책이다. 또한 내증적으로 베드로후서 2장과 흡사하여 그 선후문제에 아직도 완전한 해결을 보지 못하는 상태다. 본서는 또한 외경에서의 인용문제로 인해 그 권위에 적지 않은 위협을 받아오고 있다. 그 외에도 수신자, 연대와 장소 등 서론문제가 극히 모호하여 쉽사리 단정하기 어렵다. 이런 불리한 조건들에도 불구하고, 본서가 정경의 위치를 점하고 있는 것은 그 내용이 정통신앙을 견지하고 있기 때문이다.

(1) 저자와 정통성 : 본서의 저자는 전통적으로 "주의 아우"로 아뢰져 있으나 많은 반대가 있으며, 또 역사가 유세비우스가 "문제가 된 책"(ἀντιλεγόμενα)으로 분류하여 그 정경성이 다분히 문제가 되었다. 그 이유로 ① 본서에 논의된 이단사상이 2세기 때 성행된 것이다. ② 본서에 인용된 에녹서나 모세의 승천기 등은 2세기의 작품인고로 본서도 그 전에 기록될 수 없다. ③ 3절에 "성도에게 단번에 주신 믿음"도 사도시대의 신앙체계는 아니며, 역시 2세기에 형성된 신앙세계를 가리키는 것이다. ④ 17절의 "사도들의 미리 한 말을 기억하라."도 사도시대 이후의 것임 등이 들린다.

위와 같은 반대설에도 불구하고 본서의 외증은 일찍부터 강한 편이었다. 즉, 헤르마스(Hermas), 폴리캅(Polycarp), 테오필루스(Theophilus) 등은 일찍이 본서를 인용하였고, 터툴리안, 알렉산드리아의 클레멘트 등도 본서를 유다의 책으로 증언하고, 오리겐(Origen, 185-254)은 "유다는 몇 줄 안 되는 서신을 기록하였으나 하늘의 은혜로 강력한 말로 가득 차 있다."고 하였다. 4세기에 이르러서는 예루살렘의 시릴, 나지안주스의 그레고리, 아타나시우스, 시지므스, 제롬 등의 외증은 보편적이 되었다.

본서의 외증은 구전에서 보는 견해(Philip)보다 "모세의 승천기"(*The Assomption of Moses*), "에녹서"(*The Book of Enock*) 등에서 인용한 것으로 보는 것(Tertullian, Augustine, Jerome)이 보다 유력하다. 이런 외경들이 히브리어 또는 아람어로 신약시대에 기록된 것은 본서에 대한 또 다른 외증이 될 수 있다. 그리고 이런 외경 인용이 유다서의 정경성에 부정적 결과라는 단정도 과오로 본다. 유다는 그 외경 전체를 인정한 것이 아니라 인용한 부분만을 인정했기 때문이다(Morehead). 바울도 정경 외에 그리스 시에서 인용한 적이 있었다(행 17 : 28, 딛 1 : 12-18 등).

본서의 내증은 다음과 같다. 본서의 저자는 "주 예수 그리스도의 종이요, 야고보의 형제인 유다"로 자칭한다. 문제는 이 "유다"가 어느 유다냐는 것이다. 신약에는 ① 예수의 조상(눅 3 : 30) ② 갈릴리 사람(행 5 : 37) ③ 가룟 유다(막 3 : 19) ④ 사울이 다메섹에서 유한 집(행 9 : 11) ⑤ 바사바(행 15 : 22) ⑥ 야고보의 아들(또는 형제, 눅 6 : 16) ⑦ 예수의 아우(막 6 : 3) 등 7명에 달한다. 이 중에서 본서의 저자가 될 수 있는 가능성은 마지막 두 사람이고, 바사바는 아마 다대오(마 10 : 3)와 동인으로 보며, 걸출하지 못하였으므로 그를 본서의 저자로 보는 것(Tertullian, Keil, Clarke)은 억지의 흠이 있고, 결국 예수의 동생이며 야고보의 형제로 보는 것이 자연스런 결론일 것이다(Augustine, Alford, Zahn, Bengel, Meyer, Vincent, Bigg, Thiessmann 등).

또 고려할 것은 그가 아무런 주도 없이 "야고보의 형제"라 한 점이다. 그것은 야고보가 그때 교회에서 잘 알려진 권위적 존재였던 것을 뜻하므로 그는 바로 예루살렘교회의 수장이었던 예수의 아우였던 것이다(야고보서 "저자" 참조). 그가 "예수의 아우"라 하지 않고 "종"이라 한 것은 야고보의 경우와 같이(약 1 : 1) 그의 겸손한 표현으로 보면 될 것이다.

예수의 아우 유다에 대한 것은 별로 알려지지 않았다. 그는 예수의 가장 어린 동생으로 보며(마 13 : 55), 부활 이전에는 다른 형제들과 같이 믿지 않았고(요 7 : 3-8), 주님 승천 이후 오순절교회의 지도자의 하나로 활약하였으며(행 1 : 14), 아마 결혼하여 아내와 같이 전도여행을 다닌 것으로 믿어진다(고전 9 : 5).

유세비우스는 예루살렘교회의 감독으로 초대 야고보, 2대 시므온, 3

대 야고보의 아들 유다, 그리고 15대(최후)가 다시 유다라고 전하고 있다(Eusebius, H.E. xi. xxii). 본서의 저자와의 관련은 분명치 않다. 한 전설은 도미티안 황제 때(95년경) 유다의 손자 2명이 다윗의 자손이요, 그리스도인이란 죄목으로 황제 앞에 끌려왔으나 그들의 가난한 차림과 굳은 손을 보고, 무고한 농부로 인정하여 석방하였다고 한다 (Hegesippas).

(2) 수신자 : 본문에 나타난 수신자는 "부르심을 입은 자"(1 : 1)란 보편적 성도의 대명사로 그가 누군지 규정하기는 어렵다. 이 수신자를 팔레스틴으로 보는 견해가 고대로 가장 많았으나(Keil, Thiessen), 그 외 수리아 지방(Chase), 소아시아, 애굽 등지란 추측들도 있다. 만일 본서가 베드로후서 이후에 그것을 읽고, 이를 모방하여 기록하였다면 베드로후서를 보낸 지방 이외로 보는 것이 합당하겠고, 본서의 외경 인용문으로 보아 이방인보다(Bigg) 유대인으로 보는 것이 또한 자연스러울 것이다. 그러나 저자는 확실히 지역과 인종을 초월하여 공동서신적 성격을 유지하고 있다.

(3) 연대와 장소 : 본서의 저작연대는 저자문제와 긴밀히 관련된다. 즉, 이를 예수의 동생 이외의 인물로 보는 편은 훨씬 후대, 대략 2세기 중엽에서 말엽 사이의 저작으로 본다(Harnack, Semler, Davidson 등).

유다의 저작권을 인정하는 편에서도 예루살렘 함락 전(65년경)과 후(75년 이후)라는 두 의견이 있다.

본서와 베드로후서와의 선후문제도 많이 논의되었고, 베드로 선기설이 더 오랜 지지를 얻었으나(Spitta, Bengel, Zahn, Bigg, Thiessen), 근래는 유다의 선기설이 우세하게 대두되고 있다(Ewald, Holtzmann, Harnack, Chase 등).

본서의 기록 장소 역시 정확하게 알 길은 없다. 그리스어로 보아 애급, 특히 알렉산드리아 같고(Clement of Alex.), 그노시스적 영향으로는 소아시아 같으며, 그 외경적 색채로서는 팔레스틴, 특히 예루살렘 같다(Moffatt, Salmond). 아마 후자일 가능성이 큰 것으로 본다.

(4) 저작동기와 목적 : 다른 서론문제의 모호함에 대해 본서 기록의 동기는 극히 분명하다. 그는 처음에는 일반적(아마 구원론 중심으로) 교리를 체계있게 쓰려 하였으나 당시 소아시아 일대에 파급한 방종주의적 이단사상의 만연을 보고, 급히 붓대를 돌려 이 이단과의 전투적인 글을 쓰게 되었다(1 : 3).

당시의 이단은 그노시스주의 또는 그 일파인 카포크라테스파(Capocrates)로서 그들은 교리적으로는 플라톤 또는 스토아 등 그리스 철학의 영향을 받아 이원적이었고(창조주와 속죄주, 그리스도와 예수), 도덕적으로는 구원받은 영에게는 아무런 제재가 필요없다 하며 방종에 빠졌다.

이런 사정하에서 유다는 한편 이단자에 대해 극렬한 반박을 가하고(1 : 5 – 10), 다른 한편 성도들에게는 이런 이단에 동요되지 않고 정통신앙을 고수하도록 권면하고 있다(1 : 17 – 23). 아마 베드로후서에 자극을 받아 같은 목적과 내용으로 베드로후서가 보내지지 않은 지역에 본서를 보냈을 것이다.

(5) 특 징 : 본서가 베드로후서와 더구나 2장과 흡사하고, 마지막 축도는 로마서 16 : 25~27과도 상통하여 바울의 영향도 엿볼 수 있다. 본서의 내용은 이단의 공박과 외경에서의 인용 등으로 이채를 띠고 있다. 체재는 정연한 서신의 체재이면서 내용은 논문식인 것도 주목되고, 공동서신적인 체재이다.

(6) 내용 분해

Ⅰ. 서 론 1 : 1~4
Ⅱ. 이단에 대한 규탄 1 : 5~16
Ⅲ. 신자에 대한 권면 1 : 17~23
Ⅳ. 송 영 1 : 24~25

11. 요한계시록

구약성서에는 예언서, 또는 환상의 책들이 많아 "예언서"(נְבִיאִים)란 부를 형성하고, 유대인이 가장 소중히 여기는 "율법서"(תּוֹרָה) 다음을 점하고 있다. 그러나 신약성서에는 예언서는 단 한 권으로 신약의 마지막을 차지하고 있다.

1) 계시문학의 역사

구약성서는 광범위하게 "예언문학"이라 할 수 있다. "예언자"란 좁은 의미에서 그렇게 불리는 자들 외에 제사장들도 왕들이나 넓은 의미에서 그렇게 불릴 수 있었다. 예언자란 반드시 크고 작은 17권에 한할 수는 없다. 율법서, 역사서, 시가 등 그 외의 책들도 광범위하게 예언서의 성격을 띠고 있기 때문이다. 이스라엘의 종교는 이런 예언자적 성격과 품위에서 유지되고 발달되었던 것이다.

이와 같이 포괄적인 예언문학은 그 넓은 품안에 계시문학이란 총아를 품고 있었다. 계시는 예언자가 즐겨 사용한 방법이요, 예언은 계시의 모태였다. 좁은 의미에서 구약의 예언자들은 그들의 예언을 간결하고 직설적인 방법으로 그들의 예언선포를 시작하였다. 그들은 그들의 예언을 기록하는 것까지 싫어하였다. 이와 같이 나단, 엘리야, 엘리사, 요나 등 구두예언자들은 예언사의 첫 페이지를 장식한 강력한 전위대였다. 그러나 이스라엘의 국정이 복잡해지고, 예언자의 위치와 사명도 단순치 않게 됨에 따라 그 예언방법도 다양하게 되었다. 여기에 등장한 것이 바로 계시문학이었다.

70년 간의 포로기는 이스라엘의 종교와 국민생활에 절대적인 영향을 남긴 대사건이었다. 그것은 신약의 예루살렘 함락(주후 70년)과 더불어 히브리 역사의 일대 분수령기며, 사상계의 대전환기였다. 그들이 포로에서 귀환하였을 때, 오직 소망과 환희에 넘쳐 성전과 국가 재건에 몰두하였다. 그러나 해가 갈수록 한번 기울어진 국운은 그대로 쇠잔일로에 있던 사실이 밝혀지며, 환희 대신에 비애, 소망 대신에 절망이 전 국민성을 지배하게 되었다.

이스라엘의 계시문학은 이런 배경에서 시작되고 발달되었다. 이는 주전 586년 제1차 포로기를 전후하여 시작되었다. 다니엘은 계시문학의 조상이라 불린다. 그외 이사야, 예레미야, 에스겔, 스가랴, 요엘 등에서 계시는 예언의 중심적 방법으로 등장되고 있다. 그리고 이스라엘의 쇠운이 결정적이 된 중간기에서 계시문학도 결정적이 되었다. 에녹서, 모세의 승천기, 레위약서 등에 이르러서는 계시문학은 예언문학의 범위를 떠나 독자적 체재를 갖추게 되었다. 아들이 어머니를 대치하게 된 셈이었다.

계시를 예언의 총아라 하였으나, 이 아들과 어머니는 여러 면에서 분명한 차이점을 지니고 있다.

① 시간적으로 계시문학은 제1차 포로기 전후, 즉 예언문학의 후반기에 시작하여 예언문학이 그친 중간시대에 전성하였다.

② 예언문학의 저자는 언제나 자신을 밝히 나타내었으나 계시문학의 저자는 흔히 익명으로 발표하였다.

③ 전자는 먼저 말하고 후에 기록하였으나, 후자는 먼저 기록되고 그 후에 말하였고, 어떤 계시는 영영 말하지 못하였다.

④ 전자는 원리를 천명하고, 후자는 이를 구현하였다.

⑤ 전자는 주로 국가적 관계를 취급하고, 후자는 개인적 신앙문제에 관여하였다.

⑥ 천국문제에 있어 전자는 현세적이고 지상적이나, 후자는 종말적이고 우주적이다.

⑦ 전자는 독창적이고, 후자는 답습적(전통적)이다.

⑧ 전자는 단편적이고, 후자는 통일적이다.

⑨ 전자는 객관적이고, 후자에는 주관적 요소가 많다.

⑩ 전자는 비시간적이고, 후자는 시간적, 즉 역사의 전진에 중점을 둔다.

⑪ 전자의 강한 윤리사상이 후자에는 희박하다.

2) 배 경

위에 지적된 바와 같이 요한계시록은 구약성서와 밀접히 관련되고, 혹자는 본서 404절 중 278절이 구약 내지 유대문학과 관련된다고 하였다(Swete). 또 혹자는 본서는 다니엘서를 27회, 이사야서를 33회, 예레미야서를 12회, 에스겔서를 26회 반영한다고 하였다(Charles).

또 본서는 중간사적 시대의 책으로 외경(Apocrypha) 중에 제1에녹서(*I Enoch*), 모세의 승천기(*Assumption of Moses*), 레위약서(*Testament of Levi*), 바룩의 계시록(*Apocalypse of Baruch*), 제2에스드라서(*II Esdras*) 등의 배경이 현저하고, 위경(Pseudepigrapha) 중에 영향도 보이는 것이다(Charles).

본서는 신약성서와도 밀접히 관련된다. 그리스도의 교설 중에 "소계시록"이라 불리는 부분(마 24장, 막 13장, 눅 17장)은 그대로 본서의 축소판이고, 또 가령 바울서신의 종말관이다. 즉, 그것은 돌연히 임재하는 것(살전 4 : 13 - 18)보다 교회를 통해 하나님의 나라가 점차적이며 현실적으로 실현되는 것을 주류적으로 가르치고 있다(고전 15 : 50 - 52).

3) 정경성과 저자

정경성과 저자문제는 불가분리적이다. 후자는 전자의 가장 중요한

조건이기 때문이다. 교회사가 유세비우스(Eusebius, 303-340)가 성경을 "인정된 책"(ὁμολογούμενα)과 "문제된 책"(ἀντιλεγό μενα)으로 나눈 것은 이미 지적하였으나 본서는 야고보, 베드로후서, 요한2서와 3서 등 공동서신과 히브리서와 더불어 "7의서"라 하며, 문제된 책으로 분류되었다. 순교자 저스틴(Justin Martyr c. 140년)은 최초로 본서를 시인하고 인용하였고, 또 파피아스(Papias. c. 130년), 이레니우스(Irenaeus, c. 180년) 등도 반복하여 본서를 인용하였다. 2세기 말경의 무라토리 단편(Muratorian Canon, A.D. 200년)은 본서를 요한이 에베소로 보낸 서신으로 포함시키고 있다. 그후 터툴리안(Tertullian, c. 200), 알렉산드리아의 클레멘트(Clement of Alex., c. 200), 오리겐(Origen, c. 230) 등도 본서를 인정 인용함으로 본서의 정경성은 확실하게 되었다.

요한계시록을 포함한 가장 유명한 사본은 4세기의 시내산 사본(א)과 5세기의 알렉산드리아 사본(A)이며, 이 두 대문자 사본에 본서의 전문이 보존되고 있다. 그 외에 에브라임 사본(C), 폴리리안 사본(P) 등도 본문의 대부분이 간직되고 있다.

"요한계시록" [Ἀποκάλυψίς Ἰωάννου(A)] 이 2세기 이후의 본서의 명칭으로 통용되었으나, 4세기 이후의 초서체들에는(Q 및 046, 69 등) "신학자"(θεολόγου)가 첨가되어 있다. 이런 경우의 '신학자' 란 '예언자' (προφήτης)와 동의어로 취급되고, '하나님의 고시를 전하는 자' 란 뜻으로 이해된다.

"계시록"이란 명칭은 본서의 첫 낱말에서 취해진 것으로 '숨은' (καλύπτω) 것이 '드러나다' (ἀπό)라는 뜻이다. 즉, 하나님 편에서 비밀로 간직되었던 것이 드러내 보여 주셨다는 뜻이다. 이 낱말의 명사형은 70인역(LXX)에 한 번만 보이며(삼상 20 : 30), 육적인 의미이므로 같은 용법은 고전 헬라어에서도 여러 차례 사용되고 있다. 동사형은 더 여러 번 나타난다(단 2 : 19, 22, 28 등).

계시문학의 구약적 배경 중에 요엘, 아모스, 스가랴, 이사야 등의 것은 비말세적(非末世的)인 데 속한다. 또 신약성서에서도 계시의 관념은 하나님의 말씀이나 예수 그리스도의 인격 등 비말세적 성격에 크게 사용되었으나 계시의 엄격한 의의는 종말적인 것이다. 그것이 바로 본서의 성격이고, 또한 본서의 직접적인 배경이 되는 다니엘서에서도 그렇다. '종말적'이란 개인적으로는 죽음과 그 이후에 이어질 영원한 생명을, 우주적으로는 현세의 종말과 그 후에 올 내세에 관한 것이다. '계시'는 넓은 범주에서 '예언'에 속하고, 본서에서도 여러 번 그렇게 불린다(1 : 3, 22 : 7, 10, 18, 19).

본서의 명칭은 "요한 계시록"이나 사실인즉 "예수 그리스도의 계시다"〔'Αποκάλυψίς 'Ιησοῦ Χριστοῦ(1 : 1)〕. 예수 그리스도의(of) 계시가 "요한으로 말미암아"(by) 주어졌음에 지나지 않는다. 계시란 하나님의 "자기 계시"(Self-Revelation)이기 때문이다.

신약성서의 책들 중에서 요한 문서에 속하는 다섯 책들처럼 그 저자 문제가 많이 논의된 책은 없을 것이다. 본서의 사도 요한 저작권도 초대 때부터 논의된 것이었다. 그것은 알렉산드리아의 가이우스(Gaius c. 205년)에 시작하여 오리겐의 제자인 디오니시우스(Dionysius of Alex., c. 250)에서 본격화하였다. 그는 본서의 내증에서 이것은 제4복음서와 동일 저자의 작품일 수 없다고 하였다. 그 외 예루살렘 감독 시릴(Cyril of Jerusalem, c. 386), 사가 유세비우스(Eusebius, c. 363), 시리아의 크리소스톰(Chrysostom, 347-409), 콘스탄티노플의 테오도렛(Theodoret, 806-815) 등 초대의 저명한 학자들도 모두 본서의 요한 저작권에 대해 회의적이었다. 위와 같은 반대설의 근거는 복음서와 본서 간의 ① 낱말의 차이점 ② 내용의 차이점 ③ 저자가 자신을 "종 요한"이라는 것 외에 밝히지 않는 것 ④ 사도 요한은 일찍 순교하여 본서를 기록할 수 없었던 것(막 10 : 39에 의해) 등이다.

위와 같은 반대설에도 불구하고, 본서의 사도 요한 저작설은 오랜 전통적 지지를 받아 왔다(Barnabas, Ignatius, The Testament of Twelve Patriarches, Papias, Andreas of Cassarias, Dial, Melito, Jerome, Irenaeus, Theophilus, Muratorian Canon, Cyprian of Carthago, Clement of Alex., Zahn, Alford, Meyer, Thiessen, Harrison 등).

문체와 문장의 차이점은 저자의 연령(노년기였던 것)과 내용(신비로운 계시들) 등에서 해결될 문제로 본다.

4) 수신자

본서는 에베소, 서머나, 버가모, 두아디라, 사데, 빌라델비아, 라오디게아 등 소아시아의 7교회에 보내진 편지다(1 : 11). 이 7지방은 소아시아의 요지들로서 대체로 연결된 연쇄적 도시들이었고, 그 중심지는 에베소였다. 이 곳에 사도 요한이 정주했으므로 7교회는 요한의 교구였던 것이다.

그런데 소아시아 지방에는 이외에도 교회들이 존재하였다. 서편의 빌레도, 북편에 이드라뭇데노, 앗소, 드로아, 동편의 골로새, 히에라볼리(골 4 : 13) 등이다. 이런 여러 교회들 중에서 7교회 안에 수신자로 선택된 것은 본서의 상징적 수를 중요시한 성격 때문으로 보인다. 즉, 7은 만수이며, 따라서 본서는 이 7교회를 통해 전세계, 전교회에 보내진 계시로 보는 것이다.

5) 저작동기와 목적

본서는 대로마제국의 배경에서 기록되었다. 그것은 그 이전에 존재했던, 애굽제국, 바벨론, 앗수르, 메대 · 바사 및 헬라제국 등의 판도를 모두 합방한 역사상 비로소 완성된 대제국으로 "영원한 로마"로 구가되었다. 원시적인 교통과 무기로써 이런 대제국을 건설한 로마인의 위업은 확실히 경탄할 바였다.

로마제국의 역사에서 로마가 그리스도 교회와 관련된 시기는 초대

아구스도제(주전 30 - 주후 14)에서 트라얀제(주후 97 - 117)에 이르는 10대 간이었다. 로마는 처음에는 대제국의 긍지를 지켜 관대한 종교정책을 지켰으나 네로의 실정 이후 국가가 어지러워져 "황제예배"라는 형태로 종교, 특히 기독교 탄압에 나섰다.

초대교회는 313년 콘스탄틴 대제의 밀라노 칙령기까지 수년의 박해시기를 통과해야 했다. 박해의 시초는 복음서나 사도행전에 기록된 대로 유대인의 율법주의에서 왔으나, 복음이 소아시아와 유럽으로 전파됨에 따라 기존의 이방종교와도 충돌하게 되고, 드디어는 로마의 전면적 탄압대상이 되었다.

초대교회를 탄압한 2대 황제로 5대 네로(Lucius, Dominitus, Nero, 54 - 68)와 8대 도미티안(Domitian, 81 - 96)을 말할 수 있다. 전자는 아마 세계사를 통해 폭군의 전형일 것이다. 태후와 왕후를 위시하여 수많은 현인을 살해하였고, 62년 로마의 대화재의 책임을 기독교인에게 전가시켜 무수한 신자를 학살하였다. 로마의 대원형구장 콜로세움에는 네로에게 순교당한 신자를 기념하는 십자가가 서 있다. 초대의 신자들에게는 네로가 바로 적그리스도란 신념이 상식적이었다.

도미티안은 "제2의 박해자로서 하나님께 도전한 점에서 네로의 후계자였다"(Eusebius, H. E. iii. 17). 그는 68년, 예루살렘을 처음 포위한 베스파사누스(Vespasanus, 69 - 79재위)의 아들이며, 70년 예루살렘을 함락시킨 티토(Titus, 79 - 81)의 동생이었다. 그는 아버지의 무위도, 형의 현명도 갖지 못한 위인이었다. 그러나 그는 치밀한 조직성과 교활성으로 자신을 신격화하여 황제예배란 형식으로 제국 내의 종교들을 통솔하려 했다. 이래서 그리스도교 신앙을 금지하는 범령을 공포하고 초대교회는 조직적인 박해에 직면하게 되었다. 신약교수 스코트(E. F. Scott)는 로마의 황제예배와 기독교의 공통점을 다음과 같이 지적하였다. ① 다같이 신성의 성육신을 믿고, ② 다같이 그들의 주를 찬양하였으며, ③ 다같이 근자에 발생하였으나, 오랜 전통을 계승하면서 서로

마찰되었다.

황제예배라는 외적 박해와 더불어 초대의 아시아 교회에는 내적인 적도 있었다. 그것은 니골라당으로(2 : 6, 14, 15, 20 - 25) 일종의 세속화 향락주의였다. 이들은 황제예배에 익숙해 있었다.

네로의 박해는 폭풍처럼 무서웠고, 광적이었고, 비조직적이며, 국부적이었으나, 도미티안의 황제예배의 박해는 보다 조직적이며, 전국적으로 보다 무서운 것이었다. 황제예배의 기원은 3대 칼리굴라(Caliguila, 37 - 41) 때 시작하였다. 도미티안은 제2의 박해자며, 하나님께 도전하여 네로의 후계자라 불린다(Eusebius).

참고로 초대의 로마황제명을 들면 다음과 같다.

1대 아구스도(Augustus Caesar, 주전 30 - 주후 14)
2대 티베리우스(Tiberius, AD 14 - 37)
3대 칼리굴라(Caligula, 37 - 41)
4대 클라우디오(Claudius, 41 - 54)
5대 네로(Nero, 54 - 68)
〔칼바(Calba), 오토(Otho), 비델리우스(Vitellius 68 - 69)〕
6대 베스파시안(Vespasian 69 - 79)
7대 디도(Titus, 79 - 81)
8대 도미티안(Domitian, 81 - 96)
9대 네르바(Nerva, 96 - 97)
10대 트라얀(Trajan, 97 - 117)
11대 호리안(Horian, 117 - 138)
12대 피우스(Antonius Pius, 138 - 161)

※칼바, 오토, 비델리우스는 네로의 자살로 혼란기에 통치했다. 이들을 대수에 넣으면 네로는 8대가 된다.

위와 같은 배경에서 살필 때 본서 저작의 동기와 목적은 분명해진다.

즉, 황제예배의 와중에서 수난을 겪고 있는 소아시아 교회들에게 위로와 격려를 보내기 위하여 본서가 기록되었던 것이다. 혹자는 박해가 두려워 배교하고, 혹자는 이교도와 타협하여 타락하였다. 그러므로 저자는 모든 성도들이 끝까지 순수한 믿음을 지키며 인내할 것을 권장하려는 것이었다(13 : 10, 18, 14 : 12).

저자는 이 위로의 권장을 장차 성취될 대심판의 계시로 한다. 전 계시는 지상의 환난과 천상의 복락의 교차적 그림으로 엮어진다. 지상에는 선과 악의 치열한 투쟁이 계속하여 선한 자도 수난과 시련을 당하지만, 천상에서는 부동의 권위인 하나님의 보좌와 벌써 승리한 성도들의 그림이 있다. 드디어는 지상과 천상의 그림은 합치되어 신천지가 실현되고 악의 멸망과 더불어 선의 궁극적 승리로 대단원을 이룩한다. 그러므로 이 계시는 예언인 동시에 수난의 성도들에 대한 보장과 배교자에 대한 경고가 되었다.

6) 연대와 장소

위와 같이 본서는 격렬한 박해기에 저술한 것이고, 신약시대의 박해자는 네로와 도미티안이었으므로, 이 두 시기 중 어느 편이냐는 규명만 남는 것이다.

1) 네로시대(54 - 68년 ; Tertullian, Jerome, Baur, Lightfoot, Westcott, Salmon 등) ① 본서의 헬라어가 부드럽지 못하므로 요한의 초기에 기록되었을 것 ② 예루살렘 멸망 이전인 것(11장) ③ 17 : 9~11에 7왕 중 다섯은 이미 망하고, 하나는 있고, 다른 하나는 아직 이르지 아니하였는데, 네로가 여섯째라는 것 ④ 13 : 18의 "666"을 "네로 가이사"(NERON KSR)로 읽는 것 등.

2) 도미티안시대(81 - 96년 ; Weiss, Eichhorn, Irenaeus, Melto, Origen, Eusebius, Zahn, Moffatt, Alford, Charles, Thiessen, Harrison 등) ① 2~3장의 교회의 상태가 부합한 것 ② 1 : 10의 "주의

날"은 보다 후대에 확정된 것 ③ 박해가 전국적이 된 것은 도미티안 때였음. ④ 1 : 5에 저자가 밧모 섬에 유배되어 있으나 그것은 도미티안 때였다.

장소는 밧모 섬이고(1 : 9), 그 계시를 정리한 곳은 에베소일 것이다. 밧모섬에는 "계시의 동굴"이라는 유적이 남아 있다. 그러므로 본서 저작의 시기는 95~100년 간, 장소는 밧모 섬 또는 요한이 노후를 보낸 에베소로 결론지을 수 있을 것이다.

7) 해석법

요한계시록의 이해에는 어느 해석법을 취하느냐는 것이 극히 중요하다. 해석법을 따라 책 전체는 전연 다른 길로 보여지기 때문이다. 해석법에는 다음과 같은 것들이 있다.

(1) 문학적 해석법(The Litterary-Critical Method ; Grotius, Gunkel, Bultmann) : 16세기에 시작하여 그로우티우스(Grotius, 1583-1645) 등의 자료분석법, 궁켈(Gunkel, 1863-1932)에서 제창되고, 불트만(Bultmann)에서 대성한 "양식적 방법"(Formgeschichtliche Methode)에 이르는 현대 비평학적 방법이다. 성서의 신적 기원을 무시하고, 인적기원만을 규명하는 방법으로 이를 한 편집으로 보고 그 자료를 어학적으로, 또 비교종교학적으로, 그리고 양식사적으로 분류하는 것이다. 현대신학계의 강한 영향을 주고 있으나 본서의 본질, 즉 계시의 성격을 무시하는 것으로 배격할 바이다.

(2) 심리학적 방법(The Psychological Mcthod) : 본 계시의 내용을 한 심리적 현상으로 보고 심리학적 방법으로 이를 연석하려는 것이다. 계시라는 것이 심리적 동작과 불가분인 것은 분명하나 이런 주관적 심리작용의 원인이 된 객관성을 부정한다면 무의미한 것이다. 그러므로

이 학설 역시 신적 기원을 부정하는 것으로 배격을 당한다.

이상의 학설들은 계시록 해석에 있어서는 제이의 적들이다. 오랜 주경사를 통하여 정설적으로 논의되어 온 것은 다음의 네 가지이다.

(3) 영적 해석법 (The Spiritual or Idealist Method : Clement of Alex., Origen, Augustine, Hofmann, Miligan) : 고대 알렉산드리아 학파의 우화적 해석법(Allegorical Interpretation)에서 시작하여 현대에 이르기까지 광범위한 추종을 받는 학설이다. 알렉산드리아 학파는 당시 유행되는 천년왕국설에 반대하여 성서의 난해한 구절들을 전적으로 우화화하였다.

이 학설의 주지는 본서의 문자적 해석을 반대하고 그 구체적 성취를 부정하여 이를 인류 전역사의 원리로 보는 것이다. 즉, 역사는 하나님과 사단 또는 선과 악의 투쟁사로서, 한때 악이 선을 능가하고 압제하나 끝내 패망한다는 원리를 제시한다는 것이다. 이 학파에는 그리스도의 재림과 종말을 전제하는 편도 있으나, 이를 부정하고 역사는 상신벌약의 끝없는 반복으로 규정하는 편도 있다. 하여튼 여기에 우화적 학파의 약점이 뚜렷하다. 그것은 본서 자체가 반복 강조하는 예언적 성격(1 : 3, 10 : 11, 22 : 7, 10, 18, 19)을 전적으로 무시하는 것이기 때문이다.

(4) 과거적 해석법 [The Preterist Method : Aleazar(1614), Grotius, Bossuet, Westein, Stuart, Ewald, DeWette, Beekwith] : 본서의 내용은 초대교회와 로마정권과의 투쟁을 묘사한 것으로, 저작 당시의 사정을 다루었다고 보는 견해다. 가령 2~3장의 우상숭배는 당시의 황제예배를 가리키고, 6 : 5~6의 기사는 당시 지방의 포도값이 폭등한 사실, 4~11장은 교회와 유대교 간의 투쟁(Aleazar), 13~19장은 주로 네로 및 도미티안 치하에서 일어났던 일들, 21~22장은 혹은 미래의 일(Stuart) 혹은 벌써 이루어진 일(Grotius) 등으로 해석한다. 하여튼 전

체적으로 지나간 사건이라는 해석이다.

이 학설은 광범위한 지지를 받으며, 그 중에는 유력한 학자들도 많다. 그러나 그 응용에는 구구한 바 있어 의견의 일치를 기할 수 없다. 또한 이는 결국 그리스도의 재림을 포함한 종말을 부정하는 결과가 되므로 배격되어야 한다.

(5) 역사적 해석법 〔The Historical-Continuous Method : Joachim(1180), Anselm, Luther, Wyolliffe, Mede, Ellicott, Bengel〕 : 이는 본서의 환상들을 저작의 당시로부터 종말에 이르는 전 역사의 축도로 보는 해석이다. 이 해석법에는 첫째, 이를 교회사에만 응용할 것인지(Mede, Hengestenberg, Sir Isaac Newton), 또는 전 역사에 이를지(Ellicott, Feber, Joachim, Bullinger)의 이론이 있고, 또 각 환상의 구체적 해석에도 이론이 너무 많다. 가령 전 역사의 7시대(7교회와 7심판), 로마제국(처음 4나팔), 사라센제국(제5나팔), 터키제국(제6나팔), 네로와 도미티안(12장의 용과 13 : 18의 666), 로마의 교황(13장의 짐승과 17장의 음녀), 또한 12 : 6의 1,260일의 하루를 한해로 보는 해석법(Year-day theory) 등 구구한 견해들로 인해 혼란을 극하고 있다.

아마 이와 같은 혼란상 자체가 이 학설의 부적당성을 입증할 것이다(Thiessen). 그리고 본 계시록의 주지를 잊어버리고, 이를 한갖 연대표적으로 전락시키려는 데 이 학설의 근본적 과오가 있다(Milligan).

(6) 미래적 해석법 (The Futurist Method : Justin Martyr, Irenaeus, Tertullian, Zahn, Maitland, Todd, Chafer, Thiessen, Harrison, Walvoord) : 이는 본서의 내용을 1 : 19을 따라 네 본 것(1장)과 이제 있을 일(2-3장)과 장차 될 일(4-22장)로 나눈다. 즉, 4장 이하 본서의 본론은 아직 성취되지 않았으며, 그리스도의 재림 직전 종국에서 이루어질 것으로 보는 것이다.

이 학설의 지지자들은 천년왕국설과 무천년설로 나누어진다. 전자는 그리스도의 공중재림(살전 4 : 17)과 지상재림 사이에 간격을 두고, 본서의 내용은 이체로 그 간격에서 일어날 대환난기를 묘사한 것으로 보며, 후자는 두 가지 재림을 동일시하고, 그 재림 이전에 이 환난기를 둔다. 전자는 "이리로 올라오라."는 것을 교회(신자)가 공중재림 때 들려올리울 것으로 해석하며, 그 증거로 "교회"란 말이 1~3장의 서론과 22 : 16의 결어 외에는 전혀 보이지 않는 것을 든다. 후자는 4 : 1은 단순한 요한에 대한 부르심이며, 교회는 이 환난기를 통과하는 것으로 본다. 결국 전자는 전환난적 전천년설로, 후자는 후환난적 무천년설로 각각 규정되는 것이다.

본서의 예언적이며 종말적 성격에 비추어 보아 미래적 해석법이 가장 타당할 것이다. 본서의 환상 중에 분명히 당시의 로마제국을 가리키는 것으로 보이는 점들을 부정하지 못할 것이다. 그러나 그 조화는 용이하다. 즉, 가까이 그 시대적 사건을 들어 그것이 종말적 사건의 그림자인 것을 가리키고 있다. 그것은 구약의 메시야 예언구들이 그 시대적 배경 아래 주어진 사실에서 충분히 납득이 갈 수 있는 것이다. 가령 수리아의 안티오쿠스 에피파네스(Antiochus Epiphanes, 주전 167)의 예루살렘 박해가 종말적 적그리스도의 그림자로 생각된 사실(마 24 : 15, 계 13장)에서도 짐작이 가는 사실이다. 그러므로 예언서인 본서는 그 당시의 사건을 가리키면서 이를 통해 종말적인 사실을 예언한다고 본다.

둘째로 영적 해석법과의 조화이다. 본서는 크게는 역사의 대원리를 제시하고, 작게는 개인 신앙생활에 지침을 가리킨다고 볼 수 있다. 과연 역사는 선악간에 부단의 투쟁으로 반복된다. 어느 시대에든 이런 역사적 원리를 볼 수 있고, 따라서 어느 시대에든 그리스도는 재림하시고 종말을 고할 수 있다. 그 여러 경우 중에서 진정한 종말이 될 것은 하나님만이 아시는 계획에 속한다. 또한 여기에 나열된 환상들이 교회적 및 개인적 신앙생활의 기준과 교훈이 되어도 잘못이 없을 것이다. 그러나 이런 영적 의의는 어디까지나 응용이지 해석이 되어서는 안 된다. 이런 교훈만을 치중하고 그 예언적 성격이 폐지되어서는 안 된다. 그러므로 본서를 종말적 사실로 해석하면서 그 영적 의의의 교훈은 현실에 응용해야 할 것이다.

8) 상징주의

본서의 계시적 방법은 환상이었다. 전편은 웅대하고도 조직적인 환상의 연속으로 진행되고 있다. 그것은 유대 계시문학의 완성이요, 극치였다. 구약의 예언자들이 "주께서 말씀하시기를 ……"이라는 형식을 사용한 데 대해 본서의 저자는 "내가 보니……"라는 형식을 취한다. 보다 격식이 높고, 권위적인 예언체제였던 것이다.

이 환상들은 갖가지의 상징들(symbols)로 되어 있다. 이 상징들은 내적으로는 본서의 계시록의 신비성을 주고, 외적으로는 박해자와의 정면충돌을 피하고, 그리고 본서의 이해와 해석에 끝없는 참신성을 주었다. 실로 이 상징들은 본서를 난해의 책으로 만들고 있으나 동시에 신비적 기대를 자아내게 하고 있다.

(1) 수

1 …(1 : 8) 절대수(하나님의 수)

2 …(11 : 3, 4, 13 : 11) 사람의 수, 증인의 수

3 …(7 : 4, 8 : 7－12, 9 : 15) 삼위일체, 하늘의 수

4 …(4 : 6, 5 : 8, 7 : 1) 동서남북, 땅의 수

7 …(54회 나타남) 3+4로 완전수

10 …(12 : 3, 13 : 1, 17 : 3, 12, 16) 세속적 완전수

12 …(21 : 13, 14, 22 : 2) 3×4로 역시 완전수

이상의 기본수가 기간이 되고, 그 변화체(상합한 것, 상승한 것 등)가 무수히 발견된다. 가령 $\frac{1}{2}$(8 : 1, 1의 절반으로 잠시), 3$\frac{1}{2}$(또는 42개월 1,260일, 한때, 두때, 반때, 11 : 9, 11 : 2, 12 : 6, 14, 7의 절반으로 전환난기), 24(4 : 4, 10, 12, 12의 배로 하늘과 땅, 또는 구약과 신약을 통한 완전수), 6 또는 666(4 : 8, 13 : 18, 7에 부족수로 사람의 수), 144, 000(7 : 14, 14 : 1, 12×12×1000으로 역시 많은 것, 또는 긴 것), 200,000,000(9 : 16, 2×10,000×10,000 으로 세속적 다수) 등.

(2) 색

흰색(1 : 14, 6 : 2, 14 : 14, 19 : 11 등) – 결백, 영광, 승리
붉은색(6 : 4, 12 : 3) – 피와 전쟁
검은색(6 : 5, 12) – 기근, 재앙
청황색(6 : 8) – 사망
푸른색(8 : 7, 9 : 4) – 생명

(3) 동 물

양(5 : 6, 8, 12, 13, 6 : 1 등) – 예수 그리스도
말(6 : 2, 4, 19 : 11 등) – 군세
용, 뱀(12 : 3, 20 : 2 등) – 사단, 마귀
짐승(13 : 1, 11) – 세상의 권력자, 사단의 하수인
사자(4 : 7) – 왕
송아지(4 : 7) – 종
독수리(4 : 7, 12 : 14) – 하나님, 천사 등
개구리(16 : 13) – 부정한 것
메뚜기(9 : 3, 7) – 재앙

(4) 물건 , 기타

두루마리 책(5 : 1) - 계시의 내용
봉인(6 : 1) - 비밀의 첫째 재앙
나팔(8 : 6) - 둘째 재앙
금대접(16 : 1) - 셋째 재앙
성전(11 : 1) - 교회
제단(11 : 1) - 순교자
이마의 표(13 : 17, 14 : 1) - 악인과 의인의 표
여자(12 : 1) - 마리아
음녀(17 : 1) - 배신자
바벨론(18 : 2) - 불신의 도시 로마

9) 구 조

본서에는 상징적 숫자와 물건들이 수없이 나타나 언뜻 보아 극히 복잡한 감을 주고 있다. 그러나 이런 상징주의를 이해하고, 전편의 통일성을 발견할 때 이는 오히려 단순한 책임을 볼 수 있다. 본서의 구조는 1 : 19의 빛 아래 분해할 수 있다. 즉, 저자가 "본 것"(1장), "이제 있는 일"(2 - 3장) 및 "장차 될 일"(4 - 22장)이 본서의 골격이다.

본서는 다시 3과 7로 엮어져 있다. 전편은 서론(1 - 3장)과 본론(4 - 22 : 5)과 결론(22 : 6 - 21)으로 구분된다. 그리고 본론은 세 가지 재앙 〔① 7인(6 - 7장) ② 7나팔(8 - 14장) ③ 7대접(15 - 18장)〕이 있고, 각 재앙은 7종으로 구성된다. 그리고 전편은 7환상으로 구성된다〔① 7인 ② 7나팔 ③ 7대접의 재앙 ④ 교회와 사단의 투쟁(12 - 13장) ⑤ 대심판의 예견(14장) ⑥ 대심판과 천년왕국(19 - 20장) ⑦ 신천신지(21 : 1 - 22 : 5) 등〕. 그리고 지상의 대환난의 틈틈이 천상의 구원의 광경이 삽경으로 나타나 구원과 환난의 두 그림이 교차적으로 보이고 있다.

10) 특 징

요한계시록은 신약성서 중에서는 유일한 특색있는 책이나, 구약적으로 주전 2세기 이후 약 3백년 간 유행한 계시문학에 속한다. 계시문학이란 이스라엘 민족이 귀환기 이후에도 여전히 외국의 지배를 벗어나지를 못하므로 이스라엘의 회복의 소망이 소멸되려던 시대에, 환상을 통해 세상의 종말에 관한 하나님의 계시로 이스라엘 백성을 위로하고 격려한 것이었다. 가령 구약의 다니엘서가 그 대표적인 것이고, 또 이런 책들이 많았으며, 이런 책들의 공통성은 ① 상징과 환상이 많은 것 ② 과거 예언에 바른 해석을 주고, 종말적 예언이 많은 것 ③ 이원적으로 이스라엘의 적들에게 하나님의 엄한 형벌이 가해지고, 선민에게 축복이 보장되는 것 ④ 개인신앙관이 발달하여 개인적 내세관이 강조된 것 ⑤ 흔히 저자들은 익명을 사용한 것 ⑥ 그리스도(메시야) 중심적 체계와 신앙이 강조적인 것 등이다.

이런 배경에서 요한계시록은 첫째 그리스도에 대한 장엄한 신앙표현과 교회에의 충성 및 재림에 이르기까지의 인내 등이 중심적이라 할 수 있다. 실로 이런 확고한 신앙을 지키기 위해 순교하는 것은 최상의 신자의 공적으로 승화되고 있다. 그것은 실용주의적인 현대인의 눈에는 한 변대형으로 비칠 것이다.

11) 내용 분해

Ⅰ. 서 론 1~3장

1. 계시의 시작 (1 : 1－20)
2. 7교회에 보내는 편지 (2 : 1－3 : 22)

Ⅱ. 대환난과 구원 4~18장

1. 심판의 보좌와 심판자 (4 : 1－5 : 14)
2. 7인의 환난 (6 : 1－17)
   ① 첫째 삽경 … 천상의 구원 (7 : 1－17)
3. 7나팔의 환난 (8 : 1－11 : 13)
   ② 둘째 삽경 … 강한 천사 (10 : 1－11)

③ 셋째 삽경 … 두 증인 (11 : 1 - 13)

4. 일곱째 나팔 (11 : 14 - 19)

④ 넷째 삽경 … 여자와 용 (12 : 1 - 17)

⑤ 다섯째 삽경 … 두 짐승 (13 : 1 - 18)

⑥ 여섯째 삽경 … 대심판의 예견 (14 : 1 - 20)

5. 7대접의 환난 (15 - 18장)

⑦ 일곱째 삽경 … 바벨론의 멸망 (17 : 1 - 18 : 24)

Ⅲ. 최후의 대심판과 천년왕국 19~20장

1. 짐승의 멸망 (19 : 1 - 21)
2. 천년왕국 (20 : 1 - 10)
3. 전인류의 심판 (20 : 11 - 15)

Ⅳ. 신천신지 21 : 1~22 : 5

1. 신천신지 (21 : 1 - 8)
2. 새 예루살렘 (21 : 9 - 22 : 5)

Ⅴ. 결 론 22 : 6~21

저자/이상근

저자소개

평양신학교 졸업(1994), 영남대학교 영문과 졸업, 미국 New Yok 신학교 졸업(Th. M.), 미국 Dallas 신학교 졸업(Th. D.), 프린스턴, 독일 하이델베르크, 영국 에딘버러 등 수학, 대구 고등성경학교 교장, 영남신학교 교장, 대구제일교회 목사(시무 34년), 대구제일교회 원로목사, 대학예수교장로회 경북노회장, 대한예수교장로회총회장(제59회), 1999년 6월 1일 소천

저서

구약·신약·외경 주해서 완간(세계유일), 이상근 약주성경, 「작은 복음」 외 설교집 다수

신약 성서 개론

초판인쇄 1999년 12월 10일
5쇄발행 2010년 5월 30일

지 은 이 이상근
펴 낸 이 채형욱
펴 낸 곳 한국장로교출판사
주 소 110-470 / 서울 종로구 연지동 135 한국교회100주년기념관 별관
전 화 (02) 741-4381~2 / 팩스 741-7886
영 업 국 (031) 944-4340 / 팩스 944-2623
등 록 No. 1-84(1951. 8. 3.)

ISBN 978-89-398-0168-4 / Printed in Korea
값 10,000원

편집과장 이현주 **기획과장** 정현선 **표지디자인** 김보경
업무과장 박호애 **영업과장** 박창원